大学生・
古典愛好家へ贈る

読解のための古典文法教室

小田 勝

和泉書院

はしがき

　本書は、日本の古典文を読もうとする方が、現代語とは異なる古典語のしくみについて自覚し、その知識に基づいて古典文を正確に訳読する力を養成することを目的として編集しました。

　例えば、次の下線部は、どのように現代語訳したらよいでしょう。

　・色々にうつろふ菊の上露は斑濃に染める玉かとぞ見る（久安百首）

「斑濃に染める玉」「斑濃に染めている玉」と訳すと誤訳になるのですが、その理由が分かりますか。これを読むための "目の付け所" が分かるでしょうか。

　本書の286の例題は、そうした古典文を正確に訳読するための着眼点を示したものです。例題を通じて、訳読の着眼点を学び、古典文を正確に訳読しようとする姿勢を身に付けてください。

　例題の直接的な解答は付けていませんが、全ての例題文の現代語訳を別冊として付けてあります。本書で自習される方は、各例題の下にある解説で古典語のしくみについて学んだ後、自分で例題文の現代語訳を作成してみてください。そして、別冊の私の訳と照らし合わせてください。面倒でも一つ一つそのようにして読み進まれるなら、古典文を正確に訳読する技法が自ずと習得されることと思います。

　　　2017年11月　渋谷の丘にて

　　　　　　　　　　　　　　　　　　　　　　　　　小田　勝

　　上記の下線部について、「染む」は四段活用なら自動詞（「染まる」の意）、下二段活用なら他動詞（「染める」の意）です。下二段活用なら「染むる玉」となるはずですから、ここは下二段の他動詞ではなく、四段・自動詞に存続の助動詞「り」の連体形が付いた形、と考えて、正解は「斑濃に染まっている玉」です。この問題は、本書の3.2節で取り上げています。

古典文の用例について

　出典の名称は、「竹取物語→竹取」「古今和歌集→古今」のように、原則として、「物語」「和歌集」の部分を略して示した。その他の主な略称をあげる。

　　和泉日記（和泉式部日記）、宇治（宇治拾遺物語）、記歌謡（古事記歌謡）、源（源氏物語）、堤（堤中納言物語）、徒然（徒然草）、土佐（土佐日記）、百（百人一首）、枕（枕草子）、万（万葉集）、紫日記（紫式部日記）。

枕草子の章段数は、新日本古典文学大系のものである。万葉集の訓みは、新日本古典文学大系による。歌合は新編国歌大観第5巻により、歌集番号と歌集名略号とで、「歌合4寛平后」のように示した。使用したテキストはここに表示しないが、基本的に拙著『実例詳解古典文法総覧』（和泉書院）のそれと同じである。古典文の表記は私に改めた。用例の前の「*」は、その例が文法的に不適格であることを示す。

目　次

はしがき ……………………………………………………………… i

古典文の用例について ………………………………………………… ii

第 1 講　古典文法への誘い ……………………………………………… 1

第 2 講　動詞（1）………………………………………………………… 4

　2.1 動詞の活用 … 4　　2.2 動詞化 … 10

第 3 講　動詞（2）………………………………………………………… 12

　3.1 動詞の音便 … 12　　3.2 動詞の自他 … 14　　3.3 動詞の格支配 … 18

第 4 講　動詞（3）………………………………………………………… 21

　4.1 代動詞 … 21　　4.2 ダイクシス動詞 … 22　　4.3 動詞の意志性 … 25

　4.4 複合動詞 … 26

第 5 講　受身・自発・可能 ……………………………………………… 30

　5.1 ヴォイス … 30　　5.2 受身 … 31　　5.3 自発・可能 … 35

第 6 講　使役・助動詞の分類 …………………………………………… 38

　6.1 使役 … 38　　6.2 助動詞の分類 … 40

第 7 講　名詞述語文・「あり」の解釈・喚体句 ……………………… 45

　7.1 名詞述語文 … 45　　7.2 代用形式「あり」の解釈 … 48　　7.3 喚体句 … 50

第 8 講　否定 ……………………………………………………………… 52

iv

第 9 講　時制 （1） 60

9.1 テンス・アスペクト … 60　9.2 き・けり … 61

第 10 講　時制 （2） 68

10.1 つ・ぬ … 68　10.2 り・たり … 71

第 11 講　時制 （3）・推量 （1） 75

11.1 局面動詞 … 75　11.2 結果キャンセル表現 … 76　11.3 現在 … 77

11.4 法助動詞 … 77　11.5 らし … 79

第 12 講　推量 （2） 82

12.1 べし … 82　12.2 なり … 85　12.3 めり … 87

第 13 講　推量 （3） 89

13.1 推量の助動詞 … 89　13.2 む … 90　13.3 らむ … 92

13.4 けむ … 94　13.5 つらむ・ぬらむ・やらむ … 94

第 14 講　反実仮想・意志・勧誘 96

14.1 反実仮想 … 96　14.2 意志 … 99

14.3 勧誘・行為要求表現 … 100　14.4 禁止 … 102

第 15 講　希望・疑問 105

15.1 希望表現 … 105　15.2 疑問表現 … 109

第 16 講　形容詞 115

第 17 講　連用修飾・形容動詞・副詞 125

17.1 連用修飾 … 125　17.2 形容動詞 … 130　17.3 副詞 … 132

第 18 講　連体修飾 136

第 19 講　準体句 144

19.1 準体句 … 144 　 19.2 同格構文 … 145

19.3 「の」助詞非表示の同格構文 … 147

19.4 特殊な準体句 … 149 　 19.5 ク語法 … 150

第 20 講　格助詞 152

20.1 主格・目的格の格助詞の非表示 … 152 　 20.2 の・が・を … 153

20.3 に・にて … 155 　 20.4 と … 158 　 20.5 より・から … 159

20.6 格の代換 … 160 　 20.7 副助詞・係助詞による格の内包 … 161

第 21 講　名詞の諸問題 163

21.1 無助詞名詞 … 163 　 21.2 様々な名詞 … 163

21.3 句の名詞への圧縮 … 166 　 21.4 複数表示 … 167

21.5 名詞の並立 … 169 　 21.6 数詞 … 170

第 22 講　副助詞 172

22.1 副助詞 … 172 　 22.2 のみ・ばかり・まで … 173

22.3 だに・すら・さへ … 176 　 22.4 し・しも … 179

第 23 講　係り結び 180

第 24 講　複文（1） 190

24.1 条件表現 … 190 　 24.2 接続表現（1）… 197

第 25 講　複文（2）・内容補充・移り詞 200

25.1 接続表現（2）… 200 　 25.2 ミ語法 … 203

25.3 終止形・連体形による文の中止 … 205

25.4 内容補充（準引用）… 206 　 25.5 移り詞 … 207

第 26 講　挿入句・係り受け 209

26.1 挿入句 … 209　　26.2 提示句 … 210

26.3 成分の句化 … 214　　26.4 係り受け … 215

第 27 講　敬語（1）.. 216

27.1 敬語のしくみ … 216　　27.2 主語尊敬語 … 219

27.3 尊敬の「る／らる」… 225

第 28 講　敬語（2）.. 228

28.1 補語尊敬語 … 228　　28.2 敬意の対象 … 233　　28.3 自卑敬語 … 234

第 29 講　修辞的表現 236

29.1 比喩表現 … 236　　29.2 物の見方に関する表現 … 238

29.3 名辞変更 … 239　　29.4 カテゴリー変様 … 241　　29.5 情報操作 … 242

第 30 講　和歌の表現技法 244

30.1 枕詞・序詞 … 244　　30.2 掛詞 … 246　　30.3 連立・反復の技法 … 248

30.4 縁語 … 249　　30.5 歌枕 … 250

引用文献 251

＊　　　　　　　＊　　　　　　　＊

別冊　例題文現代語訳

第1講　古典文法への誘い

　古典文法が、古典文を読む上で必要不可欠な道具であることはいうまでもないだろう。例えば、①「その木、倒れぬ。」と、②「その木ぞ、倒れぬ。」とでは意味が正反対になるが、これを自信をもって解釈するためには古典文法の知識が必要である（①は木が倒れたの意、②は木が倒れないの意）。しかし、古典文法を学ぶ真の意義は、そのような実用性を超えて、現代語と異なる古典語の姿に触れ、そのしくみについて考えること自体にある。これはとても刺激に満ちたことではないだろうか。開講にあたって、まずは、現代語と対照することで浮かび上がる古典語の機構が、たいへん興味深いものであることを知ってほしい。

---
［1］

　次の下線部は、現代語ではどのように表現されるか。
① 「雉やある」と求めに来たるに、<u>虚言を「あり、取りにおこせよ」と言へ</u>ば（兼澄集・詞書）
② おのづからことの便りに<u>都を聞けば</u>、この山に籠もり居て後、やむごとなき人のかくれ給へるもあまた聞こゆ。（方丈記）
③ 敷島や高円山の秋風に<u>雲なき峰を出づる月影</u>（続後撰320）

---

① 現代語の引用構文では、「～と」句と「～を」句とに、次のような語順の制約がある（江口正 1992）。
　(1)「あるよ」と嘘を言う。／*嘘を「あるよ」と言う。
例題文①はこの制約が古典語にはなかったことを示している。
② 現代語では、「聞く」の目的語は情報・音響に関する名詞（情報名詞）でなければならない。
　(2)｛話／音楽／ラジオ／*都／*君｝を聞く。
「都のことを聞く」というのは、非情報名詞「都」を情報名詞化した表現なのである。一方、古典語では②や次のような例がある。

2　第1講　古典文法への誘い

(3)　何しかも波路へだてて君を聞くらん（拾遺482）

(4)　家を出でぬ（＝出家シタ）と人を聞くにも（玉葉2477）

(5)　何事も昔を聞くはなさけありてゆゑあるさまに偲ばるるかな（山家集）

なおこれと同様に、現代語では、移動動詞に係るニ格は場所を表す名詞（場所名詞）でなければならず、

(6)　｛大学／駅／名古屋／＊ドア／＊私／＊田中さん｝に行く。

非場所名詞は「ドアのところに行く」のような形で場所名詞化する必要があるが、古典語では次のような例がある。

(7)　新中納言、本妻に帰り給ひて（うつほ・国譲中）

(8)　泣く泣く尼上に参りて、かくと申すに（小夜衣）

(9)　法勝寺の門にて、馬に乗りぬ。（春の深山路）

　　　◆次のような例もある。

　・島宮のみかりの池の浜千鳥人目嫌ひて人に（＝人ノ方ニ）泳がず（人麻呂集・正保四年版本）

　・初霧も立ち初めにけり誰に（＝誰ノ方ニ向カッテ）かは人渡るらむ　鵲の橋（元輔集）

③　現代語では、出どころを表す「を」は、無意志的な事態に用いることができない。

⑽a　車　｛を／から｝　下りる。

　　b　車　｛＊を／から｝　落ちる。

　　c　＊煙が煙突を出る。＊月が山を出る。

例題文③はこの制約が古典語にはなかったことを示している。

　　　◆次のような「を」も現代語では表現されない。

　・旅を（＝旅カラ）帰る雁どもあり（貫之集・詞書）

─── ［2］ ───

　次の下線部は、現代語ではどのように表現されるか。

御身くづほれ（＝衰弱）させ給はざりしさきに、などか仰せられざりし。（宇治4-8）

第1講　古典文法への誘い　3

「ざりしさきに」の「し」は過去の助動詞「き」の連体形。したがって、この文は「…なさらなかった前に」という表現になっている。しかし、現代語では、このような「…した前に」という言いかたはない。現代語では、

(11)　昨日、｜寝る／*寝た｜前に、電話した。

(12)　明日、｜*電話する／電話した｜後で、伺います。

のように、過去の出来事でも「寝る前に」、未来の出来事でも「電話した後で」と表現される。今、ある出来事Bに先立って（Bより過去に）出来事Aが起きたことを、「A＜B」と表示すると、(11)は次のように表される。

(11)′　電話した（主節）＜寝る（従属節）＜発話時
　　　　　└──── 未来 ────┘

(11)は、従属節時、主節時ともに発話時からみて過去（昨日のこと）であるが、主節「電話した」は過去形、従属節「寝る」は非過去形になっている。ここで従属節が非過去形をとるのは、従属節時が主節時からみて未来だからである。同様に(12)は、

(12)′　発話時＜電話した（従属節）＜伺います（主節）
　　　　　└──── 過去 ────┘

のように、従属節時、主節時ともに発話時からみて未来（明日のこと）であるが、従属節「電話した」は過去形、主節「伺います」は非過去形になっている。ここで従属節が過去形をとるのは、従属節時が主節時からみて過去だからである。現代語では、主節の時間表示は発話時を基準とするが（これを「発話時基準」という）、相対名詞節（「…前」「…後」などの名詞節）の時間表示は、発話時ではなく主節を基準とする（これを「主節時基準」という）。一方、古典語では、例題文や次例(13)にみるように、

(13)　おのれ死なむ後には、この所をば寺を建て給へ。（今昔 15-27）

相対名詞節の時間表示も、主節同様に、発話時基準であったと考えられる（井島正博1996）。このように、時間表示のシステム自体が、現代語と古典語とで相違しているのであって、助動詞「き」の文法的意味は「過去」である、といった単純な理解では済まないのである。

4 第2講 動詞 (1)

第2講 動詞 (1)

2.1 動詞の活用

―― [3] ――――――――――――――――所属語の少ない活用型――

A 次の活用型の動詞をすべて答えなさい。

①下一段 ②カ変 ③サ変 ④ナ変 ⑤ラ変

B 上一段活用の動詞を、すべて平仮名で書きなさい。

古典語の動詞の活用は、次の9種類である。

四段・上一段・上二段・下一段・下二段・カ変・サ変・ナ変・ラ変

このうち、下線を付した6種類は、所属語が少ないので、個別に記憶する。

A サ変は「す・おはす」の2語であるが、「す」には、「案内す・座す・ものす」のような「―す」の形の複合語が数多くある。また、「興ず・困ず・御覧ず・念ず」のように濁音化する場合もある（これも「サ変」という）。

B 上一段活用は、「着る、似る・煮る、干る・嚏る・簸る、見る、射る・沃る・鋳る、居る・率る」など十数語があるが、平仮名で書くと「きる・にる・ひる・みる・いる・ゐる」の6語形しかない。

◆ただし、「試みる（＜心＋見る）」「顧みる（＜返り＋見る）」「用ゐる（＜持ち＋率る）」などの複合語がある。ほかに、「いさちる」「荒びる」という上一段動詞があるが、これは「いさつ」「荒ぶ」という上二段形も存する。

上一段の「いる（射る・沃る・鋳る）」は「い／い／いる／いる／いれ／いよ」と活用するので、ア行かヤ行か決定できないが、ふつうヤ行とされる。

―― [4] ――――――――――――――――四段・上二段・下二段――

次の動詞の活用の種類を答えなさい。

①荒る ②言ふ ③置く ④起く ⑤老ゆ ⑥帰る ⑦過ぐ ⑧住む ⑨流る

[3]にあげた6種以外の活用型の動詞について、古典語の場合、動詞の終

2.1 動詞の活用　5

止形の形態から、活用の種類を見分ける方法はない。ただし、現代日本語の母語話者であれば、その動詞に打消の助動詞「ず」（現代語の「ない」でもよい）を付けてみることで、判別することができる場合がある。すなわち、「ず」（または「ない」）の上の母音がア段音なら四段活用、イ段音なら上二段活用、エ段音なら下二段活用と判定される。例えば、「書く」は「書かず（書かない）」となるから四段活用、「落つ」は「落ちず（落ちない）」となるから上二段活用、「告ぐ」は「告げず（告げない）」となるから下二段活用と判定される。

◆このとき、「書けない」のような可能の意を含む打消形を作ってはいけない。

◆もちろんこの判定方法は万能ではない。馴染みの薄い「あへたく」（四段）や「ゑみこだる」（下二段）のような場合、打消形を作るという操作ができないし、後述のように、一語にして複数の活用型をもつ動詞、自他によって活用型を異にする動詞もある。

――――[5]――――――――――――――――――終止形の求めかた―――
　次の下線の動詞の終止形を答えなさい。
①出でず　②得ず　③朽ちず　④来ず　⑤せず　⑥寝ず　⑦経ず　⑧見えず
⑨植ゑず　⑩あらず

　動詞の終止形は、多くの場合、「ず」の直上の音をウ段音に変えると求めることができる。⑧のようなヤ行動詞、⑨のようなワ行動詞に注意。また、⑩のラ変だけは終止形がイ段音である。動詞の任意の活用形から終止形が求められないと、辞書が引けない。

――――[6]――――――――――――――――活用の練習・動詞の読みかた―――
A　□□□の中の語を、適切な形にしなさい。
　①年老い、病して、死ぬ きざみ（＝時）になりて（宇治4-3）
　②血あゆばかり（＝血ガ出ルホドニ）、必ず 蹴る 給へ。（宇治2-13）
　③夕されば蛍よりけに 燃ゆ ども光見ねばや人のつれなき（古今562）
　④山中の景気、折につけて、尽く ことなし。（方丈記）

6　第2講　動詞（1）

B　次の下線部の読み方を平仮名で書きなさい。

①秋来ぬと目にはさやかに見えねども風の音にぞおどろかれぬる（古今169）

②来ぬ人をまつほの浦の夕凪に焼くや藻塩の身もこがれつつ（百97）

③児の乳母の、ただあからさまにとて出でぬるほど、［児ヲ］とかくなぐさ
　めて、「とく来」と言ひやりたるに（枕22）

④ひとり寝る山鳥の尾のしだり尾に霜置きまよふ床の月影（新古今487）

⑤なほ世に経まじき心地しければ（大和150）

B　①終止形の「ぬ」は完了の助動詞だから上は連用形。②連体形の「ぬ」は
打消の助動詞だから上は未然形。③カ変の命令形。④下二段「寝」の連体形。
なお、この歌は百人一首で有名な伝人麻呂歌を本歌取りした定家の歌。⑤
「経」は終止形。1音節の下二段動詞「得」「寝」「経」に注意。

―――― ［7］ ――――――――――――――現代語と活用型が異なる動詞―

　次の動詞の活用の種類を答えなさい。
①飽く　②借る　③足る　④恨む　⑤恋ふ

　現代語の「飽きる」の打消形は「飽きない」であるが、古典語では「飽き
ず」ではなく「飽かず」となって四段活用である。このように、現代語と活用
型が異なる動詞がある。特に、この5語は、個別に記憶しておくと良い。

―――― ［8］ ――――――――――――――複数の活用型をもつ動詞―

　次の下線部の動詞の活用の種類を答えなさい。
①a　吹く風にあつらへつくるものならばこの一本は避きよと言はまし（古今
　　99）

　b　秋風に誘はれ渡る雁がねはもの思ふ人の宿を避かなむ（後撰360）

　c　花散れば道やは避けぬ志賀の山うたて梢を越ゆる春風（六百番歌合）

②a　忘らるる身をば思はず誓ひてし人の命の惜しくもあるかな（百38）

　b　忘れじの行末まではかたければ今日を限りの命ともがな（百54）

2.1 動詞の活用 7

③a 世にも<u>惚</u>きたることとそしり聞こゆ。(源・常夏)

　b 我よりも年の数積もり、<u>惚</u>けたりける人のひがごとにや。(源・竹河)

　時代によって、活用型が変化することがある。①の「避く」は、上代では上二段、中古では上二段と四段、中世以降は下二段活用が用いられた(①cは新しい活用型を使ったので、歌合において右方から「よけぬ、聞きにくし」と言われている)。②の「忘る」は、上代で四段、中古以降下二段となった。また、③のように、同時代で複数の活用型が用いられる動詞もある。

──────── 補　説 ────────

　日本語の動詞の活用には、本質的に異なる2種類のタイプがある。一つは四段・ラ変の活用型で、母音を交替させることで作られる活用形式である。

(1)

	語　幹	未然形	連用形	終止形	連体形	已然形	命令形
散る	ち	ら	り	る	る	れ	れ
あり	あ	ら	り	り	る	れ	れ

一方、上一段・下一段は接辞を付加することで活用形式が作られる。学校などで広く行われている活用表は、語尾ゼロを認めないという大原則があるために、上一段・下一段の活用表を、語幹と語尾の区別がない、として、

(2)a

	語　幹	未然形	連用形	終止形	連体形	已然形	命令形
見る	(み)	み	み	みる	みる	みれ	みよ
蹴る	(け)	け	け	ける	ける	けれ	けよ

のように書くが、これは、

(2)b

	語　幹	未然形	連用形	終止形	連体形	已然形	命令形
見る	み	−φ	−φ	−る	−る	−れ	−よ
蹴る	け	−φ	−φ	−る	−る	−れ	−よ

のように、「み」「け」という不変の語幹に、「−φ(ゼロ)」「−る」「−れ」「−よ」

8　第2講　動詞 (1)

という接辞が付加されたもの、と捉えられる（この「－る」を「靡」、「－れ」を「靡伏」ということがある）。このような捉え方では、上一段と下一段の違いは語幹の末尾音の違いであって、両者は同じ活用形式であるということになる。

　　◆四段活用の動詞は、動詞の中で最も数が多く、動詞の過半をしめる。

　　◆上一段動詞は、古く、終止形接続の助動詞・助詞「べし」「らし」「らむ」「とも」に対して、「我に似べきは」（土佐）、「煮らしも」（万1879）、「花とや見らむ」（古今6）、「見とも飽かむ君かも」（万4503）のように語幹から接続した例がみえる。これは、一段動詞の語幹が古くは接辞「－る」なしで独立して用いられた痕跡と思われる。

　　◆下一段活用は「蹴る」1語なのに、変格活用としないのは、活用形式が上一段活用と並行的で、不規則活用とはいえないからである。

　カ変・サ変・ナ変・上二段・下二段は、母音交替と接辞付加の混合形式である。カ変・サ変・ナ変は、

(3)

	語　幹	未然形	連用形	終止形	連体形	已然形	命令形
来	○	こ	き	く	くる	くれ	こ
為	○	せ	し	す	する	すれ	せよ
死ぬ	し	な	に	ぬ	ぬる	ぬれ	ね

のように、母音が交替し、さらに連体形と已然形では、終止形の形に対して靡の接辞（－る、－れ）が付加されている。

　　◆サ変は連用形部分を除けば、サ行下二段活用に似ている。ナ変は、四段に活用した上に、連体形・已然形で靡の接辞（－る、－れ）が付加されていて、母音交替形式と接辞付加形式の純粋な混合になっている。

上二段・下二段の活用は、

(4) a

	語　幹	未然形	連用形	終止形	連体形	已然形	命令形
流る	なが	れ	れ	る	るる	るれ	れよ
落つ	お	ち	ち	つ	つる	つれ	ちよ

のように、2つの母音交替（上例では「れ〜る」、「ち〜つ」）と、そのそれぞれに

2.1 動詞の活用　9

対する靡の接辞付加によって行われる。この活用形式は、ふつう、(4a)のように把握されているが、このような把握では、両者の活用形式が平行的であること、2つの母音交替形に対して接辞が付加されていることが明示されない。(4a)で、「ながれ」「おち」を第Ⅰ語幹、「ながる」「おつ」を第Ⅱ語幹（交替形）と捉え、

(4)b

	語幹Ⅰ	語幹Ⅱ	未然形	連用形	終止形	連体形	已然形	命令形
流る	ながれ	ながる	Ⅰ－φ	Ⅰ－φ	Ⅱ－φ	Ⅱ－る	Ⅱ－れ	Ⅰ－よ
落つ	おち	おつ	Ⅰ－φ	Ⅰ－φ	Ⅱ－φ	Ⅱ－る	Ⅱ－れ	Ⅰ－よ

とすると、両者の活用を同一のものとして捉えることができる（この捉え方では、第Ⅰ語幹がエ段音で終わる語が「下二段活用」、第Ⅰ語幹がイ段音で終わる語が「上二段活用」と捉えられることになる）。

　　◆下二段活用の動詞は四段活用の動詞についで数が多く、ア行からワ行の全行に存在する（ア行に活用する語は、動詞全体の中で、下二段活用の「得」1語だけである）。

─────［9］─────────────命令形の「よ」語尾─

　次の下線部について、文法的に説明しなさい。
うたて異に心いぶせし事計りよく<u>せ</u>我が背子逢へる時だに（万2949）

　　中古においては、サ変・二段・一段の命令形で、義務的に「よ」を伴うが（したがって、これらにあっては「－よ」までが命令形語尾であるが）、この「よ」はもとは終助詞だったものと思われ、古くは「－よ」のない命令形の形もみえる。
　(5)　<u>努め</u>諸々　進め諸々（仏足石歌）
　(6)　富士の嶺のならぬ思ひに燃えば<u>燃え</u>（＝燃エ上ガレ）（古今1028）
後には、カ変の命令形にも、「装束して<u>こよ</u>」（蜻蛉）のように、「よ」を伴う例が現れる。

10　第2講　動詞（1）

―――― [10] ―――――――――――――――古典語の動詞の形―

　次の現代語の動詞は、古典語ではどのような形（終止形）になるか。

例：尽きる→尽く　　①捨てる　②閉じる　③悔いる　④衰える　⑤植える

⑥燃える　⑦迎える　⑧絶える

　現代語の動詞の形から、古典語の動詞の形を答える問題。①は「捨てず（捨てない）」から下二段と判断し、答えは「捨つ」。②はダ行である（ザ行の動詞は、「念ず・御覧ず…」のようなサ変複合動詞を除けば、「混ず」（下二段）と「掘ず」（活用型不明）しかない）。③以下は、古典語のア行の動詞は「得」の1語だけだから、ア行以外であると考えて、ハ・ヤ・ワ行のどれであるかに注意する。

―――― [11] ―――――――――――――――動詞の判別―

　次の下線部に適切な漢字をあてなさい。

①　夕月夜をぐらの山に鳴く鹿の声のうちにや秋は<u>くる</u>らむ（古今312）

②　色に<u>あける</u>年しなければ桜花今日ひぐらしに折りてこそ見れ（兼盛集）

①　有名な問題。「らむ」は終止形接続だから、下線部は「来る」ではあり得ない（もし「来ているだろう」の意なら「く-らむ」になるはず）。

②　「明ける年」と読むのは間違い。その意なら、「明く」は下二段だから、「明くる年」となるはず。

2.2　動詞化

―――― [12] ―――――――――――――――動詞化―

　下線部を訳しなさい。

①　装束取り出でて、<u>うるはしく装束きて</u>（宇治15-4）

②　なにしにか（＝ドウシテ）<u>俊忠の歌にはひとしむべき</u>。（撰集抄8-23）

③　好いたる田舎人ども、［玉鬘ニ］心かけ、<u>消息がる</u>いと多かり。（源・玉鬘）

④　瓜を取り出でたりけるが、わろくなりて、<u>水ぐみたりければ</u>（古今著聞集633）

2.2 動詞化 11

⑤ 山寺にも何となく世の中ばみたるわづらひ聞こゆるを (明恵上人歌集・詞書)

①は名詞「装束」をそのまま動詞化したものである。「謀(はかりこと)→謀りこつ」「独り言→独りごつ」「返り事→返りごつ」「聖(ひじり)→聖(ひじ)る」「騒動→騒動(さうど)く」「猿楽→散楽(さるが)ふ」「垣間見→かいまむ」のような例がある。②は、「怪し」→「怪しむ」のように「等し」を動詞化したもの。③以下は、「寒し→寒がる」「涙ぐむ」「気色ばむ」のような、接尾辞による動詞化の例。次例(7)の「速(すみ)やく」は形容動詞「速やか(なり)」を、(8)は副詞「わざと」を動詞化したものである。

(7) 君を我が思ふ心は大原やいつしかとのみすみやかれつつ (詞花233)

(8) いかにも真(まこと)の石には劣れるやうに、わざとびたるが失にて侍るなり。

(無名抄)

12 第3講 動詞 (2)

第3講 動詞 (2)

3.1 動詞の音便

　活用語の連用形と連体形の語尾が、「い」「う」「ん」「つ」に臨時的に変わることがある。これを音便といい、その変わった形を音便形という。(1a) では、「時雨めきて」の「き」が「い」に変じている。これをイ音便という。現代語では「書いて（*書きて）」のように音便形は義務的に生じるが、古典語の場合、(1) のように、音便形は非音便形と並存する。

(1)a 　時雨めいてうちそそく。(源・若紫)

　　b 　時雨めきてうちそそけば (源・蓬生)

音便は発音の便宜のためと説かれることが多いが、文法的な現象でもあって、動詞の音便形は、四段・ナ変・ラ変の語（未然形がア段音の語）にしか現れない（現代語でも同様である。「置きて→置いて／起きて→*起いて」）。

　動詞の音便は、次の箇所に現れる。

イ音便：カ行四段、ガ行四段、サ行四段の連用形語尾「き」「ぎ」「し」

ウ音便：ハ行四段の連用形語尾「ひ」

撥音便：バ行四段・マ行四段・ラ行四段・ナ変の連用形語尾「び」「み」
　　　　「り」「に」、ラ変の連体形語尾「る」

促音便：タ行四段・ハ行四段・ラ行四段・ラ変の連用形語尾「ち」「ひ」「り」

撥音便の「ん」、促音便の「つ」は表記されないことが多いので、注意が必要である。

--- [13] ---　　　　　　　　　　　　　　　　　　　　　　動詞の音便形

　次の下線部は動詞の音便形である。もとの形を答えなさい。

①さればみて書いたるさま、品なし。(源・夕顔)　②明かいつべき夜を (源・真木柱)　③あさましと宮は思いて (源・夕霧)　④命長さの、いとつらう思う給へ知らるるに (源・桐壺)　⑤いんじ年の秋 (平家7)　⑥赤栴檀を刻んじも (平

3.1 動詞の音便 13

家5） ⑦おのおの弓を引きて、箭を放つて（今昔 25-3）

②現代共通語ではサ行動詞のイ音便を用いないので、慣れないと分かりにくい。③動詞「思ふ」の連用形であったら「思ひ」になって、「思い」にはならないはず。イ音便になるのは「－き」「－ぎ」「－し」だから、「思す」の連用形「思し」のイ音便と考える。したがって③の読みかたは「オボイテ」。⑤⑥「じ」は、「去にし」「刻みし」の「し」（過去の助動詞「き」の連体形）が撥音便の下で濁音化したもの。

---
[14] ────────────────────────── 撥音便の無表記 ──

下線部の読みを、平仮名で書きなさい。

① ゐざり出づる人あなり。（源・若紫）

② はひ渡る時、はべべかめる。（源・夕顔）

③ 死じ子、顔良かりき。（土佐）

④ 置い給へめるものを（落窪）

撥音便の無表記形。①は「あるなり」の「る」の撥音便「ん」が表記されない形だから（すべての終止形接続の助動詞は、ラ変の語には連体形に接続する）、「あんなり」と読む。②は「侍るべかるめる」、③は「死にし子」、④は「給へるめる」の撥音便の無表記形。④は助動詞「めり」の接続の違例ではない。類例、「…とぞ言ひあへなる（＜あへるなる）。」（土佐）、「…とこそは説き給へなれ（＜給へるなれ）。」（大鏡）。④のような場合、存続の助動詞「り」全体が表記上消えてしまうから注意。

促音便もまた、表記されないことが多い。

(2) 忽ちに五徳の甲を造くて（＜造りて）使ひに与へて（今昔 1-23）

(3) なんぢが宣旨に従て（＜従ひて）参りたるこそ神妙なれ。（平家5）

　◆「あなり」のような撥音便の無表記形を、表記のまま「a-na-ri」と読んでよい、と主張する人がいるが、①〜④のような語形は本来あり得ないものであって、撥音便の無表記によって表記上生じているのである。これを「a-na-ri」と読む人は、(2)

14　第3講　動詞（2）

(3) のような促音便の無表記も表記のまま読むことになるのだろうが、奇妙である
というべきである。

┌─── [15] ───────────────────音便の起きる条件─┐
│　次の下線部について、文法的に説明しなさい。
│「いとたよりなく、つれづれに思ひ<u>たまうらるれば</u>、［故宮ノ］御かはりにも見
│奉らむとてなむ、帥宮（そちのみや）に参りて候ふ」と［童ガ私ニ］語る。（和泉日記）
└──────────────────────────────────────┘

　原文は「思たまふらるれば」（三条西家本1ウ）。形の二からは、<u>下二段活用</u>
の「給ふ」の未然形語尾「へ」のウ音便にみえるが、二段活用の音便形も、未
然形語尾の音便形も、ともにあり得ない形といえよう（「<u>思う給へらるれば</u>」な
ら正しい形である）。誤写等、本文を疑うべきである（寛元本は「いとたよりなくお
ぼえ侍りしかば」）。

3.2　動詞の自他

(4) a　ドアが<u>開く</u>。

　　b　太郎がドアを<u>開ける</u>。

(4a) のように、動作・作用を主体自身の働きとして表現する動詞を「自動詞」、
(4b) のように、主体から他に及ぶ働きとして表現する動詞を「他動詞」とい
う。「aku〜akeru」にみるように、国語の自動詞と他動詞は、形態的に顕著な
対応関係をみせる。これを「自他の対応」という。

┌─── [16] ───────────────────現代語の動詞の自他の対応─┐
│　現代語で、次の語が自動詞なら対応する他動詞を、他動詞なら対応する自動
│詞を答えなさい。
│①つながる　②集める　③落ちる　④伸びる　⑤減る　⑥出る　⑦倒す　⑧割
│る　⑨空く
└──────────────────────────────────────┘

　まずは、現代語から。自動詞〜他動詞の対応パターンは（括弧内に上記以外の

3.2 動詞の自他

語例を自動詞形で付す)、① aru〜u（ふさがる）、② aru〜eru（見つかる・助かる・儲かる）、③ iru〜osu（起きる）、④ iru〜asu（生きる）、⑤ u〜asu（飛ぶ・乾く）、⑥ eru〜asu（負ける・枯れる・遅れる・馴れる）、⑦ eru〜su（帰る）、⑧ eru〜u（取れる・抜ける・焼ける・破れる・折れる）、⑨ u〜eru（立つ）の９種で、これを図示すると次のようである（佐久間鼎1966。図は寺村秀夫1982による）。

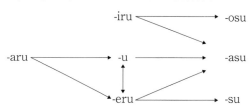

一般にル語尾は自動詞、ス語尾は他動詞といえるが、⑧⑨で交錯した構造になっている。

◆形態的な自他の対応をもたない自動詞を無対自動詞、自他の対応をもたない他動詞を無対他動詞という。例えば「遊ぶ・歩く・騒ぐ・泣く・働く」などは無対自動詞、「愛する・押す・書く・蹴る・探す」などは無対他動詞である。

---
[17] ────────────── 自動詞・他動詞の訳出（1）──

下線部を訳しなさい。
① a ［猫ガ］はしに出でて臥したるに（枕6）
　 b ［大君ノ様子ハ］中に身もなき雛を臥せたらむ心地して（源・総角）
② a いつまでに生かむ命ぞ（万2913）
　 b この僧ひとりは生けむ。（宇治10-10）
③ a 袖ひちてむすびし水の凍れるを春立つ今日の風やとくらむ（古今2）
　 b 手をひてて寒さも知らぬ泉にぞ汲むとはなしに日ごろ経にける（土佐）

---

①　助動詞「たり」の上には連用形がくるので、aの「臥す」は四段、bの「臥す」は下二段である。この活用形式の違いが自他の別を生んでいて、aの「臥す」は自動詞で「横になる」の意、bの「臥す」は他動詞で「横にする」の意になる。

② aの「生く」は四段で自動詞、bの「生く」は下二段で他動詞。
③ aの「ひつ」は四段（または上二段）で自動詞、bの「ひつ」は下二段で他動詞。③aは、現代語なら「袖を濡らして掬った水が凍っていたのを」のように他動詞で表現されるところであるが、古典語ではこういう表現があったのである。

(5) 裳の裾濡れて鮎か釣るらむ（万861）
(6) 稲葉そよぎて秋風の吹く（古今172）
(7) 木の葉散る嵐や御簾をあげつらん払ふに惜しき塵（＝紅葉）の積もれる（頼政集）

　　　　　　　　　　補　説

古典語の自他の対応関係は、次のように整理される（釘貫亨1996など参照）。
①活用の種類の違いによる自他対応
　　A　自動詞（四段）―他動詞（下二段）：臥す・入る・付く・向く・添ふ
　　B　自動詞（下二段）―他動詞（四段）：切る・解く・焼く
　　C　自動詞（上二段）―他動詞（下二段）：伸ぶ
②語尾の違いによる自他対応
　　A　自動詞ル語尾―他動詞ス語尾：移る～移す・寄る～寄す・隠る～隠す
　　B　自動詞がル語尾のもの：誤る～誤つ
　　C　他動詞がス語尾のもの：越ゆ～越す
③語尾付加による自他派生
　　A　ス語尾付加による他動詞派生：出づ～出だす・明く～明かす
　　B　ル語尾付加による自動詞派生：別く～別かる・替ふ～替はる
「笑ふ・増す」（四段）、「閉づ」（上二段）、「控ふ」（下二段）のように、同形・同活用型で自動詞と他動詞とに用いられる語もある。

──［18］──────────────自動詞・他動詞の訳出（2）──
次の文を訳しなさい。
①a　あさましう、美しげさ添ひ給へり。（源・桐壺）

3.2 動詞の自他 17

> b　限りあることに事を添へさせ給ふ。（源・桐壺）
> ②a　夕されば蛍よりけに燃ゆるとも光見えねば人ぞつれなき（歌合4寛平后）
> 　b　夕されば蛍よりけに燃ゆれども光見ねばや人のつれなき（古今562）

　解釈上、自他の区別は重要であるので再度練習する。古典文解釈にあたっ
て、②の差に敏感であることは重要なことである。②bでは、あの人は私の
燃える炎を見ないので、冷淡なのか、と詠う。aの「見えない」との差は案外
大きい。

────── [19] ──────────────「を＋自動詞」──
　次の下線部は、現代語ではどのように表現されるか。
①　多くの年を積もれり。この故に鬢髪長きなり。（今昔4-29）
②　暁の鴫の羽がきに目をさめてかくらん数を思ひこそやれ（赤染衛門集）

　①②の下線部の動詞は、「積もる～積む」「覚む～覚ます」の対応における
自動詞の形と判断されるが、「～を」句をとっている。このような「～を＋自
動詞」は、古典文中に広くみられ、「Yodare wo tareru」（ヘボン『和英語林集成
［第3版］』1886年）のように、明治初期までは普通に存した句型であった（鈴木
英夫1985参照）。次のような例は動詞の自他の点から、よく問題にされる例で
ある。
　(8)　由良の門を渡る舟人梶を絶え行方も知らぬ恋の道かな（百46）
　(9)　女郎花多かる野辺に宿りせばあやなくあだの名をや立ちなむ（古今229）
　(10)　荒海や佐渡に横たふ天の川（奥の細道）

────── [20] ──────────────複他動詞──
　下線部を訳しなさい。
①a　後の矢を頼みて（徒然92）
　b　この世のみならぬ契りなどまで頼め給ふに（源・夕顔）
②a　その夜、夜一夜、大御酒参り、遊び給ひて、大将も物被き、忠岑も禄賜

18 第3講 動詞 (2)

りなどしけり。(大和 125)

b ［明石入道ハ、源氏ノ］御使ひに、なべてならぬ玉裳など被けたり。(源・
明石)

　次例(11)の「預かる（四段）〜預く（下二段）」は、一見、「自他の対応」のよ
うにみえるが、どちらもヲ格をとる他動詞である。

(11) a　この宮を 預かりて（源・若菜上）

　　b　むすめをばさるべき人に 預けて（源・夕顔）

違いは「預かる」より「預く」の方が、「〜に」句が一つ増えている点にあ
る。他動詞「預かる」に対し、「預く」を複他動詞という。①aは四段「頼
む」で「頼みにする、あてにする」の意、bは下二段「頼む」で「頼みに思わ
せる、あてにさせる」の意。②aは四段「被く」で「褒美としていただく」の
意、bは下二段「被く」で「褒美として与える」の意。「疎む」は四段が他動
詞で「嫌う」、下二段が複他動詞で「嫌いにさせる」の意、「矧ぐ」は四段が他
動詞で「矢を作る」、下二段が複他動詞で「矢を弓につがえる」の意である。

3.3　動詞の格支配

　現代語の動詞「批判する」の対象はヲ格、「反対する」の対象はニ格で表示
される。このように、項にどのような格を取るかは個々の動詞ごとに決まって
いる。これを動詞の格支配という。

―――― [21] ―――――――――――――現代語と格支配が異なる動詞―

　次の下線部は、現代語ではどのように表現されるか。

① 山の神に祭りて（祝詞・大殿祭）

② 鹿島の神を祈りつつ（万 4370）

③ 帯の端のいとをかしげなるに、蛇の形をいみじく似せて、動くべきさま
などしつけて（堤・虫めづる姫君）

　古典語と現代語とで、格支配を異にすることがある。少し例をあげる。

3.3 動詞の格支配　19

⑿　大坂に遇ふや少女を［袁登売袁］道問へば（記歌謡 77）

⒀　あの［月ノ］国の人をえ戦はぬなり。（竹取）

⒁　御あたりをもさらに馴れ給はず（源・蓬生）

⒂　我、大王の勅を背きて（今昔 3-25）

⒃　にはかに頭を痛むこと堪へがたし（今昔 7-43）

⒄　馬を乗ること久しくして（今昔 7-31）

⒅　この大臣、医道に極めたるによりて（今昔 4-32）

③は格配置が現代語と異なる例。現代語なら「帯を蛇の形に似せて」のように表現されるだろう。「年ごろもかのわたりに心をかけて」（源・若菜上）も、現代語では「何年もあのお方（＝雲居雁）を心にかけて」という方が自然なようである。

─────［22］───────────── 格支配と動詞の意味─
　次の a b には、どのような意味の違いがあるか。
①a　旅にまかりける人に装束つかはすとて（後撰 1328 詞書）
　b　秋、旅をまかるに、花見にとどまり侍りて（能宣集・詞書）
②a　心にもあらず、人に別れて（業平集・詞書）
　b　国を捨て父を別れて無上正直の道を求め（今昔 1-5）

　同じ動詞がニ格をとったりヲ格をとったりすることがある。その際、とる格によって、意義を異にする場合がある。①の「旅に行く」は旅立つ意、「旅を行く」は旅行中の意である。②では、「に-別る」は別れざるを得ない状況下でやむを得ず人と分かれる意、「を-別る」は主体から積極的に別れて行く意、という意義の差がある（中西宇一 1996）。

─────［23］───────────── 同族目的語─
　下線部を訳しなさい。
家思ふと眠を寝ず居れば鶴が鳴く葦辺も見えず春の霞に（万 4400）

20　第3講　動詞 (2)

　「歌を歌う」「踊りを踊る」のように、本来自動詞であるものが、その動詞と語源的・意味的に重複する目的語をとることがある。このような目的語を「同族目的語」という。「眠」は「眠ること」の意の名詞で、「眠を寝」で「寝る」の意。古典文では、ほかに「音を泣く」などの表現がある。

　⒆　にはかに笑を高く笑ひたりければ（定頼集・詞書）

4.1 代動詞　21

第4講　動詞 (3)

4.1　代動詞

─────── [24] ───────────────代動詞「ものす」──

　次の下線部は、どのような意味であると考えられるか。

① 走り井にて、破子などものすとて、幕引きまはして（蜻蛉）

② 例もものする山寺へ登る。（蜻蛉）

　①の「破子」は弁当（箱）なので、「ものす」は、最も常識的には「食べる」の意と考えられる（もちろん場合によっては「作る・壊す・捨てる…」と様々な意味であり得る）。②は、これも最も常識的には「行く（参詣する、参籠する）」の意であろう。このように「ものす」は様々な動詞の朧化表現として用いられる。このような動詞を代動詞と呼ぶ。「ものす」は特に『蜻蛉日記』に、多彩な動詞の代用として多用されている。

　(1)　立ちながらなどものして、「いかにぞ」などもある。（蜻蛉）〈＝見舞ウ〉

　(2)　八月つごもりに、とかうものしつ。（蜻蛉）〈＝出産スル〉

　(3)　門強うなどものしたりければ（蜻蛉）〈＝閉メル〉

　　◆『蜻蛉日記』に「ものす」が228回も使われている一方で、『枕草子』には「ものす」が4回しか使われていない。このようなところからも、『蜻蛉日記』が朧化的表現を好み、『枕草子』が直接的表現を好むといった、表現態度の差が浮かび上がってくる。

「す」もまた様々な動詞の代用をする（(5)のように自動詞の代用もする）。

　(4)　漆を塗り、蒔絵して壁し（＝造リ）給ひて（竹取）

　(5)　時雨いたくし（＝降リ）てのどやかなる日（源・総角）

─────── [25] ───────────────「す」と「あり」との交渉──

　下線部を訳しなさい。

① たたむ月（＝翌月）に死ぬべしといふさとしもしたれば（蜻蛉）

22 第4講 動詞 (3)

② 忍びたることとても、[浮舟ノ] 御心より起こりて<u>ありしこと</u>ならず。(源・蜻蛉)

①の「す」は「あり」の意、②の「あり」は「す」の意であって、「す」と「あり」は相互に通用する。これを「「す」と「あり」との交渉」(山田孝雄1952) という。

(6) 吉野なる夏実の川の川淀に鴨そ鳴くなる山陰に<u>して</u>（＝アッテ）(万375)

(7) さりともかかる [幼キ] 御ほどをいかがは<u>あらむ</u>（＝セム）。(源・若紫)

(8) 右近に<u>ある</u>（＝ス）べきことのたまはせて、渡り給ひぬ。(源・玉鬘)

(9) かやうのことは、もの馴れぬ人の<u>ある</u>（＝スル）ことなり。(徒然234)

4.2 ダイクシス動詞

――― [26] ―――――――――――――――――――移動動詞 (1)―――

次の下線部はどういう意味か。
<u>今来む</u>と言ひしばかりに長月の有明の月を待ち出でつるかな (百21)

現代語の「行く」「来る」は移動を表す動詞であるが、視点から遠ざかる移動は「行く」、視点に近づく移動は「来る」で表される。前者を遠心性動詞、後者を求心性動詞といい、このような、視点からの方向性によって使用制限をもつ動詞を「ダイクシス動詞」という。古典語の移動動詞「行く」「来」は、現代語と同様、「行く」が遠心性、「来」が求心性であるが、古典語では、到着点を視点として「私がそちらに<u>来る</u>」という表現もあった。

(10) からうじて大和人（＝大和ノ男）、「<u>来</u>む（＝ソチラニ行コウ）」といへり。
(伊勢23)

(11) 名にし負はば逢坂山のさねかづら人に知られで [アナタノ許ニ] <u>くる</u>よしもがな (百25)

――― [27] ―――――――――――――――――――移動動詞 (2)―――

次の下線部はどういう意味か。

4.2 ダイクシス動詞　23

①a　真萩散る庭の秋風身にしみて夕日の影ぞ壁に消え行く（風雅478）

　b　はるかなる沖の干潟のさ夜千鳥満ち来る潮に声ぞ近づく（風雅790）

②a　春さらば逢はむと思ひし梅の花今日の遊びにあひ見つるかも（万835）

　b　年さり年来たりけれども、忘れがたきは撫育の昔の恩（平家3）

　①「行く」は補助動詞として未来にかけて物事が進行する意を、「来」は補助動詞として過去から現在にかけて物事が進行する意を表す。②aの「去る」は「時が来る」の意、bは「時が過ぎ行く」の意。次例（12a）の「立つ」は「時が始まる」の意、（12b）は「時が終わる」の意である。

⑿a　ひさかたの天の香具山この夕べ霞たなびく春立つらしも（万1812）

　b　三月つごもりに和歌七首せしに

　　水の面に花の錦の浮かべるは波の織るにや春も立つらん（大弐高遠集）

──── [28] ────────────────────移動動詞の敬語形──

次の下線部を、敬意を含まない動詞で表すとどうなるか。

①　おはする所は六条京極わたりにて、内裏よりなれば、少しほど遠き心地するに（源・若紫）

②　門を叩きて、「くらもちの皇子おはしたり」と告ぐ。（竹取）

　移動動詞は、敬語形になると視点の制約から解放される（近藤泰弘1986a）。①の「おはす」は遠心的移動「行く」の尊敬語形、②の「おはす」は求心的移動「来」の尊敬語形である（現代語の「いらっしゃる」も同様である）。

──── [29] ────────────────────授受動詞──

次の下線部は、現代語ではどのように表現されるか。

①a　逢坂を今朝越え来れば山人の我にくれたる山杖ぞこれ（神楽歌）

　b　この長櫃の物は、[私ガ] みな人、童までにくれたれば（土佐）

②a　雪の上に照れる月夜に梅の花折りて [我ガ] おくらむ愛しき児もがも（万4134）

24　第4講　動詞（3）

b　我妹子が下にも着よと［我ニ］おくりたる衣の紐を我解かめやも（万3585）

　現代共通語の授受動詞は、

⒀a　私は彼に本を｜やった／＊くれた｜。（主語（視点）→補語：遠心性）

　b　彼は私に本を｜＊やった／くれた｜。（主語→補語（視点）：求心性）

　c　私は彼から本をもらった。（主語（視点）←補語：求心性）

のように用いられる（括弧内の矢印は物（ここでは「本」）の移動方向を示す）。

　◆「主語←補語（視点）：遠心性」という表現（例えば「彼は私から本をもらった」のようなタイプ）は存しない。

　古典語の授受動詞は、「取らす」「やる」が、

⒁　唐にをる王けい（＝人名）に金をとらす。（竹取）

⒂　梅の花君がりやらばよそへてむかも（＝人ガ噂スルダロウカ）（万1641）

のように遠心性の制約をもつほかは、「くる」「おくる」「得さす」「おこす」は視点の制約をもたない。

⒃a　［私ハ隣人ニ］たよりごとに物も絶えず得させたり。（土佐）〈遠心性〉

　b　人にさとは知らせで［夕顔ノ娘ヲ］我に得させよ。（源・夕顔）〈求心性〉

⒄a　月日経ておこせたる文に、「……」といへりければ、［男ハ歌ヲ］よみてやる。（伊勢46）〈求心性〉

　b　［かぐや姫ノ許ニ］文を書きてやれど、［かぐや姫ハ］返事せず。わび歌など書きておこすれども、かひなしと思へど（竹取）〈遠心性〉

「与える」意の丁重語「つかはす」も両様ある。

⒅a　もし見給へ得ることもや侍ると、はかなきついで作り出でて、［私ハ夕顔ノ宿ニ］消息などつかはしたりき。（源・夕顔）惟光→源氏〈遠心性〉

　b　おもしろき桜を折りて、友だちの［私ニ］つかはしたりければ（後撰51）〈求心性〉

4.3 動詞の意志性

———— [30] ————————————————————— 意志動詞・無意志動詞 —

　下線部を訳しなさい。
① 　渋谿をさして我が行くこの浜に月夜飽きてむ馬しまし止め（＝止メロ）（万
　　4206)
② 　来し方行く先くれて、悲しく［涙ヲ］とどめがたく思さるれば、とみにも
　　えためらひ給はず。（源・若菜上）

　古典語と現代語とで動詞の意志性が異なることがある。①の下線部は「飽き
よう（＝飽キルマデ月ヲ見テイヨウ）、満足しよう」の意である。②の「ためら
ふ」は、「気持ちを落ち着ける」の意。次例 ⒆ の「落ち入る」は、意志的な
「飛び込む」の意である。

　⒆　賀茂川にや落ち入りなまし。（宇治6-6）

———— [31] ————————————————————— 意志的他動詞・自然的他動詞 —

　下線部を訳しなさい。
①a　いみじく泣き暮らして［部屋カラ庭ヲ］見出だしたれば（更級）
　b　うれしき物　まだ見ぬ物語の一を見て、いみじうゆかしとのみ思ふが、
　　残り見出でたる。（枕257）
②a　さすがにゆかしきなめり、御几帳のほころびよりはつかに見入れたり。
　　（枕177）
　b　魚どもなど、まだ見ざりつることなれば、いとをかしう見ゆ。来困じた
　　る心地なれど、夜の更くるも知らず、見入りてあれば（蜻蛉）

　他動詞には、「本を読む」のような意志的他動詞と、「鍵をなくす」のような
自然的他動詞（無意志的事態を表す他動詞）とがある（松下大三郎1928）。「見出だ
す」「見入る（下二段）」は意志的他動詞であるのに対し、「見出づ」「見入る（四
段）」は自然的他動詞である（此島正年1973）。

　⒇　二十三にて弟を先立てしかば（十訓抄2-4）

26 第4講 動詞（3）

(21) 乳母なる人は夫（をとこ）などもなくなして、境にて子生みたりしかば（更級）

(22) 立山（たちやま）の雪し消（け）らしも ［水量ガ増シテ］ 延槻（はひつき）の川の渡り瀬 鐙（あぶみ）漬（つ）かすも（万 4024）

```
─────── [32] ───────無意志的事態の成立を待つ意を表す他動詞─
  下線部を訳しなさい。
① 夜になして京には入らむと思へば（土佐）
② 長月つごもりに、月たててとおぼしきにや（一条摂政御集）
③ 人をしづめて出で入りなどし給へば（源・夕顔）
```

無意志的事態の成立を待つ意を表す他動詞がある。①は「夜になるのを待って」、②は「翌月になってから」、③は「人が寝静まるのを待って」の意。

4.4 複合動詞

```
─────── [33] ───────動詞の連続から複合動詞へ─
  下線部を訳しなさい。
① 西の対の姫君（＝玉鬘）も ［物見ニ］ 立ち出で給へり。（源・行幸）
② ［六条御息所ハ源氏ニ対スル］よろづのあはれを思し捨てて、ひたみちに ［伊勢ニ］ 出で立ち給ふ。（源・賢木）
```

「切り倒す」「落ち着く」のように、二つの動詞が連続した語を複合動詞という（広義では「旅立つ」「愛す」の類も複合動詞ということがある）。寺村秀夫（1969）は、複合動詞を次の4種に分類した。

Ⅰ 並立型 木を切り倒す （○木を切る ／○木を倒す）
Ⅱ 補助型 薬を飲み込む （○薬を飲む ／×薬を込む）
Ⅲ 修飾型 酒を取り扱う （×酒を取る ／○酒を扱う）
Ⅳ 融合型 彼は落ち着く （×彼は落ちる／×彼は着く）

このうち、Ⅳのような融合型の確実な例は『源氏物語』中にはみえないようである。古典語の複合動詞は、並立型の場合、

4.4 複合動詞 27

㉓a 人ごとに折りかざし（＝折ッテ髪ニ挿シ）つつ遊べども（万828）

　b ［コノ枝ヲ］かざし折りけむ（万1118）

㉔a 法文を読み習ひ給へば（源・橋姫）

　b わざと閉ぢこもりて［法文ヲ］習ひ読み（源・橋姫）

㉕a なほ人のあがめかしづき給へらむに助けられてこそ（源・夕霧）

　b この宮を父帝のかしづきあがめ奉り給ひし御心おきてなど（源・若菜
　　上）

のように語順に任意性があり、また㉖〜㉘のように、間に助詞を介在させる
こともできた（沖森卓也1990）。

㉖ 梅の花折りてかざせる諸人は今日の間は楽しくあるべし（万832）

㉗ なほすこし出でて見だに送り給へかし。（源・須磨）

㉘ 二条院の君（＝紫上）は、そのままに起きも上がり給はず（源・須磨）

このようなところから、一般に、古典語の複合動詞は、真に複合していないと
いわれる。ただし、中古では、①「立ち出づ」が「外に出る」意、②「出で立
つ」が「旅立つ、宮仕えに出る」意に、「行き過ぐ」が「通り過ぎる」意、「過
ぎ行く」が「（時が）過ぎて行く」意に偏るなど、結合の固定化が一部進行し
ているともいわれる（関一雄1977）。

```
─── [34] ─────────────────── 複合動詞の形 ───
　次の下線部は、現代語ではどのように表現されるか。
① 後の世は明日とも知らぬ夢のうちをうつつがほにも明け暮らすかな（秋篠
　月清集）
② いと多かれど尽くし書かず。（栄花13）
```

① 現代語では、意志性を異にする複合動詞を形成することができないが、

㉙ 売れ残る／*売れ残す／*売り残る／売り残す

古典語では①のような例がある（現代語なら「明かし暮らす」か「明け暮れる」か
のどちらかであろう）。次例㉚も現代語なら「狩りぞ暮らしぬる」のように表現
されるところである。

28 第4講 動詞 (3)

(30) 秋の野に<u>狩りぞ暮れぬる</u>女郎花こよひばかりの宿も貸さなん（後拾遺 314)

② 動詞の連続において、現代語と語序が逆になる場合がある。

(31) いかにして［仏ノ教エヲ］<u>尽くして知らむ</u>（＝知リ尽クサム）悟ること入ること難き門と聞けども（発心和歌集）

(32) 愚かなる人は、あやしく異なる相を<u>語り付け</u>（＝付ケ加エテ語リ）（徒然 143)

(33) 月<u>待ち出でて</u>（＝月ガ出ルノヲ待ッテ）、出で給ふ。（源・須磨）

— [35] —————————————————————「…残る」—

次の下線部の「…残る」はどういう意味か。

① あしひきの山隠れなる桜花<u>散り残れ</u>りと風に知らるな（拾遺 66)

② 雪はところどころ<u>消え残り</u>たる（源・若菜上）

③ <u>咲き残る</u>吉野の宮の花を見て（後鳥羽院御集）

「…残る」は消失を表す動詞に付くと「…ナイデ残る」の意、出現を表す動詞に付くと「…タママ残る」の意を表す。

— [36] —————————————————————「…漏らす」—

下線部を訳しなさい。

かう忍び給ふ御なからひのことなれど、おのづから、人のをかしきことに語り伝へつつ、<u>次々に聞き漏らしつつ</u>、ありがたき世語りにぞささめきける。（源・真木柱）

現代語の「聞き漏らす」は「聞き落とす」の意であるが、古典語の「聞き漏らす」は「人が聞いて、その噂を人に漏らす（語る）」の意であるから注意。次例の「聞き落とす」は、「聞いて蔑（さげす）む」の意。

(34) ［蛍兵部卿宮ハ私（玉鬘）ノコトヲ］あへなくあはつけきやうにや<u>聞き落としけむと、いと恥づかしく（源・若菜下）

4.4 複合動詞　29

「言ひ消つ」には、「言いかけて止める」の意と「反論を言う」の意とがある。

────── [37] ──────────────────訳しにくい動詞の連続形式─

　次の下線部は、どのように解釈したらよいだろうか。

① ［源氏ハ］つと［夕顔ノ］御かたはらに<u>添ひ暮らして</u>（源・夕顔）

② 内裏に<u>いさめのたまはする</u>を始め（源・夕顔）

　古典語では、動詞の連続形が現代語よりも幅広く用いられる。いずれも、現代語で表しにくい複合動詞の例。①は、「飲み明かす」が「夜が明けるまで飲む」の意であることを考えれば、御傍らに「日が暮れるまで添う」の意。②のような「動詞の連用形＋言ふ」は解釈が難しい。

　(35)　よろづのことを泣く泣く<u>契りのたまはすれど</u>（源・桐壺）

　(36)　修法など、またまた始むべきことなど<u>掟てのたまはせて</u>（源・夕顔）

　(37)　さる（＝讒言）を聞き給ひて、<u>責めのたまは</u>ざりける親の御心なむいとかなしき。（うつほ・国譲中）

のような例に照らせば、「動詞の連用形＋言ふ」は、「「動詞連用形」の言葉を言う」、すなわち②は「「いさめ」の言葉をおっしゃる」の意かと思われる。

30　第5講　受身・自発・可能

第5講　受身・自発・可能

5.1　ヴォイス

　述語に接辞を付加することによって、主語と補語とが規則的に交替する文法形式をヴォイスという。「次郎が太郎に呼ばれる（⇔太郎が次郎を呼ぶ）」のような受動態、「三郎が太郎に次郎を呼ばせる（⇔太郎が次郎を呼ぶ）」のような使役態がヴォイスの代表的なものであるが、ほかに「故郷が偲ばれる（⇔故郷を偲ぶ）」のような自発態、「英語が話せる（⇔英語を話す）」のような可能態もヴォイスである。「太郎が次郎に本を売る⇔次郎が太郎から本を買う」、「象は犬より大きい⇔犬は象より小さい」は、接辞付加による主語と補語との交替ではないので、ヴォイスではない。

　古典語の受動態・自発態・可能態は動詞に助動詞「る／らる」を、使役態は動詞に助動詞「す／さす」「しむ」を付けて表す。

```
───── [38] ─────────────ヴォイスの助動詞───

A　助動詞「る・らる・す・さす・しむ」は何形に接続するか。また、活用型
　　は何か。
B　どちらか適当な方を選びなさい。
　①　霞の中かと見わたさ [る／らる]。（源・初音）
　②　歌に拍子打ち違へてとがめ [る／らる]。（紫日記）
　③　妻の嫗に預けて養は [す／さす]。（竹取）
　④　かの贈り物、御覧ぜ [す／さす]。（源・桐壺）
C　□の語を、適当な形にしなさい。
　①　ものは少し覚ゆれども、腰なむ動か [る] ぬ。（竹取）
　②　霧かかれる夕ばえぞ、ふと思ひ出で [らる]。（源・野分）
　③　御目の悩みさへ、このころ重くなら [す] 給ひて（源・明石）
　④　山々に人を遣りつつ [鷹ヲ] 求め [さす] ど、さらになし。（大和152）
```

5.1　ヴォイス　5.2　受身　31

B　「る／らる」「す／さす」は、付く動詞の活用形式によって選択される。承
接する未然形がア段音（四段・ナ変・ラ変）であれば「る」「す」が、未然形が
ア段音でなければ「らる」「さす」が付く（現代語の「れる／られる」「せる／させ
る」も同じ原理である）。

C　①「ぬ」は打消の助動詞だから上は未然形。②文末であるが、上に係助詞
「ぞ」があるから連体形。④接続助詞「ど」の上は已然形。

5.2　受身

---
[39]　　　　　　　　　　　　　　　　　　　　受身文の種類

次の下線部を能動態にして、全体を改めなさい。

① 　我、閻羅王の使に<u>捕はれて</u>（今昔 11-2）

② 　[私ハ] 何ゆゑかかる大雨に<u>降られて</u>（うたたね）

③ 　[源氏ガ朧月夜ニ] 扇を<u>取られて</u>（源・花宴）

　動作・状態の主体を主語におく述語の形態を能動態という。①で「捕らふ」
動作の主体は「閻羅王の使」、客体は「我」だから、これを能動態で表せば、

　(1)　閻羅王の使、我を捕へて

となる。この(1)の目的語「我」を主語に置き、主語「閻羅王の使」をニ格で
表したものが①である。このように主語と目的語とを交替させて作る受身文を
「直接受身文」という。また、「閻羅王の使」は、もとの能動文の主語なので、
これを「受身文の旧主語」といい、「我」を「受身文の新主語」という。

　②の「降る」は自動詞で、目的語をもたない。対応する能動文は、「何ゆゑ
かかる大雨降りて」である。これは、「大雨が降る」という完結した内容に対
して、第三者（「私」）を新主語にたて、第三者がその事態に影響を受けるの意
を表すものである。国語ではこのように自動詞も受身文になる。

　③の動詞「取る」は他動詞で目的語をもつが、③に対応する能動文は、

　(2)　[朧月夜ガ源氏ノ]<u>扇を取りて</u>

と考えられ、能動文の目的語「扇を」が受身文でもそのまま存置されている。
現代語の「泥棒が太郎の<u>財布を</u>盗む⇔太郎が<u>財布を</u>盗まれる」と同様の表現

32 第5講 受身・自発・可能

で、受身文の新主語は、能動文の目的語の持ち主という関係になっている。そのため、この種の受身文を「持ち主の受身文」という。

 (3) 平貞盛は、前に、<u>父国香を</u>将門に<u>討たれ</u>にければ（今昔25-1）〈＝「将門、平貞盛の父国香を討ちにければ」〉

②③のような、主語と目的語とを交替させずに成立する受身文を「間接受身文」という。

―――― [40] ――――――――――――――――――――――自動詞の受身文――

 下線部に注意して、次の文を訳しなさい。

① 沫雪に<u>降らえて</u>咲ける梅の花君がり遣らばよそへてむかも（万1641）

② 七日（＝七月七日）人におくる

 うちはへて（＝ズット長ク）<u>住まるる</u>人は七夕の逢ふ夜ばかりは逢はずもあらなん（躬恒集）

 現代語の自動詞の受身文は、「雨に降られた」「親に死なれた」「彼女に泣かれた」「二階で一晩中騒がれた」のように、一般に、迷惑の意を表すが、古典語ではそうとも限らない。

 (4) 風渡る浜名の橋の夕潮に<u>さされて</u>［浜名川ヲ］のぼる海人の釣り舟（続古今1730）〈「さす」は「上げ潮になる」意の自動詞〉

―――― [41] ――――――――――――――――――――――――非情の受身――

 次の受身文の主語を指摘し、共通する主語の特徴を答えなさい。

① 衣の裾、裳などは、御簾の外にみな<u>押し出だされ</u>たれば（枕100）

② 大きなる木の、風に<u>吹き倒されて</u>（枕120）

③ 露は月の光に<u>照らされ</u>てきらめきわたり（古本説話集1）

 この受身文の主語は、①「衣の裾、裳など」、②「大きなる木」、③「露」で、みな無生物（非情物）である。このような受身文を「非情の受身」という。従来、「中古和文では非情の受身は極めて少ない」と説かれてきたが、事

実に反する。

> ◆『枕草子』では全受身文中の26％（原田信一1974）、『讃岐典侍日記』では36％、『大鏡』では25％が非情の受身である（三浦法子1973）。

中古和文中に存在しないのは、非情の受身ではなく、「主語が非情物であり、かつ、有情の旧主語を表示する」という構文である。つまり(5)のうち、(5b)の句型だけが存在しなかったのである（金水敏1991）。

(5) a　非情物　ガ　　（有情物ニ）**非表示**　〜サレル

　　b×非情物　ガ　　|有情物ニ|**表示**　　〜サレル

　　c　非情物　ガ　　|非情物ニ|**表示**　　〜サレル

①は(5a)の句型、②③は(5c)の句型である。現代語でも、(5b)の句型は、一般に、

(6)　源氏物語は紫式部　{*に／によって}　書かれた。

のように旧主語が「に」ではなく、「によって」で表される（これを「ニヨッテ受身文」という）。

> ◆正確には、次例にみるように、(5b)の句型で、述語が作成動詞である時に、ニヨッテが必須になる。
>
> ・a　この城は織田信長　{*に／によって}　作られた。
>
> 　b　この城は織田信長　{に／によって}　攻撃された。

(6)のような現代語のニヨッテ受身文は、それまで欠如していた(5b)の句型に対する新しい旧主語表示方法だったのである（金水敏1991）。

──── **[42]** ──────────────────── 意図的な受身 ────

　下線部を訳しなさい。

「さりとも、つひに男あはせざらむやは」と思ひて、頼みをかけたり。あながちに<u>心ざしを見え</u>ありく。（竹取）

　意図的に「見られる」ということは、「見せる」ということである。このような意図的な受身は、使役と同意になる。

(7)　［光源氏ハ藤壺ニ］志を<u>見え</u>（＝見セ）奉る。（源・桐壺）

34　第5講　受身・自発・可能

次例(8)は「(中納言から)思われよ＝(中納言に)思わせよ」の意、(9)は「(右大臣に)待たれて＝(右大臣を)待たせて」の意である。

　(8)　生ける時（＝生キテイル時ニ）うれしと<u>思ほえよ</u>。（落窪）

　(9)　いたう暮るるほどに、<u>待たれて</u>ぞ［源氏ハ右大臣邸ニ］渡り給ふ。（源・花宴）

逆に、使役が受身と同意になる場合がある。次例(10)で、「人に聞かせじ」ということは、「人に聞かれじ」ということである。

　(10)　中納言は、わらはげたるわざして病むことを、<u>人に聞かせじ</u>とし給ひけれど（竹取）

```
──── [43] ────────────────誘因の受身文──
　下線部を訳しなさい。
<u>月にはかられて</u>、夜深く起きにけるも、思ふらむところいとほしけれど（堤・
花桜折る少将）
```

　受身文の旧主語が動作の行為者ではなく、動作の誘因（受身文の新主語の動作を引き起こす原因）になっている場合がある。

　(11)　「［私ハ］こなたになむ、<u>いと影涼しき篝火にとどめられて</u>ものする」とのたまへば（源・篝火）

```
──── [44] ────────────────受身の意の能動形──
　下線部を訳しなさい。
この世に<u>ののしり給ふ</u>光源氏、かかるついでに見奉り給はんや。（源・若紫）
```

　能動形と受身形とが同意になることがある。下線部の「給ふ」は光源氏に対する敬意であるから、下線部は「ののしられ給ふ」の意である。次例(12a)の「さはる」は「遮る」の意であるが、(12b)の「さはる」は「遮られる」の意である。

　(12)a　柳もいたうしだりて、築地（ついぢ）も<u>さはら</u>ねば、乱れ伏したり。（源・蓬生）

5.3 自発・可能　35

　　b　月影ばかりぞ、八重葎にもさはらずさし入りたる。(源・桐壺)

「人笑へ／人笑はれ」はどちらも、「世間の物笑いになる」という意である。

5.3　自発・可能

───── [45] ───────────────────── 自発・可能 ─

A　下線部中の助動詞「る／らる」の意味を答え、下線部を訳しなさい。

①　涙のこぼるるに、目も見えず、ものも言はれず。(伊勢62)

②　秋来ぬと目にはさやかに見えねども風の音にぞおどろかれぬる (古今
　　169)

③　おもしろき夕暮に、海見やらるる廊に出で給ひて (源・須磨)

B　下線部を訳しなさい。

　身を変えて一人帰れる山里に聞きしに似たる松風ぞ吹く (源・松風)

───────────────────────────────────

A　「自発」の「る／らる」は、「自然…れる」「…せずにはいられない」など
と訳す。平安時代の可能の「る／らる」は、一般に、打消をともなってしか用
いられない。したがって、③は可能ではなく自発と考えるべきである。

　　◆中世になると、打消を伴わない可能の例が現れる。

　　・[大豆ニ] 暖かなる時、酢をかけつれば、……、にがみて (＝皺ガ寄ッテ) よく
　　　挟まるるなり。然らざれば、すべりて挟まれぬなり。(宇治4-17)

　　・家の作りやうは、夏をむねとすべし。冬はいかなる所にも住まる。(徒然55)

Bは、現代語の可能動詞「帰れる (＝帰ることが出来る)」と誤認してはならな
い。古典語に可能動詞はない。この「る」は存続の助動詞「り」の連体形。自
発・可能・受身・尊敬の助動詞「る」と存続の助動詞「り」は形態が似てい
る。

未然形	連用形	終止形	連体形	已然形	命令形
れ	れ	る	るる	るれ	れよ
ら	り	り	る	れ	れ

しかし前者は上が必ずア段音、後者は上が必ずエ段音なので、識別は極めて容

36　第5講　受身・自発・可能

易である。

――― [46] ―――――――――――――――――――可能の意を表す諸形式―

　下線部を訳しなさい。

①　しましくも（＝少シノ間デモ）ひとりあり得るものにあれや島のむろの木離
　　れてあるらむ（万3601）

②　水底の玉さへさやに見つべくも照る月夜かも（万1082）

③　白雲の絶えずたなびく峯にだに住めば住みぬる世にこそありけれ（古今
　　945）

④　［アイ見ズ］ありぬやと心みがてら逢ひ見ねばたはぶれにくきまでぞ恋しき
　　（古今1025）

⑤　「汝、和歌は詠みてむや」と問ふに、翁、「はかばかしくはあらずとも仕う
　　まつりてむ」と答ふれば、守、「いで、しからば詠め」と言ふに（今昔24-
　　55）

---

　①可能の意を表すには、「動詞＋得」という形式がある。②潜在的可能（動
作の成立可能な状態にあること）は「べし」で表される（第12.1節）。③〜⑤の
「つ」「ぬ」は、可能の意を添えて解釈される。

――― [47] ―――――――――――――――――――――――「え…ず」―

　下線部を訳しなさい。

①　川瀬を渡るさ小舟のえ行きて泊てむ川津し思ほゆ（万2091）

②　父ぬし（＝惟光）ふと寄り来たり。［娘ハ］恐ろしうあきれて、えひき隠さ
　　ず。「なぞの文ぞ」とて取るに、面赤みてゐたり。（源・少女）

③　「今宵はえなむ」などしぶらせ給ふに（枕100）

---

　①の「え」は［46］①のような動詞「得」の連用形が副詞化したものであ
る。副詞「え」は、平安時代、下に打消（の意をもつ語）を伴って「できない」
の意を表す形式として多用された。③では、「え」に呼応する打消の語が略さ

れている（文脈からは「え［参らぬ］」の意）。

――― [48] ―――――――――――注意される不可能の形―

　次の下線部には、語法上、どのような問題があるか。
① 　この歌は、ところ（＝実景）を見るに、<u>えまさらず</u>。（土佐）
② 　［劣リ腹ノ子ハ］人も思ひおとし、親の御もてなしも［本妻腹ノ子ト］<u>え等し</u>
　　<u>からぬ</u>ものなり。（源・薄雲）
③ 　これや<u>逃れぬ契り</u>ならむと、我ながら前の世ゆかしき心地して（とはずが
　　たり）

---

　①は無意志動詞の不可能態、②は形容詞の不可能態で、このような表現は現
代語にはない。①は「勝ることができない」の意、②は「等しく扱うことがで
きない」の意。次のような表現も、分かりやすいが、よく考えると奇妙であ
る。
　⒀　いみじう苦しげに思しめされたれど、御涙も<u>え出でず</u>。（讃岐典侍日記）
　③は「これが逃れられない因縁なのだろうか」の意で、可能を表すことばが
なく、「…ず」だけで不可能の意を表している。類例、
　⒁　老いぬれば<u>さらぬ</u>別れのありといへばいよいよ見まくほしき君かな（古
　　今900）
　⒂　この女の家はた<u>避きぬ</u>道なりければ（源・帚木）
　⒃　あさなけに見べき君とし<u>頼まね</u>ば思ひたちぬる草枕なり（古今376）
　⒄　限りあれば、さのみも<u>えとどめ</u>させ給はず、<u>御覧じだに送らぬ</u>おぼつか
　　なさを言ふ方なく思ほさる。（源・桐壺）

第6講　使役・助動詞の分類

6.1　使役

　主語に立つものが、他者に動作・作用が起きるように仕向ける意を表す文を使役文という。使役は他者に動作を行わせる意を表す点で、他動詞と異なる。

　(1)a　太郎は次郎に服を ¦着せた／着させた¦。

　　 b　太郎は人形に服を ¦着せた／*着させた¦。

したがって、使役文は次のような構造の文であると考えられる。

　(2)　太郎が［次郎が服を着る］させた

　　　◆(2)の理解が正しいことは、次の事実から証明される。

　　i　太郎は次郎に<u>自分</u>のことを話した。

　　ii　太郎は次郎が<u>自分</u>のことを話すのではないかと思った。

　　iii　太郎は息子に<u>自分</u>の服を着せた。

　　iv　太郎は息子に<u>自分</u>の服を着させた。

　　すなわち、ⅰⅱにみるように、日本語の「自分」は文の主語に立つ人物と照応するが、ⅳの「自分」は、文の主語「太郎」のみならず、ニ格の「息子」をも表し得る。このことはⅳが(2)のような文構造であることを示している。

　古典語の動詞の使役態は、動詞に助動詞「す／さす」または「しむ」を付けて表す。「しむ」は上代に使役の助動詞として用いられたもので、中古和文ではほとんど用いられない。しかし「しむ」は漢文訓読の世界に残り、中世の和漢混淆文で再び用いられるようになった。

―― [49] ――　　　　　　　　　　　　　　　　　　　　　被使役者の格表示―

　使役の助動詞が下接した動詞を抜き出し、その動詞が自動詞か他動詞か答えなさい。また、そのとき、被使役者は何格で表されているか、答えなさい。

① 　［紫上ハ］人々に物語など読ませて、聞き給ふ。（源・若菜下）

② 　阿闍世王、提婆達多の語らひ（＝教唆）によりて、大象に酒を呑ましめて（今昔 1-10）

6.1 使役 39

③ 父を本国に返らしめて（今昔 9-9）

　①において、「紫上」を使役者、「人々」を被使役者という。古典語の使役文は、一般に、動詞が他動詞のとき被使役者はニ格で、自動詞のとき被使役者はヲ格で表示される（小田勝 2006）。

──── [50] ────────────────────誘因・放任の使役文──
　次の使役文は、「字を書かせる」のような使役文と、どのような点が異なっているか。
① 若菜ぞ［七草ノ日ノ］今日をば知らせたる。（土佐）
② かの花は失せにけるは。いかでかうは盗ませしぞ。いとわろかりける女房たちかな。（枕 259）
③ 私の党の殿ばらの不覚でこそ、河原兄弟をば討たせたれ。（平家 9）

　使役文には、意志的に第三者に動作をさせる意を表す用法のほか、「誘因」を表すもの、「放任」を表すものがある。
　(3) 嘆けとて月やは物を思はするかこち顔なるわが涙かな（百 86）〈誘因〉
　(4) あやしのふしどへも帰らず、浪に足うち洗はせて（平家 3）〈放任〉
これらは現代語の「野菜を腐らせる」などにも通じる表現で、この延長上に、軍記物で用いられる③のような使役表現がある。
　(5) 景経、内甲を射させてひるむところに（平家 11）
これは現代語の「息子を死なせた」にも通じる表現で、処置しなかった、または、処置できなかったという放任的状態を、自分の責任として表現したものである。③が「河原兄弟をば討たれたれ」という受身文と結果的に同意になるのは、現代語の「息子を死なせた」が「息子に死なれた」と結果的に同意になるのと同じである。

──── [51] ────────────────────────使役受身文──
　現代語の次の文を受動態にしなさい。

40　第6講　使役・助動詞の分類

① 息子を無理やり留学させた。

② 息子を希望通り留学させた。

　現代語には「（さ）せーられる」（使役＋受身）という表現が存する。これを「使役受身文」という。①は強制使役、②は許容使役であるが、現代語の使役受身文は強制使役のものしか作れない。古典文では、受身と使役が共起した使役受身文は存在しない。

─── [52] ──────────────「○○す」は1語か2語か─

　次の中から、動詞に使役の助動詞「す」が付いたことが確実であるものを選びなさい。

①言はす　②驚かす　③書かす　④着す　⑤悩ます　⑥見す　⑦養はす

　最後に、動詞の使役形か、1語のサ行動詞かの判定の問題。「帰らす／散らす／似す」で考えてみよう。「帰らす」は「帰る」の未然形「帰ら」に使役の助動詞「す」が付いた形であるが、「散らす」は「散らさ／散らし／散らす…」と四段に活用するから、これで1語のサ行動詞。「散ら」が「散る」の未然形に見えるが、助動詞「す」が付いたなら下二段活用になるはず。「この雪の山いみじうまもりて、童べなどに踏み散らさせず」（枕83）の下線部は、「散らす」に使役の助動詞「す」が付いた形。「似す」は下二段に活用するから、活用型は使役の助動詞と合致するが、上一段動詞「似る」に使役の助動詞が付く場合、「さす」が付いて「似さす」になるはず。

6.2　助動詞の分類

　用言に付属して、用言の叙述のしかたに一定の意味を加えたり、体言に付いて、これに叙述の働きを添えたりする語を「助動詞」という。助動詞は、「用言に付くもの」と「体言に付くもの」（断定の助動詞）とに2分され、前者も文法的性質によって2種に分けられる。そのことを［53］でみてみよう。

6.2　助動詞の分類　41

--- [53] ---　　　　　　　　　　　　　　　　　　ヴォイスの助動詞の特殊性 ---

　次例から、助動詞「る／らる」「す／さす」と他の助動詞との語順上の相違点を指摘しなさい。

①　心憂く、世の例にも引かれ給ふべきなめり。（源・夕霧）
②　なほ朝政（あさまつりごと）は怠らせ給ひぬべかめり。（源・桐壺）

　ヴォイスの助動詞は、他の助動詞と異なり、動詞と補助動詞との間に現れる。「この御社の獅子の立てられやう」（徒然 236）のような形も、ヴォイスの助動詞が動詞と一体であることを示している。通常の助動詞は、

(6) a　神田に本を買いに行っ　た
　　 b　雨が降る　だろう

のように、叙述内容を変更せず、(6a) は叙述内容全体が過去であることを、(6b) は叙述内容全体が断言できない事柄であることを示す。それに対してヴォイスの助動詞は、(6) のように把握することはできない。すなわち、「太郎が次郎に褒められる」は (7) のような構造ではない。

(7) *太郎が次郎に褒めら　れる

「褒める」と「褒められる」は、異なる格支配をもつ、異なる動詞と考えられる。このような所から、ヴォイスの助動詞を、接尾辞とする説がある（時枝誠記 1950）。

--- [54] ---　　　　　　　　　　　　　　　　　　　　　助動詞の相互承接 ---

　現代語で、[　] 内の助動詞を活用させてを正しい順序にしなさい。
本を読ま［せる・た・だろう・ない・られる］ね。

　助動詞は、重ねて用いることができるが、その配列順序は一様で、別の並べかたをすることは、一般に、できない。古典語の助動詞の配列順序は次のようである（小田勝 2008。「A＞B」は A が承接上 B の上位に立つことを示す）。

(8)　る・らる＞す・さす＞ぬ＞たり・まほし＞ず・まじ＞つ＞べし＞めり・
　　 なり（終止形接続）＞き・まし・けり・む・らむ・けむ

◆「(ら) る」と「(さ) す」は、中古和文では通常、「馬ひ出でられさせ給ふに」(源・葵) のように、「(ら) れ–さす」の語順で現れる (この「させ」は尊敬で、既述 ([51]) のように、古典語では「使役＋受身」という表現は存しない)。「…とこそ言ひつめれ」(落窪)、「まじらひ給ふめりつるを」(源・桐壺) のように、承接に二様あるものもある (現代語でも「た–はずだ／はずだっ–た」のような例がある)。また、「心地まどひにけるなめり。」(源・手習) のように断定の助動詞「なり」が介在すると(8)の配列順に従わないことがある。

助動詞は、概ね「ヴォイス＞完了・判断＞過去・推量」のような順に並ぶと捉えることができる。

◆古典文における助動詞の相互承接は、5語の連続が最大のようである。

・よべのことにめでて入りにたりけるなめり。(枕・能因本6)

助詞では「今からのをだにと思ふほども」(相模集・序) という例がある。

補　説

現代語で「本を読み–つつ」といえるが、「*本を読まない–つつ」「*本を読まなかった–つつ」「*本を読まなかっただろう–つつ」とはいえない。同様に、

(9) a　本を読ま {ない／*なかった／*なかっただろう} と困る

b　本を読ま {ない／ なかった／*なかっただろう} ので

c　本を読ま {ない／ なかった／ なかっただろう} けれど

のように、従属句中に現れることのできる助動詞には制限があり、かつその制限は、

(10)「つつ」　内は　動詞のみ

「と」　内は　動詞＋否定

「ので」　内は　動詞＋否定＋過去

「けれど」内は　動詞＋否定＋過去＋推量

のように段階的に広がっていく。このような制限は文の階層性を反映したものと考えることができる (南不二男 1964、澤田治美 1983 など参照)。中古和文において、接続句内にどのような助動詞が出現し得るか調査すると、(11) のようになる (小田勝 2006。(11) の「未ば」は未然形接続の接続助詞「ば」、「已ば」は已然形接

6.2 助動詞の分類　43

続の接続助詞「ば」の意である）。

(11)

		つつ	て	とも	未ば	已ば	ども
	動詞	○	○	○	○	○	○
i	る・らる・す・さす	○	○	○	○	○	○
ii	連体なり・べし・まじ・まほし・ず	×	○	○	○	○	○
iii	ぬ・り・つ・たり	×	△	○	○	○	○
iv	き・まし	×	×	×	○	○	○
v	けり・めり・終止なり	×	×	×	×	○	○
vi	む・らむ・けむ	×	×	×	×	×	○
	終助詞	×	×	×	×	×	×

(11)の○は、欄左の助動詞が、縦列に示す接続助詞の内部に生起可能であることを示し、×は生起不可能であることを示す。例えば、viが「已ば」に対して×、「ども」に対して○なのは、「＊めば／＊らめば／＊けめば」という例はなく、「めども／らめども／けめども」の例は存するということを示す。

　　◆上代では「ぬ」は「つつ」内に生起する。

　　・ぬばたまの夜は更けにつつ［闌东乍］（万 2076）

　　次例は違例である。河内本「むことも」を採るべきであろう。

　　・大臣に知らせ奉らむとも、誰かは伝へほのめかし給はむ。（源・玉鬘）

```
─── [55] ───────────────「けるなりけり」─
　次の下線部には、どのような問題があるか。
［匂宮ハ中君ノ許ニ］忍びて渡り給へりけるなりけり。（源・宿木）
```

北原保雄（1969）は断定の助動詞「なり」に注目して、

(12)　│　　S　　│ は │　　P　(a)│なり(b)

の(a)の位置に現われる助動詞（「なり」に上接する助動詞）を「客体界の事態に対応した表現にあずかる助動詞」、(b)の位置に現われる助動詞（「なり」に下接する助動詞）を「主体的表現にあずかる助動詞」とした。このようにして助動

44　第6講　使役・助動詞の分類

詞を二分すると、次のようになる。

(13)　A「なり」に上接するもの（客体的表現）：す・さす・しむ・る・らる・
　　　まほし・たし・つ・ぬ・たり・り・き・ず・まじ
　　　B「なり」に下接するもの（主体的表現）：む・まし・じ・けむ・らむ・
　　　らし・めり・なり（終止形接続）

A類の助動詞は重ねて用いることができるが、B類の助動詞は重ねて用いることがない。使役・受身・過去などは重複して存在することができるが、主体的表現は一つだからである。

　助動詞はこのように二分されるのであるが、「けり」と「べし」だけは例外で、この2語は断定の「なり」に上接も下接もする。このことは、「けり」と「べし」には、A類とB類の2種類があることを示している。A類の「けり」は客体表現として過去のような意、B類の「けり」は主体的表現として気づきのような意であろうから、これによって古来「けり」に過去と詠嘆の2種類があるといわれてきたことが構文的に証明されたことになる。例題文の「けるなりけり」は、1つの述語に「けり」が2つ付属していて一見異様であるが、「けるA＋なり＋けりB」という異質な語が承接したものと考えれば、決して奇妙なものではない（「けるなりけり」という表現は『源氏物語』中に5例ある）。

7.1 名詞述語文　45

第7講　名詞述語文・「あり」の解釈・喚体句

7.1　名詞述語文

───[56]────────────────断定の助動詞「なり」───

　次の文から断定の助動詞を指摘し、全文を訳しなさい。
① この大臣の御宿直所（とのゐどころ）は、昔の淑景舎なり。（源・澪標）
② おのが身は、この国の人にもあらず。月の都の人なり。（竹取）
③ 御前なる人々、一人二人づつ失せて（枕293）
④ 男もすなる日記といふものを、女もしてみむとてするなり。（土佐）

　①②のように、述語が「名詞＋断定辞」からなる文を名詞述語文という。
名詞述語文は大きく次の2種に分けられる。

　(1)a　司会は、田中一郎です。

　　b　田中一郎は、作家です。

(1a) は主語「司会」が誰なのかを同定する文で、これを「指定文」という。そ
れに対して (1b) は、主語「田中一郎」の属性・性質を述べた文で、これを
「措定文」という。(2)のように、「X は Y だ ⇔ Y が X だ」の交替が可能なの
は、指定文に限られる。

　(2)a　司会は、田中一郎です。　⇔　田中一郎が、司会です。

　　b　田中一郎は、作家です。　⇔　＊作家が、田中一郎です。

①は指定文、②は措定文である。

　断定の助動詞「なり」は、助詞「に」と動詞「あり」とが融合して成立した
ものである。したがって「なり」は原義である「に＋あり」の意（その場所に
存在している）も表す。③の「なり」は存在の意である。

　(3)　頭中将、懐なりける笛とり出でて吹きすましたり。（源・若紫）

　(4)　今日もかも都なりせば見まく欲り（＝逢イタサニ）西の御厩（みまや）（＝右馬寮）
　　　の外に立てらまし（万3776）

　(5)　富士の山は、この国（＝駿河）なり。（更級）

46 第7講 名詞述語文・「あり」の解釈・喚体句

◆「大井なる所にて、人々酒たうべけるついでに」(後撰1231 詞書)は「…トイウ」の意で、近世文語文によくみる用法。

④のように、断定の助動詞「なり」が、活用語の連体形を受けるようになるのは中古以降のことである。「なり」はまた、助詞も受ける。

(6) 賀茂の臨時祭はじまること、この御時よりなり。(大鏡)

(7) 都へと思ふをものの悲しきは帰らぬ人のあればなりけり (土佐)

```
───────[57]────────────────「なり」の上の補訳───
 「なり」の上に適切な言葉を補って、下線部を訳しなさい。
① わが御心ながら、あながちに人目おどろくばかり [桐壺更衣ヲ] 思されしも、長かるまじきなりけりと (源・桐壺)
② よそにのみあはれとぞ見し梅の花あかぬ色香は折りてなりけり (古今37)
③ 水まさる千曲の川は我ならず霧も深くぞ立ちわたりける (堀河百首)
```

① 現代語の「のだ」は、背後の事情や実情を表わす(田野村忠温1990)。

(8) 今日は休みます。頭が痛いのです。

(9) あれは非常ベルの点検をしているのです。

(10) 実は私、この店には一度来たことがあるのです。

活用語を受ける「なり」は、多く背後の事情説明に用いられる点で、現代語の「のだ」に似ている。したがって、(8)のような理由を表す箇所に現れる「なり」の中には、①のように、「故」などのことばを補わないと訳しにくい例がある。

(11) [春宮ノ所望ニ対シテ左大臣ガ] 思しわづらふことありけるは、この君(=源氏)に [娘ヲ] 奉らむの御心 [ノ故] なりけり。(源・桐壺)

(12) 宮の問はせ給ひしも、かかること(=浮舟ノ噂)をほの思し寄りて [ノ故] なりけり。(源・手習)

② 「なり」の上に適当な言葉を補う必要がある場合がある。

(13) また帰り来て今のごと逢はむと [思ウ] ならばこの櫛笥開くなゆめ (万1740)

③　「なり」だけで「のみなり」の意を表すことがある。③の下線部を「私ではなく」と訳すと誤訳になる。

⑭　我が背子を来ませの山と人は言へど<u>山の名ならし</u>（＝名前ダケデアルラシイ）君も来まさず（人麻呂集・正保四年版本）

⑮　<u>花ならず</u>（＝花ノミナラズ）月も見おきし雲のうへ（＝宮中）に心ばかりは出でずとを知れ（＝心ダケハ出テイナイト知ッテクダサイ）（二条院讃岐集）

```
──── [58] ────────────────────── 自同表現 ──
   次の表現は、どのような意味を表しているか。
①　残りなく［花ヲ］尋ぬなれども注連のうちの花は花にもあらぬなりけり（栄
　　花 31）
②　わが身こそあらぬさまなれそれながらそらおぼれする（＝トボケテイル）君
　　は君なり（源・若菜下）
③　君は君　我は我とも隔てねば心々にあらんものかは（和泉式部集）
```

　名詞述語文の主語と述語に同じ名詞を置いた「X は X なり。」という表現形式を「自同表現」という。現代語で考えてみよう。

⑯　こんな写真は写真ではない。

⑰　もう酒は止めたと言っていたのに、やはり君は君だ。

⑱　あんたはあんた、私は私、好きなようにするがいい。

名詞は主語に用いられると個体を、述語に用いられると属性を表示しやすい（小柳智一 2003a 参照）。⑯の主語の「写真」は個体としての「写真」、述語の「写真」は属性としての「写真性」を表し、⑯は「この写真は、写真性を充分に満たしていない」の意である。⑯の属性が、主語の名詞の「プロトタイプとしての属性」を表すものであるのに対し、⑰の後項は「本来の性質」を表すものである。⑱は、その事物以外の何物でもないと確認するもの。自同表現には、⑯⑰のような「属性表示型」と、⑱のような「排他型」との２タイプがある（森山卓郎 1989 参照）。

　なお⑯の後項は「完全な…」のような意であるが、後項が「普通の…」「並

48 第7講 名詞述語文・「あり」の解釈・喚体句

の…」「単なる…」の意を表す場合もある。

⒆ この所の風景、さらに風景（＝並ノ風景）にあらず。すこぶる神仙逍遥
の地とおぼえ侍る。（廻国雑記）

◆ 「XもX」については、また異なる表現性があるようで、十分な研究が望まれる。

・秋も秋今宵も今宵月も月所も所見る君も君（後拾遺265）

・今日も今日菖蒲も菖蒲変わらぬに宿こそありし宿とおぼえね（後拾遺213）

7.2 代用形式「あり」の解釈

――― [59] ―――――――――――――――― 代用形式「あり」―――

下線部の「あり」を、文中にある、具体的な内容を表す語に置き換えなさ
い。

① ［介ノ子達ハ］情けづくれど、うはべこそあれ、［空蝉ニハ］つらきこと多か
り。（源・関屋）

② 春来ぬと人はいへども鶯の鳴かぬかぎりはあらじとぞ思ふ（古今11）

③ 木の葉散る山こそあらめひさかたの空なる月も冬ぞさびしき（続古今570）

④ 置きそむる露こそあらめいかにして涙も袖に秋を知るらん（新後撰257）

次例の「あり」は「隠れめ」の代用形である。

⒇ いづくにか来ても隠れむ隔てたる心のくまの（＝隠シ隔テシテイル心ノ秘
密ノ場所ガ）あらばこそあらめ（後拾遺919）

例題の「あり」は、いずれも文中にある語の代用形として解釈される。

――― [60] ―――――――――――――――――「あり」の上の補訳―――

下線部の「あり」の上に、文中にある語を用いて、適切な言葉を補いなさ
い。

① 妹とありし時はφあれども別れては衣手寒きものにそありける（万3591）

② 今こそφあれ我も昔は男山さかゆく時もあり来しものを（古今889）

③ 昔のことどもこそφ侍れ、おはします人の御事申す、便なきことなりか

し。(大鏡)

　次例の下線部は、「秋こそ［露ノ心ノ浅カラズ］あれ」のように解される。

⑵１　秋こそφあれ夏の野辺なる木の葉には露の心の浅くもあるかな（貫之集）
例題の「φ」には、いずれも、主節の述語を否定した言葉が補われる。

──── [61] ────────────────────────「…だにあり」──

A　下線部の「あり」の上に、文中にある語を用いて、適切な言葉を補いなさい。
①　日ごろだにφありつるを、今日はとりわきめでたし。（栄花23）
②　一事のすぐるるだにφあるに、かくいづれの道（＝漢詩・管弦・和歌）も
　　ぬけ出で給ひけむは、いにしへも侍らぬことなり。（大鏡）
③　世にしほじみぬる（＝世慣レテイル）齢の人だにφあり、まして馴れ睦
　　び聞こえ、［源氏ハ紫上ノ］父母にもなりて生ほし立てならはし給へれ
　　ば、［紫上ガ源氏ヲ］恋しう思ひ聞こえ給へる、ことわりなり。（源・須磨）
B　下線部の「あり」の上に、適切な言葉を補いなさい。
①　雪とのみ降るだにφあるを桜花いかに散れとか風の吹くらむ（古今86）
②　軒近き松の風だにもφあるものを窓打ち添ふる秋の村雨（六百番歌合）

　次例の下線部は、「秋風の吹かぬ頃だに［人ガ恋シク］あるものを」のように
解される。

⑵２　秋風の吹かぬ頃だにφあるものを今宵はいとど人ぞ恋しき（続古今1240）
同様にAの「φ」には、文中の語が補われる。一方Bでは、補うべきことば
が文中になく、文脈から考える必要がある。

──── [62] ────────────────────────「…ばこそあらめ」──

「ば（は）こそあらめ」の「あり」の上に、適切な言葉を補いなさい。
①　なべて人に（＝スッカリ他人ニ）知らせばこそφあらめ、この小さき上人
　　（＝小君）に［アナタヘノ便リヲ］伝へて聞こえむ。（源・空蟬）

50 第7講 名詞述語文・「あり」の解釈・喚体句

② みづからも（＝大君自身モ）、「たひらかにあらむ」とも仏をも念じ給はば<u>こそφあらめ</u>、「なほかかるついでにいかで亡せなむ。…」と思ひしみ給ひて（源・総角）

③ うつつをもうつつといかが定むべき夢にも夢を見ず<u>はこそφあらめ</u>（千載1128）

「ば（は）こそあらめ」の句型は、①「ばこそ［悪シク］あらめ」、②「ばこそ［良ク］あらめ」の意を表す場合（中村幸弘 1995）と、③前後の句の述語が補われる場合とがある。

7.3 喚体句

―― [63] ――――――――――――――――――――――――― 喚体句 ――

　次の文を訳しなさい。

① いみじうも積もりにける雪かな。（源・幻）

② あな、かひなのわざや。（竹取）

③ もののふの八十娘子（をとめ）らが汲みまがふ寺井の上の堅香子の花（万 4143）

④ あはれ、紅葉をたかむ人もがな。（徒然 54）

　述語が「用言」または「体言＋指定辞」からなる文を「述体句」、「体言」または「体言＋終助詞」からなる文を「喚体句」という（山田孝雄 1908）。ここで「句」とは文のことである。喚体句は、主語―述語に分節されない体言一体的な句である。①〜④は喚体句で、このうち、①〜③を「感動喚体句」、④を「希望喚体句」という。現代語では、このようなとき、「大変に積もった雪<u>だなあ</u>」、「ああ、甲斐のないこと<u>だなあ</u>」、「…堅香子の花<u>だなあ</u>」、「ああ、紅葉をたいて酒を温めてくれる人が<u>いればよいのになあ</u>」のように、述体表現になるのがふつうである。特に、希望喚体句は、現代語には存しない。

―― [64] ―――――――――――――――――――― 連体形終止（擬喚述法）――

　次の歌を訳しなさい。

7.3 喚体句　51

① ひとりして物を思へば秋の田の稲葉のそよといふ人のなき（古今584）

② み吉野の山の白雪踏みわけて入りにし人のおとづれもせぬ（古今327）

　文（文中に係助詞「ぞ・なむ・や・か」のない文）を連体形で終止させると、喚体句のような効果が現れる。このような文を「連体形終止」という。連体形終止は述体でありながら、喚体的性格をおびるので、「擬喚述法」ともいわれる（山田孝雄1908）。用言の連体形は体言に相当するので、①②は、「人がいないことよ！」「便りもくれないことよ！」という喚体的表現を構成しているのである。中古では、主文中の述語に対する主語が「の」「が」で示されるとき、述語は一般に連体形になり、喚体的表現を構成する。

　◆次のような「悲しき」は「ぞ—連体形」という係り結びであるから、擬喚述法の句ではない。

・奥山に紅葉踏み分け鳴く鹿の声聞く時ぞ秋は悲しき（百5）

係り結びの文は、述語に推量等の助動詞が現れ得るところから、述体句である（近藤泰弘1986b）。

　◆まれに、文中に係助詞「こそ」がなくても、文を已然形で終止させることがある。これを「已然形終止」というが、この現象の詳細は、今のところよくわからない。

・松山の石は動かぬけしきにて思ひかけつる浪に越さるれ（赤染衛門集）

・天の原振り放け見つつ言ひ継ぎにすれ［伊比都芸尓須礼］（万4125）

・［男女ノ仲ハ崩レ始メルト］なごりなきやうなることなどもみなうちまじるめれ。（源・椎本）

・これ（＝コノ歌）やこの腹立つ大納言のなりけんと見ゆれ。（源・宿木）

・大納言の御心ばへは、「［私ヲ］わが方ざまに（＝自分ノ婿ニシヨウト）思ふべかめれ」と［匂宮ハ］聞きあはせ給へど（源・紅梅）

52　第8講　否定

第8講　否定

─── [65] ───────────────────────────助動詞「ず」───

　次の中から、否定の助動詞「ず」を抜き出し、その活用形を答えなさい。

① 桜花とく散りぬとも思ほえず人の心ぞ風も吹きあへぬ（古今83）

② 秋来ぬと目にはさやかに見えねども風の音にぞおどろかれぬる（古今169）

③ 嘆けどもせむすべ知らに恋ふれども逢ふよしをなみ（万210）

④ 筒井つの井筒にかけしまろがたけ過ぎにけらしな妹見ざる間に（伊勢23）

⑤ 数ふれば尽きせぬものは我がつめる稲と年との数にざりける（清原元輔集・
　　書陵部蔵桂宮丙本）

　古典語の基本的な否定形式は「活用語の未然形＋ず」である。

　(1)　京には見えぬ鳥なれば、みな人知らず。（伊勢9）

「ず」は打消の助動詞で、3系列の特殊な活用をする。

(2)

未然形	連用形	終止形	連体形	已然形	命令形
○	に	○	ぬ	ね	○
ず	ず	ず	○	○	○
ざら	ざり	○	ざる	ざれ	ざれ

3系列のうち、ナ行系統の活用が最も古く、「ず」の形は、その古い連用形「に」にサ変動詞「す」が融合して成立したものと考えられている。(3)の「に＋す」は「ず」の原形をうかがわせるものである。

　(3)　そこ故に皇子の宮人行くへ知らずも［不知毛］、一云、さす竹の皇子の宮
　　　人行くへ知らにす［不知尓為］（万167）

連用形「に」は③のように上代の文献にみられ、中古では(4)のように慣用表現にその姿をとどめる程度で用いられなくなる。

　(4)　言へば得に（＝言オウトスルト言エナイデ）言はねば胸にさわがれて心ひ
　　　とつに嘆くころかな（伊勢34）

第8講　否定　53

◆ナ行系統の未然形には「な」が想定される。次例の下線部はこの「な」である可能性がある（新全集の説。歌意から「なむ」は希求の終助詞ではありえない）。

・諸な諸な　君待ちがたに　我が着せる　襲の裾に　月立た<u>な</u>よ（＝月水ガ立タナイコトガアロウカ）（記歌謡28）

「ざり」は、

(5)　心をだにか（＝心ダケデモ）相思は<u>ず</u>あらむ［受阿良牟］（記歌謡60）

のような、「ず」に動詞「あり」が融合してできた、さらに新しい形で、中古では、助動詞に続けるときには、「ざら－む」「ざり－き」のように、「ざり」系列の語形が義務的に選択される。上代では、「ざり」が十分発達していなかったため、「思はず－き［不思寸］」（万2601）、「恋やまず－けり［受家里］」（万3980）のように、「ず」から助動詞に続いた例がみえる。中古では、助動詞には必ず「ざり」系統の形から続くが、④のように、「ざり」系統の形が用いられるのは助動詞に続くときだけとは限らない。しかし④は、中古和文では「見ぬ間に」の形をとるほうがふつうである。⑤の「ざり」は「ぞ（係助詞）＋あり（動詞）」が約まったもので、打消ではない。

――――［66］――――――――――――――――――――否定のスコープ――

下線部を訳しなさい。

① a　諸天、太子に従ひて、その所に至りて<u>たちまちに見えず</u>。（今昔1-4）
　 b　「御坏遅し遅し」と言へども、<u>疾くにももて来ず</u>。…さて、御坏参らす。（今昔28-5）
②　よき細工（＝工匠）は、少しにぶき刀をつかふといふ。妙観が刀は<u>いたく立たず</u>。（徒然229）

　否定表現で注意を要するのは、否定しているのは何か、という問題である。①aは「たちまちに［見えず］」という構造、bは持って来はしたが、急には持って来ないの意で、「［疾くにももて来］ず」という構造と考えられる。このように否定の及ぶ範囲を「否定のスコープ」という。②は、「いたく［立たず］（＝トテモ切レナイ）」ではなく、「［いたく立た］ず（＝［トテモ切レル］ワケ

54　第8講　否定

デハナイ→タイシテ切レナイ）」であって、ここで否定されるのは「いたく」という極端さである（中村幸弘1995）。「いたく…ず」「いと…ず」は、一般に、「たいして…ない」と解釈される。

(6)　いづれの御時にか、女御、更衣あまたさぶらひ給ひける中に、<u>いとやむごとなき際にはあらぬ</u>が、すぐれて時めき給ふありけり。(源・桐壺)

── [67] ────────────────────────────── 対偶中止──

　下線部を訳しなさい。
<u>たとひ舞を御覧じ、歌を聞こしめさずとも</u>、御対面ばかり候うて、かへさせ給ひたらば、ありがたき御情けでこそ候はんずれ。(平家1)

　否定のスコープに関連して、このような構文にも注意が必要である。下線部は、「舞を御覧になり、歌をお聞きにならなくても」の意ではなく、「舞をご覧にならず、歌をお聞きにならなくても」の意である。「聞こしめさず」の「ず」が「御覧じ」の方にも係っているのである。このような構文を「対偶中止」という。類例をあげる。例えば(7)(8)を「当世風で…」「不器量で…」と読むと、解釈を誤ることになる。⑽は現代語の例である。

(7)　[教養アル人ノ住マイハ] <u>今めかしく</u>、きららかならねど、木だちものふりて、わざとならぬ庭の草も心あるさまに (徒然10)

(8)　[右近ハ] 容貌(かたち)などよからねど、<u>かたは</u>に見苦しからぬ若人なり。(源・夕顔)

(9)　悪しき事もよき事も、長く<u>ほめられ</u>、長くそしられず。(宇治15-12)

⑽　何人も、自己に不利益な唯一の証拠が本人の自白である場合には、有罪と<u>され</u>、又は刑罰を科せられない。(日本国憲法第38条3)

── [68] ────────────────────────────── 否定繰り上げ──

　下線部を訳しなさい。
[薫ハ] げに、さるべくて（＝当然ソウナルハズノ因縁ガアッテ）、いと<u>この世の人とはつくり出でざりける</u>、[仏菩薩ガ] 仮に宿れるかとも見ゆること（＝芳香）

第8講　否定　55

添ひたり。（源・匂兵部卿）

　「難しいとは思わない（＝難しくないと思う）」のように、主文中の否定が補文に係る解釈をもつとき、これを「否定繰上げ」という。

⑾　主とおぼしき人は、いとゆかしけれど、<u>見ゆべくも構へず</u>（＝見ユベカラズ構フ）。（源・玉鬘）

⑿　<u>悔ゆれども取り返さるる 齢 ならねば</u>（＝悔ユレドモ取リ返サレヌ齢ナレバ）（徒然188）

次例は逆に、補文中の否定を主文に動かした方が分かりやすい。

⒀　捨てたれど<u>隠れて住まぬ人になれば</u>（＝隠レテ住ム人ニナラネバ）なほ世にあるに似たるなりけり（山家集）

────── [69] ──────────────「飽かず」──

　下線部を訳しなさい。

①　明け暮れ見奉る人だに<u>飽かず</u>思ひ聞こゆる［明石姫君ノ］御有様を（源・初音）

②　中納言殿にまだ知られ奉り給はぬことを［落窪姫ハ］<u>飽かず</u>思す。（落窪）

　「飽く」に「飽きる→不満だ」、「飽きる→充分満足する」の両義があるため、その打消形にも両義があることになる。①は前者の打消で「飽きることがないほど素晴らしい」の意、②は後者の打消で「満足しない→不満だ」の意。

────── [70] ──────────────肯否の通用──

　次の「おぼろけ」の意味を答えなさい。

①　太政大臣には、<u>おぼろけ</u>の人はなすべからず。（大鏡）

②　<u>おぼろけ</u>の願によりてにやあらむ、風も吹かず、よき日出で来て、漕ぎ行く。（土佐）

　「おぼろけ（なり）」は、本来「並一通りであるさま、普通であるさま」を表

56 第8講 否定

すが、②のように「おぼろけならず」と同意で用いられることがある。次例の「おぼろけならでは」は「おぼろけにては」の意である。

⒁ ［明石君ハ］おぼろけならでは［尼君ト］通ひあひ見給ふことも難きを（源・若菜上）

次例の「思はぬほか」「思はざるほか」はともに「思ひのほか」の意で同意、

⒂ かかるほどに、思はぬほかに、仁治三年の秋八月十日あまりのころ、都を出でて東へおもむくことあり。（東関紀行）

⒃ ［定家］このたびの御百首の召しにまかり入らずなり候ひにける、思はざるほかの憂へ嘆きに候ふなり。（正治二年俊成卿和字奏上）

次例の下線部は、ともに「怪しい物」の意で同意である。

⒄a 木霊など、怪しからぬ物ども所を得てやうやう形をあらはし（源・蓬生）

　 b 内にはいつしか怪しかる物など住みつきて（増鏡15）

次例は、「障子が長い間開かなかった」の意であるから、「御障子開かぬこと、無期になりぬ」といっても同じことになる。

⒅ 御障子立てて、「御扇鳴らせ給へ」と［中宮ガ帝ニ］申させ給ひければ、［ソノ後］御障子開くこと、無期になりぬ。（讃岐典侍日記）

次のような表現も、よくみるところである。

⒆ 夜の明けはてぬさきに（＝夜ノ明ケハツル前ニ）［源氏ヲ］御舟に奉れ。（源・明石）

⒇ 冬の夜の閨の板間は明けやらでいく度となく（＝イク度モ）降る時雨かな（草庵集）

「数なし」には「数少ない」の意と、「数限りない、無数である」の意とがある。

─── [71] ─────────────────────── 「…間」──

　下線部の意味を答えなさい。

① 長雨、晴れ間なきころ（源・帚木）

② 雨間も見えぬ五月雨のころ（続後撰212）

第8講　否定　57

「…間」には、「…ている（のある）間」の意の場合と、「…ていない（のない）間」の意の場合とがある。①は前者、②や「雲間」「人間」は後者。

────── [72] ──────────────「誘はれず」「思ひ残すことなし」──
　下線部を訳しなさい。
①　親の、常陸（＝常陸介）になりて下りしにも誘はれで、［源氏ノ供トシテ須磨ニ］参れるなりけり。（源・須磨）
②　［姫君ハ］いかに思ほし残すことなからむ。（源・末摘花）

　①のような「誘はれず」は、「誘いがなかった」ではなく、「誘いに対して応じなかった」の意。②は「思わない所がない」、すなわち「物思いの限りを尽くす」の意で、現代語の「思い残す所がない（＝満足である）」の意ではない。

────── [73] ──────────────────────「…ずなりぬ」──
　下線部は、どういう事態がどうしないことになったのか、説明しなさい。
①　船の人も見えずなりぬ。（土佐）
②　楫取、「今日、風、雲の気色はなはだ悪し」と言ひて、船出ださずなりぬ。（土佐）

　「…ずなりぬ」には、「今までしていたことをしなくなった」の意と、「最初から最後までしないままになってしまった」の意とがある。

────── [74] ────────────────────二重否定・修辞否定──
　次の打消表現にはどのような表現効果があるか、説明しなさい。
①　二日といふ夜、男、われて（＝無理ニ）「あはむ」と言ふ。女もはた、いとあはじとも思へらず。（伊勢69）
②　見わたせば花も紅葉もなかりけり浦の苫屋の秋の夕暮れ（新古今363）

①　否定の状態を否定したものを「二重否定」という。二重否定は、肯定の状

58 第8講 否定

態なのかどうかが不分明の、複雑に揺れ動く曖昧性をもった表現をつくる。

(21) ことにふれて、心ばせ、ありさま、なべてならずもありけるかなと、
[源氏ハ明石君ヲ] <u>ゆかしう思されぬにしもあらず</u>。(源・明石)

◆次例は、三重否定で、「いぶせからずと思ふ(=気ガ晴レル)」の意である。

・自（みづか）らの（＝有明ト直接オ会イスル）御ついではかき絶えたるも、<u>いぶせからず</u>
<u>と思はぬとしもなくて</u>、また年も返りぬ。(とはずがたり)

◆漢文訓読体における二重否定は、強い肯定を表す。

・奏する所の詩歌、いづれもいづれも祝言（しうげん）<u>にあらざるはなし</u>（＝祝言ナリ）。(保
元・金刀比羅本)

② そこにない花や紅葉を、わざわざ「ない」と表現することによって、ない
はずの花や紅葉が一瞬、浦の夕暮に現出して、それが打消される（佐藤信夫
1978）。このような手法を「修辞否定」という（野内良三 2005）。(22)は桜花の残
像、(23)では、「散らぬ梢に」という表現によって、今後起きるであろう花吹雪
が一瞬現出する。

(22) 花は散りその色となくながむればむなしき空に春雨ぞ降る（新古今 149）

(23) 桜花散らぬ梢に風ふれて照る日もかをる志賀の山越え（拾遺愚草）

──── [75] ────────────────────── 否定と限定 ─

下線部はどのような意味か、説明しなさい。

① <u>法師ばかり羨ましからぬものはあらじ</u>。「人には木の端のやうに思はるる
よ」と清少納言が書けるも、げにさることぞかし。(徒然1)

②a なぐさめに<u>煙ばかりは絶（た）たねども</u>さびしきものを冬のすみかは（後鳥羽
院御集）

b 神無月<u>時雨ばかりは降らずして</u>ゆきがてにのみなどかなるらん（伊勢集）
〈詞書「かく言ひて、みづからもえ来で、初雪の降る日」〉

否定文中に限定語句がある場合、どのような意味を表すかという問題。

二重否定「羨ましくなくはない」は「羨ましい」の意であるが、①のような
「…ばかり…ず（なし）」は「…ほど…であることは他にない」、つまり「…が

最も…である」の意を表す。①は「法師が最も羨ましくない」の意。

(24) ある人の、「月ばかり面白きものはあらじ」と言ふを（徒然21）

(25) 命あるものを見るに、人ばかり久しきはなし。（徒然7）

(26) 人の亡きあとばかり悲しきはなし。（徒然30）

(27) 今日ばかりあはれと見ゆる空はあらじわが身も秋も暮れぬと思へば（秋風和歌集）

次例は「駿河の清見が関と、逢坂の関とばかり［アハレナル所］は［他ニ］なかりけり」、つまり「駿河の清見が関と逢坂の関とが最も印象に残った」の意。

(28) ここらの（＝多クノ）国を過ぎぬるに、駿河の清見が関と、逢坂の関とばかりはなかりけり。（更級）

　　◆現代語の次の例をも参照。

　　・a面白いことはなかった。／bこんなに面白いことはなかった。（＝一番面白い）

　　◆「…のみ…ず」は、「…だけ…ではなくほかも」「…なのは…だけではない」の意を表す。

　　・松の下紅葉など、音にのみ秋を聞かぬ（＝風ノ音ダケデナク色ニモ秋ヲ聞ク）顔なり。（源・若菜下）

②のabが異なる意味を表すのは、現代語で、「山田だけが男ではない」が両義文であるのと同じである。

60   第9講　時制 (1)

第9講　時制 (1)

9.1　テンス・アスペクト

　発話時を基準として出来事時と発話時との前後関係を表す用言の形態をテンスという。語られる事態が「動き」である場合、その事態が、動き全体の中でどのような段階（局面）にあるかを表す用言の形態をアスペクトという。古典語の「咲き<u>き</u>（＝咲イタ）」はテンス、「咲き<u>ぬ</u>（＝咲イテシマッタ）」「咲き<u>たり</u>（＝咲イテイル）」はアスペクトであると考えられる。古典語においてテンス・アスペクトを表す形態には、次のようなものがある。

　(1)　φ形・ツ形・ヌ形・リ形・タリ形・キ形・ケリ形

「ツ形」以下は、それぞれ動詞に助動詞「つ」「ぬ」「り」「たり」「き」「けり」が付いたもの（有標形式）、「φ形」は動詞にそれらの助動詞が付かないもの（無標形式）である。二次的には、これらの助動詞が複合した、「て－き」、「に－き」、「に－けり」などの形がある。また助動詞「む」は、時制専用の助動詞ではないが、未実現の事態（未来）を表示する。(1)にあげる各形式が、それぞれどのようなテンス・アスペクト的意味を表すかは、まだよくわかっていない（諸説については、小林好日 1941、橋本修 2001、井島正博 2001、鈴木泰 2009 などを参照）。

　　──── [76] ────────────────────時の助動詞の分類──
　　次の助動詞を２つ組み合わせた形式を、できるだけ多く作りなさい。
　　例：つ＋き→てき　　①つ　②ぬ　③り　④たり　⑤き　⑥けり

　まず、相互に承接しないのは、①と②、③と④、⑤と⑥である。ここから、①〜⑥の助動詞は、次の３類として捉えられる。

　　（A）つ・ぬ　　（B）り・たり　　（C）き・けり

AとB、BとC、CとAの各語は全て重ねて用いることができる（その承接例はすべて『源氏物語』に用例がある）。

9.1 テンス・アスペクト　9.2 き・けり　61

◆『源氏物語』には「ぬべかり<u>つ</u>」という承接例が3例、「<u>し</u>なり<u>けり</u>」という承接例が2例ある。これは「ぬべし」「なりけり」が複合辞化していることを示している。

◆「て－けり」は中古では普通にみられるが（『源氏物語』に80例存する）、上代では存在しない複合であった（「八つ峰の椿つらつらに見とも飽かめや植ゑ<u>てける</u>［宇恵弓家流］君」（万4481）が上代の唯一例である（野村剛史1989））。

─────── 補　説 ───────

(1)の有標形式について、「む」の下接、「ず」の上接・下接の可否を『源氏物語』で検すると、次のようである。

(2)

	つ	ぬ	り	たり	き	けり
「む」下接	○	○	○	○	×	×
「ず」下接	×	×	○	○	×	×
「ず」上接	○	×	×	×	○	○

この表から、
　i　キ形・ケリ形は未実現を表す「む」を下接できないこと
　ii　ツ形・ヌ形・キ形・ケリ形の表す事態は、取り消すことのできない現実性を有していること
　iii　打消された事態はヌ形・リ形・タリ形をもたないこと
の諸点が指摘される。

9.2　き・けり

─── [77] ───────────────助動詞「き」「けり」─

A　次の文中から助動詞「き」を抜き出しなさい。
①　昨日まで逢ふにしかへばと思ひしを今日は命の惜しくもあるかな（新古今1152）
②　恋すてふ我が名はまだき立ちにけり人知れずこそ思ひ初めしか（百41）
③　契りきなかたみに袖をしほりつつ末の松山波越さじとは（百42）

62　第9講　時制 (1)

④　世の中にたえて桜のなかりせば春の心はのどけからまし（古今53）

B　次の文中から助動詞「けり」を抜き出しなさい。

　筝の琴なつかしく弾きまさぐりておはする［女二宮ノ］けはひも、さすがに
あてになまめかしけれど、［柏木ニハ］同じくは［女三宮ト結婚シタカッタ］、今
一際及ばざりける宿世よと、なほおぼゆ。（源・若菜下）

「き」と「けり」は次のように活用する。

(3)

未然形	連用形	終止形	連体形	已然形	命令形
（せ）	○	き	し	しか	○
（けら）	○	けり	ける	けれ	○

「き」の未然形「せ」は、A④のような反実仮想の仮定条件のときだけに用い
られる。この「せ」をサ変動詞とみる説があるが、「降りにせば」（万3214）、
「我が行けりせば」（万1497）、「流れざりせば」（古今302）のような承接例か
ら、この「せ」をサ変動詞とみることは困難である。カ行とサ行に活用するの
は、もともと別語だったカ行系の語とサ行系の語が混合したものであろう。サ
行系の語は「まし」と活用が同型である。「白腕枕かずけばこそ」（記歌謡
61）の「け」は、カ行系の「き」の古い未然形かといわれる。「けり」の未然
形「けら」は「青柳は蔓にすべくなりにけらずや」（万817）のように上代だけ
に用いられた。Bは、形容詞の活用語尾と助動詞「けり」の識別に注意。

───── [78] ─────────────────「き」の接続───

A　助動詞「き」「けり」「つ」「ぬ」「たり」は、何形接続か。

B　次の文から助動詞「き」を抜き出し、その上の動詞の活用型、活用形を答
えなさい。

　①草の根を食ひものとしき。（竹取）　②恋せじと御手洗川にせし禊（古今
501）　③上の宮仕へ時々せしかば（源・澪標）　④里を厭ひてこしかども（古
今986）　⑤昨夜分けこし道のわりなさなど（源・浮舟）　⑥うちかへり見給へ
るに、こし方の山は霞はるかにて（源・須磨）　⑦きし方行く末おぼしめされ

ず（源・桐壺）

　「き」は連用形接続であるが、サ変とカ変の動詞には特別な付きかたをする。まず、サ変に付く場合、Ｂ①「し（連用形）＋き」、②「せ（未然形）＋し」、③「せ（未然形）＋しか」の形になる。

　　◆サ行四段動詞の連用形に「し・しか」が付く場合、「申ししことを」（源・竹河）
　　となるべきところであるが、後世、サ変の類推によって「申せしとき」（無名抄）
　　のようになることがある。

カ変に付く場合、終止形「き」はカ変の語に付けることができない（「＊来＋き」）。その他は④「こ（未然形）＋しか」、⑤⑥「こ（未然形）＋し」。⑦によって「き（連用形）＋し」の形も同時に存するように見えるが、「きーし」の形は、中古に、「きーしー方」という語形に限って現れる（小林芳規1986）。したがって「来し方」はこれで熟した一つの名詞と捉えるべきものである。

　　◆「聞く」に「き」が接続した「ききき」は存在するので（「声は聞ききや」後拾
　　遺1081）「来＋き」が存しないのは、音が重複するためではなく、両者が同語源で
　　あることによるものであろう。なお、「来ーけり」は存する（従って「けり」が「来
　　＋あり」だとする理解は共時的には成り立たない）。

　　・心ある者は恥ぢずになむ来ける。（土佐）

以上を要するに、助動詞「き」の連体形「し」、已然形「しか」は、サ変・カ変に対して未然形に接続するということができる。

─── [79] ───────────────「き」の意味（1）───

　次の文では、一昨日、昨日、今朝の事態が、どのような助動詞で表されているか。

その馬は一昨日までは候ひしものを。昨日も候ひし。今朝も庭乗りし候ひつるなンど申しければ（平家4）

　中古以降の助動詞「き」は「昨夜以前の過去」しか表さず、「発話当日中の過去の事態」を表すことがない。したがって、現代語の「た」と異なり、「今

64　第9講　時制（1）

朝パンを食べた。」のような発話当日中の事態や、「言ったことにすぐ反論した」のような最直前の事態に「き」を用いることはない。

(4)　［時鳥ノ声ヲ］一夜聞きき。この暁にも鳴きつると言ふを（蜻蛉）

(5)　昨日は、などいととくはまかでにし。［今日ハ］いつ参りつるぞ。（源・紅梅）

　　◆中古以降の「き」が発話当日中の過去を表さない、ということについては、小松登美（1957）に指摘があり、『今昔物語集』の調査（岡崎正継1986）、『土佐日記』の調査（加藤浩司1997）、『源氏物語』の調査（鈴木泰1999）が発表されている。上代では、「今朝降りし淡雪に」（万1436）、「今朝鳴きし雁に」（万1515）、「今日降りし雪に」（万1649）のような例がある。中古では、発話当日中の過去は、ふつう、「つ」で表される。

そのことを踏まえて、次の［80］を考えてみよう。

```
───［80］───────────────────「き」の意味（2）───
A　次の現代語訳の問題点を指摘しなさい。
　春の野に若菜摘まむと来しものを散りかふ花に道はまどひぬ（古今116）
　［訳］春の野に若菜を摘もうとやってきたのに、散りまがう花に道がわからなくなってしまった。（角川文庫新版訳）
B　次例は、直前に車の列を見た女童の報告（会話文）である。この句読で読み、「…御随身どももおりました。あれは誰、これは誰」（新全集訳）のように解することの問題点を指摘しなさい。
　君は御直衣姿にて、御随身どももありし。なにがし、くれがし。（源・夕顔）
```

A　「昔来たことがあるが、今は〜」という時間差で読まなければならない。例えば新大系訳、「春の野で、若菜を摘もうと思って来たことがあるが、今は散り乱れる花に心が乱れて道にまよってしまった」。

(6)　若菜ゆゑ我こそ野辺に出でつるを［我ガ摘ムノト］同じ心に雪ぞ降り積む（為忠家初度百首）。

B　直前の事態を「き」で表すことはないから、この読みかたは無理である。

9.2　き・けり　65

これは、「御随身どもも、ありしなにがし、くれがし」（「ありし」は「以前の」の意の連体詞）という句読で読んで、「随身どもも、以前の誰それ、誰それ」と解釈しなければならない（この句読と解釈は既に岩佐美代子1989に指摘がある。岩佐氏は、その論拠として、車の先に随身がいるのは当然だから、それをわざわざ報告する必要はないなどとするが、中古の助動詞「き」の用法からも「ありし」で切る解釈は成立しないのである）。

―― [81] ―――――――――――――――「き」「けり」の違い――

　「き」は直接体験した過去（経験過去）を、「けり」は直接体験していない過去（伝聞過去）を表す、とする説がある。次例から、この説の当否について考えなさい。
①　香具山と耳梨山とあひし時 [阿菩大神ガ] 立ちて見に来し印南国原（万14）
②　[桐壺更衣ハ、入内ノ] はじめよりおしなべての上宮 仕し給ふべき際（＝低イ身分）にはあらざりき。（源・桐壺）〈地の文〉
③　「限りあらむ道にも後れ先立たじと契らせ給ひけるを、さりともうち棄ててはえ行きやらじ」と [帝ハ桐壺更衣ニ] のたまはするを（源・桐壺）〈会話文〉
④　[僧都ハ] 初夜と言ひしかども、夜もいたう更けにけり。（源・若紫）〈地の文〉

　細江逸記（1932）は、トルコ語の過去を表す接尾辞に -di と -mish の２つがあって、yazdi＝He wrote（in my presence）、yazmish＝He wrote（it is said）のように、-di は経験回想、-mish は非経験回想を表す、これが日本語の「き」と「けり」の使い分けに一致するとして、「「き」は『目睹回想』で自分が親しく経験した事柄を語るもの、「けり」は『伝承回想』で他よりの伝聞を告げるのに用ひられたものである。」と主張した。

　この説は、中古において、会話文に限れば、よく当たるかと思われる例も散見される。

　(7)　いときなきよりなづさひし者の、いまはのきざみにつらしとや思はむと

66　第9講　時制（1）

　　　　思う給へて、まかれり<u>し</u>に、その家なり<u>ける</u>下人の病し<u>ける</u>が、にはか
　　　　に出であへで亡くなりに<u>ける</u>を、怖ぢ憚りて、日を暮らしてなむ取り出
　　　　で侍り<u>ける</u>を、聞きつけ侍り<u>しか</u>ば（源・夕顔）〈源氏詞〉

しかし、この説の最大の問題点は、物語の「地の文」に適用できない、という
ことにあろう。物語の地の文の場合、一体誰の経験なのか、経験の主体そのも
のが不定である。②は読者に唐突に知らされる事実で、読者はこれ以前にそう
いった事実に触れてはいない。これを直接見聞きした女房が語っている（とい
う設定な）のだという説明もあろうが、そうすると、冒頭の文「いづれの御時
にか…あり<u>けり</u>。」をはじめ、地の文が「けり」で語られていることと整合し
ない。③は、この説が会話文でも成立しない例。確かに約束したではないか、
とその事態の経験の確認を迫る所で、その事態が「けり」で表されている。①
は神話・伝承的な過去で、当然に発話者が直接経験した過去の事態ではない
（これについては、事態に対する真実性が確信されているために「き」が用いられるの
だと説明されることもある）。

　「き／けり」の使い分けには、直接経験の有無というとらえ方のほか、重要
な二つの説がある。一つは、異質な時空への言及には「けり」を用い、同空間
の過去時には「き」を用いる、というような理解である。竹岡正夫（1963）は
「あなたなる世界」に言及する時に「けり」を用いるとし、井島正博（2002）
は、語っている表現時からみた物語世界に「けり」を用い、物語の時空内でそ
れ以前の事態を表す時に「き」を用いるとしている（物語内で進行中の事態には
過去の助動詞を使わない）。もう一つの考え方は、今はもう失われた過去の事態、
現在とは切り離された過去の事態に「き」が、現在と何らかの繋がりがある過
去の事態に「けり」が用いられる、というものである（山口明穂 1989）。④は、
地の文で、一文中に「き」と「けり」の双方が用いられている例である。会話
文では次のような例があるが、「き」と「けり」の使い分けについては、なお
よく分からないというべきである。

（8）　君（＝源氏）はいとあはれと思ほして、「［私ガ］いはけなかり<u>ける</u>ほど
　　　に、［私ヲ］思ふべき人々（＝母ト祖母）の［私ヲ］うち棄ててものし給ひ
　　　<u>ける</u>なごり、［私ヲ］はぐくむ人あまたあるやうなり<u>しか</u>ど、親しく思

　　　　　　　　　　　　　　　　　　　　　　　　9.2　き・けり　67

ひむつぶる筋は［アナタノ他ニ］またなくなん思ほえ<u>し</u>。…」など［大弐
乳母ニ］こまやかに語らひ給ひて（源・夕顔）

◆中世には、「き」は経験過去、「けり」は伝聞過去であるという言語意識（文語意
識）があったようで、次のような言説があり、

・「見き」「聞きき」は、まさしく我が身の上のことと聞こえたり。この「けり」は
　余所の上を聞きわたる心地なり。（名語記2）

・さて勅撰にも打聞にも撰者の歌の事書きには「いかなる時詠み侍りし」と「し」
　の字を必ず置くべきなり。余の歌の事書きには「いかなる時詠み侍りける」と
　「ける」の字を置くべきなり。この習事ゆゆしきけじめなるべし。（愚秘抄）

『方丈記』『徒然草』などでは、この使い分け意識が強く窺える。

・崇徳院の御位の時、長承のころとか、かかるためし（＝飢饉）あり<u>けり</u>と聞け
　ど、その世のありさまは知らず、［養和ノ飢饉ハ］まのあたりめづらかなり<u>し</u>こ
　ととなり。（方丈記）

---

　　　　　　　　[82]　　　　　　　　　　　　　　　　　　気づきの「けり」

　次の「けり」の用法について、説明しなさい。

①　手を打ちて、「あがおもとにこそおはし<u>けれ</u>。…」といとおどろおどろし
　　く泣く。（源・玉鬘）

②　「今宵は十五夜なり<u>けり</u>」と思し出でて（源・須磨）

③　式部卿宮、明けむ年ぞ五十になり給ひ<u>ける</u>を（源・少女）

　いわゆる「気づき」と呼ばれる用法。この用法は、現代語の「あっ、明日試
験だっ<u>た</u>！」のように、未来の事態でも用いられる。②③はその例。このよ
うな用法からは、後に、詠嘆といわれる用法が生じた。

　(9)　見わたせば花も紅葉もなかり<u>けり</u>浦の苫屋の秋の夕暮れ（新古今363）

68　第 10 講　時制（2）

第 10 講　時制（2）

10.1　つ・ぬ

―――[83]―――――――――――――助動詞「つ」「ぬ」―――

　①②から助動詞「ぬ」を、③④から助動詞「つ」を抜き出しなさい。

①　秋来ぬと目にはさやかに見えねども風の音にぞおどろかれぬる（古今 169）

②　世の中に見えぬ皮衣のさまなれば、これを［本物ダ］と思ひ給ひね。（竹取）

③　梅が香を袖に移してとどめてば春は過ぐとも形見ならまし（古今 46）

④　難波潟短き葦のふしの間も逢はでこの世を過ぐしてよとや（百 19）

　「つ」は下二段活用、「ぬ」はナ変の助動詞で、ともに活用語の連用形に接続する。

―――[84]―――――――――――――助動詞「つ」「ぬ」の違い―――

　次の各文では、「思ふ」以前の事態と、以後の事態とで、何がどのように変わったか。

①　「さらに知られじと思ひつるものを」とて、髪を振りかけて泣く［物ノ怪ノ］けはひ、ただ昔見給ひし物の怪のさまと見えたり。（源・若菜下）

②　思はぬ人におされぬる宿世になむ、世は思ひの外なるものと思ひ侍りぬる。（源・乙女）

　①は、今まで「決して本性を知られまいと思っていたのに」、ついに本性を現してしまったの意、②は今までそんなことは思ってもいなかったが、「この世は思いがけないものと思うようになった」の意（鈴木泰1999）。また、次例、

（1）a　我が袖に降りつる雪も流れ行きて妹が手本に（＝アノ娘ノ袖ニ）い行き触れぬか（万 2320）

　　b　梓弓おして春雨今日降りぬ明日さへ降らば若菜摘みてむ（古今 20）

（1a）は「降った」、（1b）は「降るようになった」の意（中西宇一1996）である。

10.1 つ・ぬ　69

このように、「つ」は完成相として動作が終結したことを、「ぬ」は起動相として、状態・変化が発生したことを表すと考えられる（中西宇一1957、野村剛史1989、堀口和吉1993、鈴木泰1999など参照）。この方向性の違いは、次例でも確認されるから、傍点箇所とともに味読されたい。

(2)a　時雨つる空のけしきをひきかへてことにも月のすみのぼるかな（為忠家後度百首）

　　b　なごりなく時雨の空は晴れぬれどまだ降るものは木の葉なりけり（詞花135）

例をあげる。

(3)　［犬ガ］死にければ、陣の外に引き捨てつ。（枕6）

(4)　雀の子を犬君が逃がしつる。（源・若紫）

(5)　渡守、「はや船に乗れ、日も暮れぬ（＝日ガ暮レヨウトシテイル）」と言ふに（伊勢9）

(6)　熟田津に船乗りせむと月待てば潮もかなひぬ今は漕ぎ出でな（万8）

(7)　［良少将は］法師にやなりにけむ、身をや投げてけむ。（大和168）

(8)　さきざきも申さむと思ひしかども、必ず心惑ひし給はんものぞと思ひて、今まで過ぐし侍りつるなり。さのみやはとて、うち出で侍りぬるぞ。（竹取）

(9)　年ごろ思ひつること果たし侍りぬ。（徒然52）

　例題の①②や用例(1)のように、同じ動詞に「つ」も「ぬ」も付くから、「つ」「ぬ」がともに完了の意で、付く動詞を異にするのだ、とする説明は成立しない。

　　◆「つ」は完成相を表すと考えられるが、次例のように「つ」は形容詞・形容動詞（状態性述語）にも付くので、これらの「つ」については、なお考えなければならない。

　　・「何人ならむ。げにいとをかしかりつ」と、ほのかなりつるを中々思ひ出づ（源・手習）

70　第10講　時制 (2)

─── [85] ───────────────────────────── 確述 ───

下線部を訳しなさい。

①　さりとも、鬼なども我をば見許してむ。(源・夕顔)

②　かくても、おのづから、若宮など生ひ出で給はば、さるべきついでもあり
　　なむ。(源・桐壺)

③　楊貴妃の例も引き出でつべくなりゆくに (源・桐壺)

④　これをかぐや姫聞きて、我は皇子に負けぬべしと、胸うちつぶれて思ひけ
　　り。(竹取)

⑤　子といふものなくてありなむ。(徒然6)

⑥　いと見苦しきに住みわび給ひて、山里に移ろひなむと思したりしを (源・
　　夕顔)

　「つ」「ぬ」が推量の助動詞とともに用いられて、未実現の事態に用いられる
ことがある。このとき、「確かに（きっと・必ず）…に違いない」の意を表す。
これを「確述」という。確述の「なむ」は「べし」に近い表現性をもってお
り、⑤のように、後世には希望表現に接近して用いられた。確述用法は推量の
意だけとは限らない。⑥のように、「必ず（なんとしても）…しよう」という意
志の意を表すこともある。

─── [86] ──────────────── 並列の「つ」「ぬ」「たり」───

下線部を訳しなさい。

[扇ガ] 白波の上に漂ひ、浮きぬ沈みぬ揺られければ (平家11)

　「つ」「ぬ」「たり」の終止形を重ねて、「…したり…したり」の意の、句の並
列を表す用法がある (なお⑾の2つの「たり」はともに終止形である)。

⑽　[戸ガ] 閉ぢつ開きつ [シテ] 入る事を得ず (今昔24-5)

⑾　掃いたり拭うたり、塵拾ひ、手づから掃除せられけり。(平家11)

10.2 り・たり

---
[87] 「り」の接続

助動詞「り」は、何形接続か。

助動詞の「り」というのは、本来は、動詞の連用形に「あり」が付いた姿である。動詞「咲く」「す」に「あり」を付けると、saki + ari > sakiari、si + ari > siari となるが、奈良時代以前の日本語では母音の連続は避けられ、ia は 1 音化して e に変わった。そこで、sakiari、siari は sakeri、seri と変化することになる。この sakeri、seri を、仮名を使って「咲けり」「せり」と表記すると、「咲け」の形が動詞「咲く」の已然形として、「せ」の形が動詞「す」の未然形として存在するために、見かけ上、「動詞の一活用形＋り」のように分析されることになる。助動詞「り」はこのようにして分出されたもので、「り」が「四段活用動詞の已然形、およびサ変動詞の未然形に付く」と説明されるのは、以上のような理由によるものである。

　◆上一段動詞「着る」やカ変動詞「来」にも「あり」が付き、ki + ari > kiari > keri のようになったが（「我が着る[家流]妹が衣の」（万 3667）、「使ひの来れば[家礼婆]」（万 3957））、この場合は、「けり」の「け」という形が上一段およびカ変の活用形に存在しないため、「り」を分出することができず、「けり」は「着り」「来り」という一語の動詞として扱わざるを得ないことになる。

ところで、平安時代以降の四段動詞は「書けど」「書け！」のように已然形と命令形とが同じ音であるが、奈良時代では、カ・ガ・ハ・バ・マ行において、已然形と命令形とは異なる音であった。具体的な音価は知られないので、已然形の「-e」を乙類、命令形の「-e」を甲類と呼ぶ約束になっている。このような奈良時代の音韻体系で、母音連続の変化をみると、ai は e 乙類に、ia は e 甲類に変化することが知られる。「り」の直前の音は ia が転じたものだから、e の甲類、命令形の方と同音であるということになる。このことから「り」の接続を命令形と説明されることがある。ただし音変化の結果偶々命令形と同音になったのであって、命令形という活用形に接続したものではない上に、平安時代以降はこの甲乙の音の区別が無くなることもあって、已然形接続

72 第10講 時制（2）

とする説明も並び行われている。

　　◆サ変のリ形は「せり」であって、「命令形「せよ」＋「り」」ではないから、一律
　　に命令形接続といってしまうのは配慮を欠いている。サ変の古い命令形「せ」に接
　　続するということはできようが、そもそもサ行には甲乙の音の別がないから、サ行
　　に関しては、命令形接続とする根拠はない。

────────── 補　説 ──────────

　「あり」は動詞の連用形に付くが、上二段と下二段の連用形には付けること
ができなかったようである。これは、上二段・下二段の連用形が -i 乙類、-e
乙類であって、この音が恐らく合成母音であったことに起因するだろうと思わ
れる（-i 乙類は ui、oi 由来、-e 乙類は ai 由来という（大野晋 1953））。そこで、上二
段・下二段の連用形の後には、助詞「て」を介して「あり」を接続させた。

　⑿　島のむろの木離れてある［波奈礼弖安流］らむ（万 3601）

このような「てあり」から「たり」が成立する（記紀歌謡には「り」はあるが、
まだ「たり」はない）。

　⒀　皆人の得がてにすといふ安見児得たり［衣多利］（万 95）

　⒁　残りたる［能許利多留］雪に交じれる［末自例留］梅の花早くな散りそ雪
　　　は消ぬとも（万 849）

この「たり」は、「り」と異なり、どのような動詞にも接続することができる
ので、中古和文では広く用いられるようになった。『万葉集』では「り」が
574 例、「たり」が 173 例用いられているが、『源氏物語』では「り」が 3420
例、「たり」が 4348 例用いられており、「たり」が増大していることが知られ
る。「たり」と「り」とでは、文法的に有意な差はないといわれる（野村剛史
1994）。⒂は、同じ動詞が「り」と「たり」とをとった例である。

　⒂　四季の絵書けるうしろの屏風に書きたりける歌（古今 357 詞書）

「たり」の勢力が増大する一方で、「り」は「給へり」という形に偏在し、それ
以外は用いられなくなっていく。

　　◆「給ふ」は「り」と親和性が高く、『源氏物語』では、四段活用の補助動詞「給
　　ふ」について、「給ひたり」が 9 例、「給へり」が 2579 例である。『狭衣物語』で

10.2 り・たり 73

は、「り」全763例中、94％に当たる720例が「給へり」の形である（近藤政行1988）。

◆「り」の衰退期には、誤って二段活用に「り」が接続した例がみえる。

・まことの親にもまさりて志浅からず頼み聞こえりしを（隆信集・詞書）

・汝、知れりや忘れりや。（平家3）

次例はラ変に「り」の接続した例である。

・ことのほかに侍れりけり。（今昔19-2）

◆サ変のリ形は訓読文で用いられ、中古和文ではふつう用いられない（『源氏物語』では「面がはりせる」が2例みられるだけである）。

◆「春過ぎて夏来たるらし」（万28）、「人来たれりと」（万3772）は四段動詞「来たる」で、「来」のタリ形とは別語である（ただし両者の区別は困難な場合が多くある）。

```
─── [88] ──────────────────── 「り」「たり」の意味 ───
 下線部を訳しなさい。
① 我が里に大雪降れり大原の古りにし里に降らまくは後（万103）
② 大和の青香具山は日の経（＝東ノ）の大き御門に春山と（＝春山ラシク）し
   みさび（＝茂リ栄エテ）立てり（万52）
③ 住吉の岸に向かへる淡路島あはれと君を言はぬ日はなし（万3197）
④ ひさかたの月は照りたり暇なく海人のいざり（＝イサリ火）は灯しあへり
   みゆ（万3672）
⑤ 白き扇のいたうこがしたるを（源・夕顔）
```

　「り」「たり」は、既然相（過去に起こった事態が今に継続存在していること）および状態（単にある状態で存在していること）を表す（野村剛史1994参照）。「り」「たり」は一般に「…ている」と現代語訳されるが、⑤のように、対象への働きかけによって生じた結果の残存を表す場合は「…てある」と訳される。

　　◆「り」「たり」は「…ている」とは訳されるが、結果の存続といった成立持続的なものであり、「本を読んでいる」「食べている」のような動的な進行相の例は見出

74　第10講　時制 (2)

しにくいことが指摘されている（野村剛史 1994）。「本を読んでいる」「食べている」のような進行相（不完成相）は、古典語では、φ形（時の助動詞を付けない形）で表される（→［92］）。

―― [89] ――　　　　　　　　　　　「り」「たり」のメノマエ性――

　次の下線部は移動動詞に「り」「ぬ」が付いたものであるが、両者で視点からの移動方向にどのような違いがあるか。

①　例の、弁の君、宰相などのおはしたると［一条御息所ハ］思しつるを、いと恥づかしげに清らなるもてなしにて、［夕霧ガ］入り給へり。（源・柏木）

②　いぎたなかりつる人々（＝女房）は、かうなりけり（＝大君ト薫ガ契リヲ交シタノダ）とけしきどりてみな入りぬ。（源・総角）

　「り」「たり」は、事態が"今・ここで"継続存在している意を表すから、強い「メノマエ性」（事態が話者の眼前に現れていること）をもつ（鈴木泰 1995）。したがって、移動動詞のヌ形（起動相）が、〈ここ〉を出発点とし、移動主体が〈ここ〉から消失することを表すのに対し、移動動詞のリ・タリ形（既然相）は、移動主体が移動してきて〈今・ここ〉に存在していることを含意する。次例 (16) では移動動詞のリ・タリ形が新たに始まる場面を始発させるものとして、(17) では移動動詞のヌ形が場面を終結させるものとして用いられている（鈴木泰 1995）。

(16)　かの大将殿（＝薫）は、例の、秋深くなりゆくころ、［宇治行キハ］ならひにしことなれば、寝覚め寝覚めに［亡キ大君ヲ］もの忘れせず、あはれにのみおぼえ給ひければ、宇治の御堂造りはてつと聞き給ふに、みづから［宇治ニ］おはしましたり。【→読者も一緒に宇治に移動し、ここから宇治の場面が始まる】（源・東屋）

(17)　「……」と［紫上ガ匂宮ニ］聞こえ給へば、［匂宮ハ］うちうなづきて、［紫上ノ］御顔をまもりて、涙の落つべかめれば、立ちておはしぬ。【←匂宮が場面から去り、ここでこの場面が終了する】（源・御法）

第 11 講　時制（3）・推量（1）

11.1　局面動詞

――――[90]――――――――――――――――――――局面動詞――

　下線部を訳しなさい。
① 片貝の川（＝片貝川）の瀬清く行く水の絶ゆることなく<u>あり通ひ見む</u>（万4002）

② ［かぐや姫ヲ］え止むまじければ、たださし仰ぎて<u>泣きをり</u>。（竹取）

③ 入道、例のよろこび<u>泣きしてゐたり</u>。（源・澪標）

④ 鴨山の岩根しまける我をかも知らにと妹が<u>待ちつつあるらむ</u>（万223）

⑤ 春雨に争ひかねて我がやどの桜の花は<u>咲きそめにけり</u>（万1869）

⑥ もしこれ（＝経文）を<u>知り終はりなば</u>（一言芳談）

―――――――――――――――――――――――――――――――

　①のような「あり−」は、動詞に継続の意を添える接頭辞で、上代に用いられた。②のような「…をり」は、進行相を表す形式として用いられた。この「をり」は、「ゐる（＝ジットスル）」の状態形で、中古にはやがて「ゐたり」と交替する（中世には卑語（下位待遇語）化する。金水敏1983）。中古には、③のような、上代にはなかった「…てゐたり」という形式も現れるが、原義である「…して<u>じっとしている</u>」の意が強く、純粋に進行相を表す補助動詞としては確立していない。④のような「…つつあり」は、成立持続的な進行相を表す。和歌の歌末の「つつ」（「つつ留め」）も「…つつあり」の意である。

　（1）　秋の田の仮庵の庵の苫をあらみ我が衣手は露に濡れ<u>つつ</u>（百1）

⑤のように運動の局面（phase）を表す動詞を局面動詞という。古典語では、次のような形式がある。

　（2）　雪間の草若やかに<u>色づきはじめ</u>（源・初音）

　（3）　藤波の咲きゆく見ればほととぎす鳴くべき時に<u>近づきにけり</u>（万4042）

　（4）　雷すこし<u>鳴りやみ</u>て、風ぞ夜も吹く。（源・須磨）

　（5）　花の木ども<u>散りはてて</u>（枕37）

76　第11講　時制（3）・推量（1）

(6)　［法華経ヲ］一部よみをはりて、廻向・礼拝す。（発心集 4-1）

　　◆中古和文では、(6)のような「…をはる」という表現はない（岡野幸夫 1996）。

　　◆次のような「…すつ」は、「…してしまう」の意。

　　・小山田に種蒔きすてて苗代の水の心にまかせつるかな（堀河百首）

局面動詞の付加の可否は動詞によって異なる（例えば、現代語で「太り始める」とはいえるが「*太り終わる」とはいえない）。また、局面動詞の付加の可否が、古典語と現代語とで異なる場合がある。例えば、現代語で「*知り終わる」とはいえないが、古典語では⑥のような例がある（⑥の「知る」は学ぶの意）。

11.2　結果キャンセル表現

─── [91] ───　　　　　　　　　　　　　　　結果キャンセル表現─

下線部はどのような意味か。
遣戸開くるに、いとかたければ、…押し引けど、内外に詰めてければ、揺るぎだにせず。（落窪）

　日本語の動詞には、結果（その動作の達成）を含意しないものがあり、「開けても開かなかった」「溺れたけれど助かった」のような結果キャンセル表現が成立する（早津恵美子 1989、影山太郎 2002）。次例の下線部はいずれも「…むとす」の意である（→ [111]）。

(7)　［袴ヲ］取らするを、［侍女ハ］取らず。（古本説話集 54）

(8)　大臣、押し放ち引き寄せて見給へど、［老齢ノタメ］え見給はで（落窪）

(9)　［源氏ハ］ことさらに寝入り給へど、さらに御目もあはで暁方になりにけり。（源・明石）

(10)　親のあはすれども聞かでなむありける。（伊勢 23）

(11)　助、「馬槽（＝馬ノ飼葉桶）しばし」と借りけるを、［頭ノ君ハ］例の文の端に、「助の君に、『ことならずは（＝私ノ頼ミ事ガ成就シナケレバ）、馬槽もなし（＝オ貸シデキマセン）』と聞こえさせ給へ」とあり。（蜻蛉）

次例はその極端な例である。

(12)　かくてありわたるに、逍遥せまほしかりければ、難波の方へぞ行きけ

る。…［シカシ結局］…と言ひて、難波へも行かず、あはれがりて、とどまりぬ。(平中9)

11.3 現在

――――[92]――――――――――――――――――――動詞の現在形――

下線部を訳しなさい。

惟光に、「この西なる家は何人の住むぞ。問ひ聞きたりや」とのたまへば（源・夕顔）

現代語では、「明日、学校に行く。／*現在、学校に行く。」のように、動作を表す動詞のφ形（時の助動詞を付けない形）は未来を表すが（状態を表す動詞のφ形は現在を表す。「現在、犬がいる。」）、古典語では、φ形がそのまま現在（すなわち現在進行中の事態）を表した。

⒀　湊風寒く吹くらし奈呉の江に偶呼び交はし鶴さはに鳴く（万4018）

⒁　竜田川もみぢ葉流る神なびのみむろの山に時雨降るらし（古今284）

⒂　我が庵は都の辰巳しかぞ住む世をうぢ山と人はいふなり（百8）

⒃　「道定朝臣は、なほ仲信が家にや通ふ」「さなむ侍る」と申す。（源・浮舟）

　◆現代語のように、φ形が未来を表すことはなかったようであるが、次のような例も存する。

・「この月の二十八日になむ舟に乗り給ふ。…」と言ひたれば（落窪）

・明日渡るとなむ聞く。（落窪）

11.4 法助動詞

　文は、事柄的内容を表す部分と、その事柄的内容に対する発話者の心的態度を表す部分とから成り立っている。

⒄a　留学するだろう。

　b　留学するほうがいい。

　c　留学しよう。

78 第11講 時制 (3)・推量 (1)

    d　留学するよ。

⒄では、「留学する」が文の事柄的内容を表し、「だろう」「ほうがいい」「う」「よ」が、事柄的内容に対する発話者の判断や、聞き手への伝達といった、文の述べかたを表している。このような、文の述べかたに関する言語上の表示を「モダリティ」という。モダリティのうち、事柄的内容に対する発話者の判断を表すことを主たる機能とする助動詞を「法助動詞」という。古典語における法助動詞には、次のようなものがある。

⒅　む・じ・らむ・けむ・まし・らし・めり・なり・べし・まじ

────[93]────────────────────────────法助動詞の分類─

    上記⒅の助動詞は、どのように分類されるだろうか。

    法助動詞は相互に承接しないが、「べし」と「まじ」だけは例外である。

⒆　いかがす<u>べからむ</u>と思ひ乱れ給へり。(源・早蕨)

⒇　いとど忍びがたく思す<u>べかめり</u>。(源・匂兵部卿)

(21)　寅の時になむ渡らせ給ふ<u>べかなる</u>。(枕 259)

(22)　人のたはやすく通ふ<u>まじからむ</u>所に (堤・よしなしごと)

「べし」と「まじ」は、

(23)　この、人の御車入る<u>べく</u>は、引き入れて御門鎖してよ。(源・東屋)

(24)　さだに[心配ガ]ある<u>まじく</u>は (源・宿木)

のように仮定節内に生起することができる点でも、発話者の主体的態度を表すモダリティからは遠いということができる。したがって、⒅はまず、「べし・まじ」とそれ以外とに分類される。

    「べし・まじ」以外の法助動詞は、テンスを下接し得るか否かによって二分される（現代語でも「*だろう−た／らしかっ−た」のようである）。すなわち、「む・じ・らむ・けむ・まし」はテンスを下接できず、発話者の発話時における判断しか示せないのに対し、「めり・なり」は、

(25)　それより後は、局の簾うちかづきなどし給ふ<u>めり</u>き。(枕 46)

(26)　物の怪もさこそ言ふ<u>なり</u>しかと思ひあはするに (源・手習)

のようにテンスを下接させ、過去にそういう判断が成り立ったということを示すことができる（さきの「べし・まじ」もテンスを下接できる）。以上から、古典語の法助動詞は、次のように分類されることになる。

A　べし・まじ　　　　　　　　　　　（法助動詞下接○・テンス下接○）
B　めり・なり　　　　　　　　　　　（法助動詞下接×・テンス下接○）
C　む・じ・らむ・けむ・まし・らし　（法助動詞下接×・テンス下接×）

C 類の語は、理由節内に生起できない（「＊…めば」「＊…らめば」などの言いかたはない、ということ。B 類は「…めれば」「…なれば」が可能である。高山善行 1987）。B 類の「めり・なり」は疑問文に現れず、1 人称を主語とすることがない。「らし」は C 類に分類されるが、根拠のある推定を表す点、1 人称主語をとらない点、ほとんど疑問文に現れることがない点では、B 類に似ている。

法助動詞の中で、「まじ」と「じ」は否定の意を含んだ語である。上の分類から、「まじ」は「べし」の否定、「じ」は「む」の否定と考えられる。対で用いるときは、次のように現れる。

⒄　夢をも仏をも用ゐる<u>べし</u>や、用ゐる<u>まじ</u>やと定めよとなり。（蜻蛉）

⒇　来<u>む</u>か来<u>じ</u>かと飯盛りて門に出で立ち待てど来まさず（万 3861）

法助動詞の「む・じ・べし・まじ」には、推量などの、事態に対する発話者の認識に関わる意味（認識的意味）と、意志や勧誘などの、行為の実行に関わる意味（行為的意味）とがある。

11.5　らし

法助動詞の中には、何らかの証拠に基づいた認識を表すものがある。これを「証拠性」といい、証拠性をもって成立した認識を「推定」という。古典語で推定を表す法助動詞は「べし・まじ・らし・なり・めり」で、いずれも終止形接続である。

◆終止形接続の助動詞は、ラ変の語には連体形に接続する。ただし、「なり」には、上代に、「葦原の中つ国は、いたくさやぎて<u>ありなり</u>［阿理那理］」（記）のような接続例がある。

80 第11講 時制 (3)・推量 (1)

───────[94]─────────────────────────助動詞「らし」──

次の歌の、「らし」で推定される事柄は何か、また推定の根拠は何か。

① 沖辺より潮満ち来らし可良の浦にあさりする鶴鳴きて騒きぬ（万 3642）

② 春日野に煙立つ見ゆ娘子らし春野のうはぎ摘みて煮らしも（万 1879）

「らし」は、その認識が、外部に存在する情報を根拠にして成立したことを
表す語である。松尾捨治郎（1961）によれば、『万葉集』で「らし」が用いら
れた歌 175 首中、150 首（86％）までが、①②のように、推定の根拠を示した
2 文構成になっている。次例⒇のように、推定の根拠が言語上表現されない
場合もある。この場合の推定の根拠は眼前の状況である。

　　⒇　み雪降る冬は今日のみうぐひすの鳴かむ春へは明日にしあるらし（万
　　　4488）

「らし」は『万葉集』では 175 例用いられているが、『古今和歌集』では 19
例、『源氏物語』では 3 例（すべて和歌中の例）、『枕草子』では 0 例である。「ら
し」は平安時代、和歌では「らむ」に、散文では新進の「めり」に圧倒され、
急激に衰退した（松尾捨治郎 1961）。したがって、古典語の助動詞「らし」は、
現代語の助動詞「らしい」に繋がらない。

「らし」は無活用である。⒇⒇は係助詞に対する結びとして、連体形、已然
形に相当する。

　　⒇　この川にもみぢ葉流る奥山の雪げの水ぞ今まさるらし（古今 320）

　　⒇　ぬき乱る人こそあるらし白玉のまなくも散るか袖のせばきに（古今 923）

　　◆次例は「らし」が形容詞型活用に転ずる萌芽を示しているが（上代では、形容詞
　　　型活用の語は、「こそ」の結びに連体形が用いられた）、結局活用形式を獲得するに
　　　至らなかった。

　　・古も然にあれこそうつせみも妻を争ふらしき（万 13）

　　◆「らし」はほとんど文の終止にしか用いられない。次例は珍しい連体修飾用法の
　　　例。

　　・大君の継ぎて見すらし高円の野辺見るごとに音のみし泣かゆ（万 4510）

　　◆「らし」は、

11.5 らし　81

・常やまず通ひし君が使ひ来ず今は逢はじとたゆたひぬ<u>らし</u>（万542）

のように「ぬ」は承けるが、「つ」や「き」は承けない。「昨日雪が降っ<u>たらしい</u>」のように、眼前の事態を根拠にして過去の事態を推定する意を表すには、「けらし」を用いた（この「けらし」は、「けるらし」が約まったものといわれる）。

・年魚市潟潮干に<u>けらし</u>知多の浦に朝漕ぐ舟も沖に寄るみゆ（万1163）

「けらし」は、院政期以降になると「けり」を和らげた表現としても用いられた。

・武庫が崎浦よりをちに漕ぎ行けば来し方ははや霞み<u>けらし</u>な（歌合162広田合）

82 第12講 推量（2）

第12講 推量（2）

12.1 べし

---
[95] ────────────────────── 様相的推定・論理的推定──

A 現代語で、次の下線部はどのような推定を表すか。

① 雨が降り<u>そうだ</u>。

② 彼は来ない<u>はずだ</u>。

B 古典語の、次の下線部はどのような推定を表すか。

① 我がやどに盛りに咲ける梅の花散る<u>べく</u>なりぬ見む人もがも （万851）

② 藤波の咲きゆく見ればほととぎす鳴く<u>べき</u>時に近づきにけり （万4042）

現代語の「（動詞の連用形＋）そうだ」（形容詞・形容動詞の場合は「語幹＋そうだ」）は、外観から性質や兆候を推定する「様相的推定」、「はずだ」は論理的推論によって推定する「論理的推定」を表す。

◆「はずだ」は論理的推定なので、既実現事態と齟齬があっても、「（実際に彼が来たのを見て）おかしいな、来ないはずなのに。」のようにいえる。

古典語ではこの双方が「べし」で表される（中西宇一1969）。B①は梅の花に「散る」という兆候がみえるという様相的推定（「散りそうだ」）、B②は「藤波の咲きゆく」ことから「ほととぎす鳴く」という事態が推論されるという論理的推定（「鳴くはずだ」）を表している。(1)は、論理的推定の延長上にあって「に違いない」と訳される例、(2)は、様相的推定の延長上にあって「ようだ」と訳される例である。

(1) 文をとりて見れば、いと香ばしき紙に、切れたる髪をすこしかいわがねて（＝輪ニシテ）包みたり。いとあやしうおぼえて、書いたることを見れば、「あまの川空なるものと聞きしかどわが目のまへの涙なりけり」と書きたり。尼になる<u>べし</u>と見るに（大和103）

(2) ［かぐや姫ハ］月のほどになりぬれば、なほ時々はうち嘆きなどす。これを、使ふ者ども、「なほ物思すことある<u>べし</u>」とささやけど（竹取）

「べし」はこのように様々な訳語が当たるが、その中核的意味は「動作・状態が成立しそうな状態にある（当然そうなる）」ということであろう。この意味は、容易に「動作・状態が成立可能な状態にあること」という可能の意を含み得る。このような、「べし」の表す可能の意を「潜在的可能」という。

 (3) 青柳は 蘰にすべく（＝デキソウニ）なりにけらずや（万817）

 (4) 逢ふべかる（＝デキルハズノ）夕だに君が来まさざるらむ（万2039）

 (5) この川ゆ（＝通ッテ）船は行くべくありといへど（万1307）

 (6) さりぬべき折をも見て、対面すべくたばかれ。（源・空蟬）

「べし」はまた、当為表現（「当然そうするのが良い」の意）も担う。

 (7) 家の作りやうは、夏をむねとすべし。（徒然55）

次例もまた「当然そうなる」の意のバリエーションで、(8)のような用法は「予定」、(9)のような用法は「義務」といわれる。

 (8) 舟に乗るべき所へ渡る。（土佐）

 (9) かしこにいと切に見るべきこと（＝ドウシテモシナケレバナラナイ用事）の侍るを、思ひ給へ出でてなむ。立ちかへり参り来なむ。（源・若紫）

 ◆「べし」の説明として様々な意義ラベルが用いられるが、判然としない場合も多い。例えば、次例の「べし」について、「適当」か「当然」か「義務」かと問われても、決定できないだろう。

 ・速やかにすべきこと（＝修行）をゆるくし、ゆるくすべきこと（＝俗事）を急ぎて（徒然49）

---

[96]   「べし」の否定

 下線部を訳しなさい。

① 立ちて見、ゐて見、見れど、<u>去年に似るべくもあらず</u>。（伊勢4）

② <u>顔むげに知るまじき童</u>一人ばかりぞ率ておはしける。（源・夕顔）

③ <u>ことに物のあはれ深かるまじき若き人々</u>、みな泣くめり。（枕128）

④ <u>たはやすく人寄り来まじき家</u>を作りて（竹取）

「べし」の否定には、「べくもあらず」と「まじ」とがある。

84　第12講　推量（2）

◆「べからず」は漢文訓読で用いられたもので、和文では用いられない（『源氏物語』では「べくもあらず」85例に対して、「べからず」は僧都の詞として1例みえるだけである。なお「べくはあらず」は2例ある）。「まじ」に相当する形式として「ざるべし」もあり得るはずだが、用例は多くない（『源氏物語』では「まじ」573例に対して、「ざるべし」は9例）。

・風のつてにも［源氏ガ朧月夜ニ］ほのめき給ふこと絶え<u>ざるべし</u>。（源・少女）

「べくもあらず」が打消された事態の成立を強く主張する表現を作るのに対し、「まじ」は打消された事態に対する様相的・論理的推定を表す。①が「全く似ていない」という否定事態を強く主張したものであるのに対し、②は打消された事態に対する論理的推定（「顔を知っていないはずの」）、③は打消された事態に対する様相的推定（「深く感じなさそうな若い人々」）を表している。すなわち、「べくもあらず」は現代語の（10a）に相当し、「まじ」は（10b）に相当するといえる。

⑽a　失敗する<u>はずがない</u>。（＝決して失敗しない）

　b　失敗<u>しないはずだ</u>。　（＝「失敗しない」ことが論理的に推定される）

④は可能の意を含んだ様相的推定の否定である。

◆「まじ」は和歌にはほとんど用いられず、三代集にに用例がない。

◆「まじ」は上代には「ましじ」という語形であった。「ましじ」は「まじ」の古い語形といわれ、終止形と連体形の例しかない。

・堀江越え遠き里まで送り来る君が心は忘らゆ<u>ましじ</u>［麻之自］（万4482）

・末桑の木寄る<u>ましじき</u>［麻志士枳］河の（紀歌謡56）

--- [97] --------------------------------「べらなり」---

　下線部を訳しなさい。

春のきる霞の衣ぬきを薄み<u>山風にこそ乱るべらなれ</u>（古今23）

　中古の一時期「べらなり」という推量の助動詞が用いられた。これは、形容詞「清し」から形容動詞「清らなり」が派生したように、「べし」から派生した語形と考えられる。三代集中に例がみえ（46例）、特に紀貫之が好んで用い

た。

(11)　鳴きとむる花しなければ鶯もはてはもの憂くなりぬ<u>べらなり</u>（古今128）

(12)　北へ行く雁ぞ鳴く<u>なる</u>つれてこし数は足らでぞ帰る<u>べらなる</u>（古今412）

(13)　知らぬ茸と思す<u>べらに</u>、独り迷ひ給ふなりけり。（今昔28-19）

同じく「べし」から派生した語形に「べかし」があるが、これはラ変動詞「あり」に付いて「あるべかし」の形でしか使用例がない。

(14)　おほかたのある<u>べかしき</u>（＝当然アルハズノ）ことどもは（源・総角）

12.2　なり

─────[98]────────────────推定の助動詞「なり」───

下線部を訳しなさい。

①　我のみや夜船は漕ぐと思へれば沖辺の方に<u>梶の音すなり</u>（万3624）

②　［鶏ガ］おそろしう鳴きののしるに、<u>皆人起きなどしぬなり</u>。（枕293）

③　聞けば、侍従の大納言の御むすめ、<u>亡くなり給ひぬなり</u>。（更級）

④　<u>宰相の中将こそ参り給ふなれ</u>。例の御匂ひいとしるく（堤・このついで）

終止形接続の「なり」は、聴覚によって事態を推定する意を表す（松尾捨治郎1919）。上代の「なり」は①のように、音響を表す動詞を直接受ける例がほとんどである。(15)(16)では、「…らし」の推定の根拠たる現状を表す部分（→[94]）に「なり」が現れている（井手至1970a）。これは、「なり」が主体的表現ではなく、「そういう音が聞こえる」という判断辞であったことを示している。

(15)　梶の音そほのかにす<u>なる</u>海人娘子沖つ藻刈りに舟出すらしも（万1152）

(16)　ぬばたまの夜は明けぬらし玉の浦にあさりする鶴鳴き渡る<u>なり</u>（万3598）

　　◆上代には、判断辞「なり」と対になる、「終止形＋みゆ」という語法があった。

　・潮瀬の波折りを見れば遊び来る鮪がはたでに妻立てり<u>みゆ</u>（記歌謡108）

　　この「みゆ」は、終止形に付く点で動詞「見ゆ」とは異なるもので、判断辞（助動詞）とすべきものである（井手至1981）。上例のような「みゆ」が「…とみえる」の意を表すのと対になる形で、「なり」は「…と聞こえる」の意を表したと考えら

86 第12講 推量 (2)

れる。北原保雄 (1965) は、これを、

・妻（主語）―立てり（述語）―みゆ（述語）

・梶の音（主語）―す（述語）―なり（述語）

のように把握し、「複述語構文」と名づけている。

「なり」は中古になって、②のように、音響を表す動詞以外の語について、音響をたよりにして見えない事態を推定するという主体的意味を表すようになった。このような聴覚による判断は、③のような、「耳にしたところ…だそうだ」という伝聞の用法に発展する。相手の話から判断したという意を表す例も少なくない。

⒄　難きことどもにこそあ<u>なれ</u>。この国にある物にもあらず。(竹取)

⒅　人々、「海龍王の后になるべきいつき娘な<u>なり</u>。心高さ苦しや」とて笑ふ。(源・若紫)

④は、聴覚による推定という中核的意味からはずれている。

―― [99] ―――――――――――――――――「なり」の識別―

　断定の助動詞「なり」と、推定伝聞の助動詞「なり」は別語である。次の下線部の助動詞は「断定」「推定伝聞」のどちらか。

①　秋の野に松虫の声す<u>なり</u>我かと行きていざとぶらはむ (古今202)

②　疾風も龍の吹かする<u>なり</u>。はや神に祈り給へ。(竹取)

③　龍の頭に五色の光ある玉あ<u>なり</u>。(竹取)

④　野辺近く家居しせれば鶯の鳴く<u>なる</u>声は朝な朝な聞く (古今16)

⑤　障子を五寸ばかりあけて言ふ<u>なり</u>けり。(枕5)

　活用語の終止形に接続した「なり」は推定伝聞、体言および活用語の連体形に接続した「なり」は断定を表すので、①②はすぐに判別できる。③「撥音便形の下の『なり』は必ず推定伝聞」である。④⑤の「鳴く」「言ふ」は終止形・連体形が同形なので、形の上からは区別できないのだが、これについて、次のような判別基準があることが知られている（北原保雄 1967a、原まどか 2014）。すなわち、<u>活用語についた</u>「なり」について、

12.3 めり　87

ⅰ　未然形の「なら」は、「ならく」のとき推定伝聞、それ以外はすべて断定。

ⅱ　連用形の「なり」は、「なり＋き」「なり＋つ」のとき推定伝聞、「なり＋けり」「なり＋けむ」のとき断定。

ⅲ　連体形の「なる」は、助動詞が下接していないときはすべて推定伝聞、「なるべし」のように助動詞が下接しているときは断定。

ⅳ　已然形の「なれ」は、係助詞「こそ」の結びのときは推定伝聞。

である。他の場合、たとえば終止形「言ふなり。」などとあった場合は、形の上から推定伝聞か断定かを判別するすべはない。したがって、このⅲによって④の「なる」は推定伝聞、ⅱによって⑤の「なり」は断定であることがわかる。

⒆　恨み侍る<u>ななりな</u>。（源・少女）

は、最初の「な」が断定（「なり」の連体形「なる」の撥音便の「ん」が表記されない形）、「なり」が推定伝聞（終止形接続であるが、ラ変には連体形に接続する）、最後の「な」は終助詞である。

12.3　めり

──── ［100］ ────────────────助動詞「めり」──

　下線部を訳しなさい。

①　のぞき給へば、…簾すこし上げて、<u>花奉るめり</u>。（源・若紫）

②　［あこぎハ少将ノ手紙ヲ姫ノ所ニ］持て参りて、「<u>ここに御文侍るめり</u>。…」（落窪）

③　かくてまた明けぬれば、<u>天禄三年といふめり</u>。（蜻蛉）

④　朝日さす雪消（ゆきげ）のけぶり立ちのぼり吉野の山も<u>見えずかすめり</u>（大弐高遠集）

　「めり」は、①のように、視覚によって事態を推定する意を表す。見ることによって何かを推定するというところから、発話者の見る限りでの判断、個人的な判断を示す語として用いられることになる。

⒇　「［縫物ハ］いま少しなめり。［アナタハ］はやう寝給ひね。［私ハ］縫ひ果

88　第12講　推量（2）

ててむよ」と言へば（落窪）

(21)　我も世にえあるまじきな<u>めり</u>。（源・夕顔）

　このようなところから、「めり」は控えめな表現としても多用される。「めり」の、このような用法を「婉曲」という。②は実際に手紙を持って来ての発言で、推定などする必要のない事柄である。③のような「めり」は、単に語気を和らげるために用いられている。

　　◆次例は、既定事実（眼前の事実）に承接して、その理由を推定する用法である。

　　・明日からは若菜摘まむと片岡の朝（あした）の原は今日ぞ焼く<u>める</u>（拾遺18）

　「めり」は上代には例がなく（ただし「をぐさ勝ち<u>めり</u>［可知馬利］」（万3450）という存疑例が1例あるが、これは東歌で、連用形に接続している）、平安時代に登場した新しい助動詞である。「めり」は、中古和文で使用が激増し、例えば『源氏物語』には981例用いられているが、短命で、鎌倉時代になると急速に衰退した。新しい語であったせいか、和歌にはあまり用いられない（三代集で14例、八代集全体で22例に過ぎない）。

　　◆「まだ夜深から<u>める</u>を」（浜松中納言物語）、「違ふ所なから<u>めり</u>」（夜の寝覚）は、衰退期の特殊な接続例である。

　④の歌末は助動詞「めり」ではないから、「吉野の山は、見えずに霞んでいるようだ。」（『大弐高遠集注釈』訳）は誤訳。「めり」の上がウ段音だと、助動詞「めり」と誤認しやすいから注意。

第 13 講　推量 （3）

13.1　推量の助動詞

---
［101］ ────────────────────────推量の助動詞

A　下の表の空欄を埋めなさい。

	未然	連用	終止	連体	已然	命令	活用型	接続	意味
む									推量・意志
らむ							四段型		
けむ									
じ	○	○	じ	じ	（じ）	○	特殊型		「む」の否定

B　◻ の中の語を、適切な形にしなさい。

① 遅く来る奴ばらを ◻待つ◻ じ。（竹取）

② いつ見きとてか ◻恋し◻ らむ（百 27）

③ 帝はなほ ◻いぶせし◻ けむ。（源・宿木）

④ 実には似 ◻ず◻ ◻む◻ ど、さてありぬべし。（源・帚木）

　「む・じ・らむ・けむ」は、助動詞相互承接にあって最下位にたち、発話者の推量判断を示す法助動詞である。いずれも、終止形、連体形、已然形しか用いられない。「じ」の連体形は例が少なく、已然形は用いられない。(1)(2)は連体形の例、

　　(1)　幾世しもあら <u>じ</u> 我が身をなぞもかく海人の刈る藻に思ひ乱るる（古今934）

　　(2)　滝つ瀬は音にぞたた <u>じ</u> 恋すれば枕に落つる涙なりけり（続詞花）

已然形は「風にこそ知られ <u>じ</u> 」（新続古今 153）がほとんど唯一例である。

90　第13講　推量（3）

13.2　む

—— [102] ——　　　　　　　　　　　　　　　　　　　　　　　　助動詞「む」——

下線部を訳しなさい。

① 待ち顔ならむ夕暮などの［手紙］こそ、<u>見どころはあらめ</u>。（源・帚木）

② きしめく車に乗りて歩く者。<u>耳も聞かぬにやあらむ</u>と、いとにくし。（枕 25）

③ 片岡のこの<ruby>向<rt>むか</rt></ruby>つ<ruby>峰<rt>を</rt></ruby>に（＝向カイノ峰ニ）<ruby>椎蒔<rt>しひ</rt></ruby>かば（＝椎ノ実ヲ蒔イタラ）<u>今年の夏の陰にならむか</u>（万 1099）

④ <u>思はむ子を法師になしたらむこそ心苦しけれ</u>。（枕 4）

⑤ よそ人だに［出産間近ノ葵上ヲ］<u>見奉らむに、心乱れぬべし</u>。（源・葵）

⑥ <u>もしこの鼠を棄てむ、蛇の為に必ず呑まれなむ</u>とす。（今昔 14-2）

　「む」は、認識的意味として一般的推量および未実現の事態の推量を、行為的意味として意志および勧誘を表す（→第 14 講）。「む」が意志と解釈されるとき、主語は必ず一人称である。

　　◆「…む」の主語が一人称であれば必ず意志の意を表すとは限らない。例えば次例の主語は一人称であるが、「む」の意味は推量である。

　　・［アナタガ私ヲ］うち棄てて入らせ給ひなば、［私ハ］いと心細から<u>む</u>。（源・総角）

　「む」は、広く推量を表す。ただし①のように平叙文末の「む」が単独で推量を表す実例は案外少なく、「む」が推量を表す場合、疑問文の形式と共起することが多い。②は疑問文の形式と共起して疑いの意を、③は疑問文の形式と共起して未来の予測を表している。

　古典語では、連体修飾句が未実現（未来）の出来事をあらわすとき、これを「む」によって表示する。

　（3）　ぬばたまの<ruby>今夜<rt>こよひ</rt></ruby>の雪にいざ濡れな明け<u>む</u><ruby>朝<rt>あした</rt></ruby>に消なば惜しけむ（万 1646）

（3）のように確実に起きる未来の事態でない場合は、仮定の色彩が出る。

　（4）　恋しから<u>む</u>折々（＝モシ恋シカッタ時ハ）、［コノ手紙ヲ］取り出でて見給へ。（竹取）

④のような、いわゆる仮定の用法は、(4)のような例の延長線上にあるということができる。④は、「む」の仮定の意味を誇張して現代語にうつせば、「仮に愛する子があったとして、その子を法師にするということが仮にあったとしたら、それは気の毒だ」のような意である。仮定の「む」の類例、

(5) 淋しくあばれたら<u>む</u>葎の門に、思ひの外にらうたげなら<u>む</u>人の閉ぢられたらむこそ、限りなく珍しくはおぼえめ。(源・帚木)

⑤のような「…むに」、⑥のような「…む、…」は、下文に対して順接仮定条件の関係を作る。

────── 補　説 ──────

　平安時代、「む」に助詞「と」とサ変動詞「す」がついた「むとす」が「むず」と変化して用いられはじめた（自然な音変化ではないので「むず」の成立には異説もある）。

(6) かの国（＝月）の人来ば、[戸ガ]みな開きな<u>むとす</u>。(竹取)

(7) かのもとの国（＝月）より、[私ヲ]迎へにまうで来<u>むず</u>。(竹取)

『枕草子』(186段)には次のような記述がある。

(8) 何事を言ひても、「その事させ<u>むとす</u>、言は<u>むとす</u>、何とせ<u>むとす</u>」といふ「と」文字を失ひて、ただ「言は<u>むずる</u>、里へ出で<u>むずる</u>」などいへば、やがていとわろし。まいて、文に書いてはいふべきにもあらず。

「むず」は院政期に他の法助動詞を下接した例がみえはじめ、中世には特に「むずらむ」の使用が目立つ。

(9) 我はこの蛇に食はれな<u>むずる</u>なめり。(古本説話集64)

(10) この児、定めて[僧ガ私ヲ]驚かさ<u>むずらむ</u>と待ちゐたるに (宇治1-12)

──── [103] ────────────────「む」の否定────

　次の文を訳しなさい。
　一生の恥、これに過ぐるはあら<u>じ</u>。(竹取)

　「じ」は、「む」の否定と考えられ、打消された事態に対する推量および意志

92　第13講　推量（3）

（→第14講）を表す。例題文は打消推量の例である。

　「じ」が「む」の否定であるならば、「ざらむ」と同義になるはずであるが、「じ」と「ざらむ」は互いに相補の関係にあったことが知られている（小松登美1961、桜井光昭1970）。すなわち、意志を表す用法は「ざらむ」にはなく、推量の場合は、終止法はもっぱら「じ」が、連体法は「ざらむ」が表した。

13.3　らむ

─── [104] ─────────────────────「らむ」の識別─

　次の下線部の中から現在推量の助動詞「らむ」を選びなさい。

① あたら夜の月と花とを同じくはあはれ知れ<u>らむ</u>人に見せばや（歌合166俊成合）

② 長から<u>む</u>心も知らず黒髪の乱れて今朝は物をこそ思へ（百80）

③ 住の江の岸に寄る波よるさへや夢の通ひ路人目よく<u>らむ</u>（百18）

④ 同じあたりかへすがへす漕ぎめぐ<u>らむ</u>（源・総角）

⑤ 鳶のゐた<u>らむ</u>は、何かは苦しかるべき。（徒然10）

　現在推量の助動詞「らむ」であるならば、終止形接続（ラ変の語には連体形接続）だから、「らむ」の上は必ずウ段音であるはず。

─── [105] ─────────────────────助動詞「らむ」─

　下線部を訳しなさい。

① 憶良らは今は罷らむ<u>子泣くらむ</u>それその<u>母も我を待つらむ</u>そ（万337）

② 春日野の若菜摘みにや白妙の<u>袖ふりはへて人の行くらむ</u>（古今22）

③ 桜の花の散るをよめる

　<u>ひさかたの光のどけき春の日に静心なく花の散るらむ</u>（古今84（百33））

④ <u>古（いにしへ）に恋ふらむ鳥はほととぎす</u>けだしや鳴きし我が思へるごと（万112）

　「らむ」は、現在の事態に対する推量を表す。次例⑾は仮定条件に対する現在の推量、⑿は一般的な推量を表しているが、これらの用法は、いずれも現

13.3 らむ　93

在推量の延長上に派生したものといえるだろう。

⑾　［夕顔ガ］まだ世にあらば、はかなき世にぞさすらふ<u>らむ</u>。（源・帚木）

⑿　五月五日にぞ、［姫君ノ生後］五十日(いか)にはあたる<u>らむ</u>と、人知れず数へ給
　　ひて（源・澪標）

　　◆なお、次のような例に注意される。ⓐは未来、ⓑは過去。

　　ⓐ「今夜こそ流泉・啄木（＝琵琶ノ曲名）は弾く<u>らめ</u>」と思ひて（今昔 24-23）

　　ⓑ［私ハアナタガ］さきざき見給ふ<u>らむ</u>人のやうにはあらじ。（和泉日記）

　　また、和歌では「む」と同意に「らむ」が用いられることがある。

　　・世を捨てて山に入る人山にてもなほ憂きときはいづち行く<u>らむ</u>（古今 956）

　「らむ」が用いられた文では、推量される事柄がどの部分がであるのかに注
意が必要である。①では「らむ」の直前の句「子泣く」「その母も我を待つ」
が推量される事柄であるが、②では「らむ」の直前の句「白妙の袖ふりはへて
人の行く」は既定事実になっていて、その前の「春日野の若菜摘みにや」が推
量される事柄である（このような用法を「原因推量」という）。

　さらに③では、「ひさかたの光のどけき春の日に」も「静心なく花の散る」
も既定事実であって、推量される事柄が言語上に表示されていない。③は、
「日の光がのどかに照らすこの春の日に、<u>どうして</u>落ちついた心もなく桜の花
がちるのだろう」（新大系訳）のように、ふつう、「どうして」ということばを
補って解釈される。③の類例をあげる。

⒀　春の色の至り至らぬ里はあらじ咲ける咲かざる花の見ゆ<u>らむ</u>（古今 93）

⒁　秋の野の草は糸とも見えなくに置く白露を玉と貫く<u>らむ</u>（後撰 307）

⒂　秋風にかきなす琴のこゑにさへはかなく人の恋しかる<u>らむ</u>（古今 586）

⒃　［朝顔ハ］あながちに情おくれても、［何故、源氏ヲ］もてなし聞こえ給ふ
　　<u>らむ</u>。（源・朝顔）

　　◆「など」が言語上表示された例も存する。

　　・やどりせし花橘も枯れなくに<u>など</u>郭公声たえぬ<u>らむ</u>（古今 155）

④は、連体形で、不確かな伝聞を表す用法。伝聞の「らむ」は「…とかい
う」と現代語訳すると当たる。

94　第13講　推量（3）

13.4　けむ

―― [106] ――――――――――――――――――――助動詞「けむ」――

　下線部を訳しなさい。

① 昔こそ難波田舎と言はれけめ今は都引き都びにけり（万312）
② 唐土の人は、これをいみじと思へばこそ、記しとどめて世にも伝へけめ。
　　（徒然18）
③ よそにのみ聞かましものを音羽川渡るとなしに見なれそめけむ（古今749）
④ 海は少し遠けれど、行平の中納言の「関吹き越ゆる」と言ひけむ浦波、
　　夜々はげにいと近く聞こえて（源・須磨）

　「けむ」は、過去の事態に対する推量を表す。②は、「らむ」の［105］②と同じ構文で、推量される事柄は「けむ」の直前ではなく、「これをいみじと思へばこそ」の部分。③は「らむ」の［105］③と同じ構文で、「どうして」という言葉を補って解釈される句型。④は「らむ」の［105］④と同じ構文で、不確かな伝聞を表す用法。

　次例⒄の「けむ」は確実な記憶ではないことを表している。また⒅では病気のために記憶が不確実なので、「けむ」が用いられている。

⒄　わ翁の歳こそ聞かまほしけれ。生まれけむ年は知りたりや。（大鏡）
⒅　沼尻といふ所もすがすがと過ぎて、いみじくわづらひ出でて、遠江にかかる。さやの中山など越えけむほどもおぼえず。（更級）

13.5　つらむ・ぬらむ・やらむ

―― [107] ――――――――――――――「つらむ」「ぬらむ」「やらん」――

　下線部を訳しなさい。

① 思ひつつ寝ればや人の見えつらむ夢と知りせばさめざらましを（古今552）
② いざ子ども早く日本へ大伴の御津の浜松待ち恋ひぬらむ（万63）
③ こはいかにすることやらむと、心も得ねども（今昔29-24）

① 「つらむ」は近い過去の事態（および過去から直前まで継続してきた事態）に

対する推量を表す（山田潔 1993 参照）。

⑲　［小少将ハ御息所（落葉宮母）ヲ］見奉るもいといとほしう、「何に、ありのままに聞こえつらむ。…」と悔しう思ひゐたり。（源・夕霧）

⑳　［源氏ノ］御心にも、などて今まで［六条御息所ノ許ニ］立ちならさざりつらむと、過ぎぬる方悔しう思さる。（源・賢木）

②　「ぬらむ」は、「今現在そういう事態が発生している（または、近い過去にそういう事態が発生した）だろう」の意を表す。

㉑　桜色に我が身は深くなりぬらむ心にしめて花を惜しめば（拾遺53）

㉒　帰る雁雲のいづくになりぬらむ常世の方の春の曙（秋篠月清集）

㉓　この月ごろ亡せやし給ひぬらん。（源・手習）

③　中世には、「にやあらむ」から一語の助動詞「やらん」が生じた（「やらん」は後に「やらう」の形になる）。「やらん」は、疑いつつ推量する意を表す。

㉔　「あはれ、筑紫八郎やらん」とて、見知りたる雑色二三人付けて見すれば（保元）

㉕　今見るは去年別れにし花やらん咲きてまた散るゆゑぞ知られぬ（正覚国師集）

96　第14講　反実仮想・意志・勧誘

第14講　反実仮想・意志・勧誘

14.1　反実仮想

　仮定を表す言いかたには、2種類のものがある。すなわち、(1a) の仮定は事態成立の可能性に関して中立であるのに対し、(1b) (1c) は現在、過去の事実に反することを仮定している。(1b) (1c) のような仮定のしかたを「反実仮想」という（最近の現代語の研究では「反事実的条件文」と呼ばれている）。

(1) a　明日雨なら、中止にしよう。

　　b　私が社長なら、こんな決定はくださないな。

　　c　あのとき気づいていたら、こんな失敗はしなかったろう。

―――― [108] ――――――――――――――――――反実仮想の標準型―

　次の文を、下線部に注意して、訳しなさい。

① 　昼なら<u>ましかば</u>、のぞきて見奉りて<u>まし</u>。（源・帚木）

② 　我が背子と二人見<u>ませば</u>いくばくかこの降る雪の嬉しから<u>まし</u>（万1658）

③ 　世の中にたえて桜のなかり<u>せば</u>春の心はのどけから<u>まし</u>（古今53）

④ 　吹く風にあつらへつくるもの<u>ならば</u>この一本（ひともと）はよきよと言は<u>まし</u>（古今99）

　古典語において反実仮想は、助動詞「まし」を使って、①「…ましかば…まし」、②「…ませば…まし」、③「…せば…まし」（「せ」は助動詞「き」の未然形。→ [77]）、④「未然形＋ば…まし」の句型で表される（①〜④の間には意義の差はないようである）。このうち②は上代における用法で、中古には、この「ませば」の「ませ」が「ましか」にとって変わり、①の句型が生まれた。上代の「ませ」は「まし」の未然形だから、それと交替した「ましか」もまた未然形と考えられる。しかし、一方でこの「ましか」という語形は、数は少ないものの、

(2)　たしかに案内せさせて<u>こそ</u>おりさせ給は<u>ましか</u>。（落窪）

のように「こそ」の結びとしても用いられるので、助動詞「まし」の活用表は
次のように表されることになる。

(3)

未然形	連用形	終止形	連体形	已然形	命令形
ませ／ましか	○	まし	まし	ましか	○

反実仮想の前件または後件が表現されないことがもある。

(4) ［来ズト知リセバ］やすらはで寝な<u>まし</u>ものを小夜更けてかたぶくまでの
月を見しかな（百59）

(5) この木なから<u>ましかば</u>［ヨカラマシ］と覚えしか。（徒然11）

──────── 補　説 ────────

反実仮想の標準型から外れた句型が存する。

(6) ［教通室ガ］世におはしながらへ給は<u>ましかば</u>、御匣殿（＝生子、十一歳）
人並々におはしまさ<u>ましかば</u>、いかにめでたき御有様なら<u>まし</u>。（栄花
21）

(7) 我ならで［姫君ヲ］尋ね来る人もあら<u>ましかば</u>、さてややみな<u>まし</u>、い
かに口惜しきわざなら<u>まし</u>。（源・総角）

(8) 大輔なから<u>ましかば</u>、恥ぢがましかりけることかな。（俊頼髄脳）

(9) さ（＝方塞ガリト）聞こえたら<u>ましかば</u>、いかがあるべかりける。（蜻蛉）

(10) ［父ノ歌ガ］この度の勅撰（＝新後撰集）には漏れ給ひけるこそ悲しけれ。
我世に（＝宮中ニ）あら<u>ましかば</u>、などか申し入れざらむ。（とはずがた
り）

(11) 一人なら<u>ましかば</u>、常よりも心尽くしなら<u>まし</u>寝覚めを、［一人デハナイ
ノデ］慰む心地もし（夜の寝覚）

(6)は1つの後件に対し前件が2つ表現された例、(7)は1つの前件に対し後件
が2つ表現された例（「さてややみなまし」は反語）。(8)は後件が感嘆文、(9)は後
件が疑問文、(10)は後件が反語の文になっている。(11)は「ましかば…まし」の
句が連体修飾になっている。

　反実仮想において、後件（主文）の助動詞が「まし」でない例がある。

98　第14講　反実仮想・意志・勧誘

⑿　かくばかり恋ひむとかねて知ら<u>ませば</u>妹をば見ずぞある<u>べく</u>ありける（万3739）

⒀　をみなへし多かる野辺に宿り<u>せば</u>あやなくあだの名をや立ちな<u>む</u>（古今229）

⒁　夕暮れのなから<u>ましかば</u>白雲のうはのそらなる物は思は<u>じ</u>（続古今1791）

⒂　それを限りとだに思は<u>ましかば</u>、など後の世と契らざり<u>けん</u>と、思ふさへこそかなしけれ。（平家9）

───────── [109] ─────────────────単独の「まし」──

A　次の反実仮想の表現では、「現実」はどのような事態であるのか。その事態は望ましいことか、望ましくないことか。

①　はしきやし栄えし君のいまし<u>せば</u>昨日も今日も我を召さ<u>ましを</u>（万454）

②　げにかう［源氏ガ］おはせざら<u>ましかば</u>、いかに心細から<u>まし</u>。（源・若紫）

B　下線部に注意して、次の文を訳しなさい。

①　その［ほととぎすヲ］聞きつらむ所にて、きと〈＝スグニ〉こそは詠ま<u>ましか</u>。（枕95）

②　よろしき親の思ひかしづかむにぞ、尋ね出でられ給はま<u>まし</u>。（源・常夏）

③　いかにせ<u>まし</u>、迎へやせ<u>まし</u>と思し乱る。（源・松風）

④　し<u>やせまし</u>、せずやあら<u>まし</u>と思ふことは、おほやうは、せぬはよきなり。（徒然98）

　反実仮想の表現には、2つの表現意図がある（中西宇一1996）。すなわち、A①は現実が不満で、条件部分（「君のいます」）が希望される事態であるのに対し、A②は現実に満足していて、条件部分（「［源氏ガ］おはせず」）は希望される事態ではない。したがってA①では後件が叶わぬ希望を示すのに対し、A②の後件にはためらいの気持ちが現れることになる。そこから、「まし」が単独で用いられて、B①②のように実現不可能なことへの希望を表す例、B③④のようにためらいを表す例が生じることになる。ためらいを表す「まし」

は、ふつう、疑問の語とともに用いられる。

14.2 意志

─── [110] ───────────────────────────── 意志 ───

下線部を訳しなさい。

① 「とまれかくまれ申さむ」とて出でて（竹取）

② 母北の方、「同じ煙にのぼりなむ」と泣きこがれ給ひて（源・桐壺）

③ 心にくからむと思ひたる人は、おほぞうにては文や散らすらむなど、疑はるべかめれば（紫日記）

④ 高綱（＝私、高綱ガ）、この御馬で宇治川の真先渡し候ふべし。（平家9）

⑤ ただかの遺言を違へじとばかり［宮仕エニ］出だし立て侍りしを（源・桐壺）

⑥ ただ今は見るまじとて入りぬ。（枕78）

　意志は「む」で表される。意志を表す場合、主語は必ず一人称である。①は積極的意志（決意的意志）であるが、②のように、発話者自身で制御可能でない動作である場合は、希望の色彩を帯びる。③は形容詞の意志形である（形容詞の意志形は現代語にはない）。④は意志を表す「べし」の例。⑤⑥打消された事態に対する意志（「…ナイヨウニショウ」）は「じ」および「まじ」で表される。

─── [111] ───────────────────── 意志の意の補訳 ───

下線部を訳しなさい。

① ［涙ヲ］つつむとすれどこぼれ出でつつ（源・胡蝶）

② 山吹の立ちよそひたる山清水汲みに行かめど道の知らなく（万158）

① 目的を表す「と」「とて」の前では、意志の「む」が現れないことがある。

　⒃ 松浦川川の瀬光り鮎釣ると立たせる妹が裳の裾濡れぬ（万855）

　⒄ いとやをら入り給ふとすれど（源・空蟬）

　⒅ ある博士のもとに学問などし侍るとてまかり通ひしほどに（源・帚木）

② このような「む」は現代語では「…むとす」（…ショウトスル）の形で表現

100 第14講 反実仮想・意志・勧誘

される（→ [91]）。

14.3 勧誘・行為要求表現

　自己の志向が相手にも向けられると勧誘表現になる。勧誘は、「誘い」（発話者も同じ行為をするという前提で、相手に行為を要求する表現）と「勧め」「行為要求」（発話者が聞手に行為の実行を求める表現）とが区別される。

　　　　─── [112] ───　　　　　　　　　　　　　　　　誘い

A　現代語で、次の①②は、どう違うか。

　①ここに座りませんか。　②ここに座りましょうか。

B　次の文を訳しなさい。

　①　さらば、我と行かむ。（落窪）

　②　もろともに見むよ。（源・葵）

　③　いざ、ただこのわたり近き所に心安くて明かさむ。（源・夕顔）

　④　いざ給へ、出雲拝みに。（徒然236）

　⑤　乳母にさし寄りて、「いざかし、ねぶたきに」とのたまへば（源・若紫）

　誘いには2つのタイプがある。

⑲a　太郎ちゃん、遊びましょ。

　　b　（数人で遊んでいるところで）あ、太郎ちゃんも一緒に遊ぼうよ。

(19a) のような誘いを「グループ型勧誘」、(19b) のような誘いを「引き込み型勧誘」という。A①はこの両者を表すが、A②はグループ型勧誘しか表さない（安達太郎1995）。

　誘いは、古典語でも現代語でも、意志を表す助動詞（古典語では「む」、現代語では「う」）を用いて表現する。B③のような「いざ…む」は、グループ型勧誘しか表さないと思われる。「いざ」を用いた表現では、B④⑤のようなものもある。

14.3 勧誘・行為要求表現　101

―――[113]―――――――――――――――勧め・行為要求表現の諸形式―

下線部を訳しなさい。

①　ししこらかしつる時は（＝病気ヲコジラセテシマッタ時ハ）うたて侍るを、[北山デノ祈禱ヲ] とくこそ試みさせ給はめ。（源・若紫）

②　「こなたへまかでむや」と [源氏ハタ霧ニ] のたまひて（源・若菜上）

③　幼き [人ノ] 御後見に思すべく聞こえ給ひてむや。（源・若紫）

④　「無礼の罪は許されなむや」とて、寄り臥し給へり。（源・常夏）

⑤　さらば、その心やすからむ所に消息し給へ。みづからやはかしこに出で給はぬ。（源・東屋）

⑥　かぐや姫、「しばし待て」と言ふ。（竹取）

⑦　頼朝が首をはねて、我が墓のまえに掛くべし。（平家6）

　①の「…む」は「勧め」を表す。次例⒇は勧告、㉑は行為要求（命令）を表した例。

　⒇　かく [直接] いましたること、あるまじきことなり。人して（＝人ヲ介シテ）こそ言はせ給はめ。とく帰られね。（大鏡）

　㉑　「鳴り高し。鳴りやまむ。はなはだ非常なり。座を退きて立ちたうびなむ」など、おどし言ふもいとをかし。（源・乙女）

次例㉒の「じ」は、打消された事態の勧めを表す。

　㉒　御声など変はらせ給ふなるは、いとことわりにはあれど、さらにかくおぼさじ（＝決シテソノヨウニ思イツメナサラナイヨウニ）。（蜻蛉）

「…むや」は勧め（「…たらどうだろうか」）の意、「…てむや」は依頼（「…てくれないだろうか」）の意、「…なむや」は、「勧め」「依頼」「受益」（話し手が利益を受ける意。「…てくれるだろうか」）の意を表す（岡崎正継1996）。④は受益の例、次例㉓は勧め、㉔は依頼を表す例。

　㉓　「さる（＝人ヲ見ナラウ）心して [アナタハ弘徽殿女御ニ] 見え奉り給ひなむや」と [内大臣ガ近江君ニ] のたまへば（源・常夏）

　㉔　修理などして、形のごと人住みぬべくは繕ひなされなむや。（源・松風）

⑦のような「べし」は「命令」の意といわれることがある（事態選択表現のバリ

102 第14講 反実仮想・意志・勧誘

エーションであって、適当や義務と判然としないが)。

―― [114] ――――――――――――――――命令形の現代語との相違――

　現代語と比べて、次の命令形はどのような点が注意されるか。

① 　昔の御心忘れぬ方を深く見知り<u>給へ</u>と思す。（源・椎本）

② 　故大臣の今しばしだにものし<u>給へ</u>かし。（源・少女）

③ 　大原や小塩の山の小松原はや<u>木高かれ</u>千代の蔭見む（後撰 1373）

　命令形のありかたの、現代語との相違は、古典語の場合、①のように、尊敬
語の命令形がそのまま尊敬語として用いることができたこと（現代語では命令形
「なさい」を尊敬語として使うことはできない）、心内文にも現れ得るということで
ある（近藤政行 1996）。②は故人に対して命令形を用いた例で、①②のような命
令形は、希求表現といえる。③のように、古典語では形容詞も命令形をもつ。

　　◆次例は、形容動詞の命令形の例。

　　・常よりも今宵の月は<u>さやかなれ</u>秋の夕べもたどるばかりに（仲文集）

　　◆命令形は、放任法にも用いられる。

　　・<u>悪しくもあれ</u>、<u>いかにもあれ</u>、たよりあらばやらむ。（土佐）

14.4　禁止

―― [115] ――――――――――――――――――――――――禁止――

A　現代語で、次の①②は、どう違うか。

　①合図をするまで、食べるな。　②そんなに食べるなよ。

B　下線部を訳しなさい。

① 　<u>人にな語り給ひそ</u>。必ず笑はれなむ。（枕 154）

② 　「<u>かくな急ぎそ</u>」と扇をさし出でて制するに（枕 205）

③ 　かの里より来たらむ人に、<u>かく聞かすな</u>。（枕 83）

④ 　「今日、<u>波な立ちそ</u>」と、人々ひねもすに祈るしるしありて、風波立た
　　ず。（土佐）

14.4 禁止　103

⑤　「人にも漏らさせ給ふまじ」と、御口かため聞こえ給ふ。(源・行幸)

A　聞き手に行為をしないように要求する表現を禁止という。禁止は、禁止する行為が実現しているか否かによって二分される。①のように、まだ行われていない行為を禁止するものを「予防的禁止」、②のように、すでに行われている行為に対してこれを阻止するものを「阻止的禁止」という。現代語では、両者は形式上区別されない。

　　◆ただし、音調をかぶせれば、例えば「タベナイデヨ＼」は阻止的禁止、「タベナイデヨ↗」は予防的禁止となる。

B　古典語において禁止を表す専用形式には、①②「な…そ」、③「…な」の2つの形式があり、①②は予防的禁止と阻止的禁止の両方を表し、③は予防的禁止のみを表す (小柳智一 1996)。「な…そ」の「な」は副詞、「…な」の「な」は終助詞である。「…な」は動詞の終止形に付く。「な…そ」の間には動詞の連用形 (カ変とサ変は未然形) が入る。④は、無生物に対して禁止表現を用いている。これは、希求表現である。⑤はいわゆる禁止の意の「まじ」の例である。

――― [116] ―――――――――――――――――「な…連用形」「…そ」―

　次の文を訳しなさい。
①　清き月夜に雲なたなびき (万 2669)
②　今はかく馴れぬれば、何事なりとも隠しそ。(今昔 29-28)

　禁止表現は、古くは、①のように、「な…連用形」という形式もあった。また、院政時代以降、②のように、「な…そ」の「な」を脱落させた、「…そ」の形もみられる。

　　◆①の「な…連用形」の「な」を連用形を要求する係助詞とみる説がある (松下大三郎 1928、山田孝雄 1936)。「人にな知らせ直に逢ふまでに」(万 2413) のような例は、「な」が格助詞に承接しているようにも見え、「散りなまがひそ」(万 1847) のように複合動詞の間に介在する点からも、副詞とするより係助詞とみた方が良いように思われる。しかし、中古では「な…そ」の呼応が固定化し、「な…連用形」

104 　第 14 講　反実仮想・意志・勧誘

の形は失われた。

◆鎌倉時代には、「…ことなかれ」、「べからず」、「ず」の命令形「ざれ」も禁止表
現として用いられた。「…ざるな」は打消事態の禁止表現で、「必ず…しろ」の意。

・我妹子を早み浜風（＝我ガ妻ヲ早ク見タイ、速イ浜風ヨ）大和なる我松 椿 吹か

　ざるなゆめ［不吹有勿勤］（万 73）

第15講　希望・疑問

15.1　希望表現

　事態の実現を望んでいることを表す言語形式を「希望表現」という。「希望」には、望んでいる主体と望まれている事態の動作主が一致している「願望」（…タイ）と、一致していない（すなわち他者にある事態の実現を望む）「希求」（…テホシイ）とがある。願望の主体は1人称とは限らない。次例(1)では主語は発話者ではないが、「全部聞く」ということを望んでいる主体（あなた）と「全部聞く」動作主が一致しているので願望表現である。

(1)　もし［アナタガ］まことに聞こしめしはてまほしくは、駄一疋を賜はせよ。（大鏡）

―――[117]――――――――――――――――――――――願望（…タイ）―

　次の文を訳しなさい。

①　皇子は、かくてもいと御覧ぜまほしけれど（源・桐壺）

②　かかる所に、思ふやうならむ人を据ゑて住まばやと（源・桐壺）

③　いぶせう侍ることもあきらめ侍りにしかな。（源・賢木）

　中古和文の願望表現（現代語の「…タイ」）には、①「…まほし」（未然形接続）、②「…ばや」（未然形接続）、③「…しか／てしか／てしかな／にしか／にしかな」（以上、連用形接続）の形式がある。

　　◆③の形式は「しか」が願望を表す終助詞で、それに助動詞「つ」「ぬ」の連用形および終助詞の「な」が付いたものである。「しか」はかなり後世まで清音だったようで、ロドリゲスの『日本大文典』（1604-08 年刊）にも、『古今集』の「旅寝してしか」(126)が「tabinexitexica.」と表記されている。

「てしか」は上代からみえるのに対し、「にしか（な）」および「ばや」は中古から現れる。また①の「まほし」も中古に成立した語で、上代ではその原形「まくほし」が用いられた。

106　第15講　希望・疑問

(2)　縄延へて守ら<u>まくほしき</u>［守巻欲寸］梅の花かも（万 1858）

　　◆「まくほし」は、助動詞「む」のク語法形（→ ［178]）「まく」に形容詞「欲し」
　がついたものと考えられ、「見まく<u>の</u>ほしき［美麻久能富之伎］君にもあるかも」
　（万 4449）のような例から、一語化していないものと推測される。上代には、次の
　ような語形もあった。

　　・君が御衣しあやに<u>着欲しも</u>［伎保思母］（万 3350）
　　・<u>見欲しき</u>は雲居に見ゆるうるはしき十羽の松原（万 3346）

②③には、副詞「いかで」を伴うことがある。

(3)　［物語トイウモノヲ］<u>いかで見ばや</u>と思ひつつ（更級）

(4)　<u>いかで</u>このかぐや姫を<u>得てしかな</u>（竹取）

院政時代ころから、現代語の「たい」の源流である「たし」が現れる。

(5)　今朝はなどやがて寝暮らし起きずして起きては寝<u>たく</u>暮るるまを待つ
　　（栄花 14）

(6)　琴のことの音聞き<u>たく</u>は、北の岡の上に松を植ゑよ（梁塵秘抄）

　　◆上代に「振り<u>たき</u>袖を［振痛袖乎］」（万 965）の例があるが「たし」に繋がるか
　否か不明である。季能の「いざいかに深山の奥にしほれても心知り<u>たき</u>秋の夜の
　月」に対して、判者の定家は「雖聞俗人之語、未詠和歌之詞歟」と難じている
　（『千五百番歌合』）。

　　◆現代語でも「水が飲みたい」「水を飲みたい」という 2 つの言いかたがあるが、
　「まほし」「たし」も同様である。

　　・a　それ（＝孫ノ晴レ姿）が極めて<u>見まほしく</u>思ひ給へしかば（今昔 31-6）
　　　b　かぐや姫を<u>見まほしうて</u>（竹取）

―――[118]――――――――――――――――――希求（…テホシイ）―

　下線部を訳しなさい。

①　<u>はや夜も明けなむ</u>と思ひつつゐたりけるに（伊勢 6）

②　旅寝する身には<u>涙もなからなむ</u>常に浮きたる心地のみする（うつほ・藤原
　の君）

③　<u>あととめて古きをしたふ世ならなむ</u>今もあり経ば昔なるべし（新勅撰 1153）

15.1 希望表現　107

④　今はただ思ひ絶えなむとばかりを人づてならで言ふよしもがな（百63）

⑤　かの君達をがな。つれづれなる遊びがたきに（源・橋姫）

⑥　あっぱれ、よからう敵がな。最後の戦して見せ奉らん。（平家9）

　中古和文の希求表現（現代語の「…テホシイ」）には、①「…なむ」（未然形接続）、④「…もがな」（体言・助詞および形容詞・助動詞の連用形接続）の形式がある。②は形容詞に、③は断定の助動詞「なり」に「なむ」が付いた例である。④の「もがな」は、上代の「もが」に助詞「も」の付いた「もがも」にかわって中古以降用いられたものである。上代の「もが」「もがも」は、

（7）　都辺に行かむ船もが刈り薦の乱れて思ふこと告げやらむ（万3640）

（8）　君が行く道の長手を繰り畳ね焼き滅ぼさむ天の火もがも（万3724）

のように、実現不可能な事物や状態を希求するもので、「…があればなあ」「…であればなあ」のように現代語訳される（このような希望喚体句（→ [63]）は、現代語では喚体句のまま表現できない）。副詞「いかで」を伴うこともある。

（9）　［落窪姫君ハ］いかでなほ消えうせぬるわざもがなと嘆く。（落窪）

上代の「もが」に助詞「も」の付いた「もが－も」にかわって中古以降用いられた「もが－な」は、やがて「も－がな」と認識され（このような誤認識を「異分析」という）、⑤⑥のような語法を生んだ。

―――――― [119] ―――――――――――――「ばや」と「なむ」の違いの確認――

　次の文（作例）を訳しなさい。
①水、飲まばや。　②水、飲まなむ。　③水、飲みなむ。　④水もが。

　以上の復習。③の「なむ」は「完了「ぬ」＋推量「む」」でいわゆる確述（→ [85]）といわれるものである。

　　◆注意：「ばや」「まほし」「たし」は一般に願望（…タイ）の意を表すが、動詞「あり」に付いた時は、その存在への希求（アッテホシイ）の意を表す。

　　・かう思ひ知りけりと見え奉る節もあらばやとは思せど（源・早蕨）

　　・げに千歳もあらまほしき御有様なるや。（枕20）

108　第15講　希望・疑問

・家に<u>ありたき</u>木は、松・桜。(徒然139)

◆次例①は「まほし」が希求「…てほしい」の意に、②は「なむ」が願望「…した
い」の意に用いられていて、違例といえる。

①花といはば、かくこそ(＝白梅ノヨウニ)<u>匂はまほしけれな</u>。(源・若菜上)

②「<u>かくながら死ななむ</u>とこそ思ひ給ふれ」とて、涙をつぶつぶと落として、いた
くためらひて、聞こえもやり給はねば(うつほ・国譲二)

```
———— [120] ————————————————「…たくない」「…てほしくない」—

　次の文を訳しなさい。
① a 　[篳篥ハ]うたてけ近く聞かまほしからず。(枕204)
　　　 (ひちりき)
　 b 　この君の御童姿、いと変へまうく思せど(源・桐壺)
　 c 　[源氏ハ]帰りうく思しやすらふ。(源・篝火)
② a 　今年より春知り初むる桜花散るといふことはならはざらなむ(古今49)
　 b 　ややもせば消えをあらそふ露の世におくれ先だつほど経ずもがな(源・
　　　 御法)
```

①　「…たくない」という打消された事態に対する願望表現の句型。a「…まほ
しからず」、b「…まうし」(未然形接続)、c「…うし」(連用形接続)の3つの句
型がある。aの例は極めて稀である。bの「まうし」は、「まほし」からの類
推で成立した助動詞で(直接「まく＋憂し」から成立したとする説もある)、中古の
一時期わずかに用いられたものである。「＊ざらまほし」、「＊ざらばや」の形は
存在しない。

　　◆「まうし」の終止形はきわめて稀である。

　　・おとろへ姿、いと見え奉り<u>まうし</u>。(唐物語15)

　　◆「ま惜し」という言葉もあるから、識別に注意。

　　・初雪の踏ま<u>ま惜し</u>さに道すがら我より先の跡を行くかな(為忠家後度百首)

②　「…てほしくない」という打消された事態に対する希求表現の句型。a「…
ざらなむ」、b「…ずもがな」の2つの句型がある。

15.2 疑問表現

わからない内容があるということを表す文を疑問文という。

(10) a　昨日、神田に行きましたか。

　　b　昨日、どこに行きましたか。

　　c　昨日行ったのは、神田ですか、早稲田ですか。

(10a) のように、述べられた命題が成立するかどうかわからないという意味を表す文を「真偽疑問文」、(10b) のように、述べられた命題の中にわからない部分があるという意味を表す文を「補充疑問文」という。また補充疑問文の中で、(10c) のように、わからない部分を選択肢として提示する疑問文を「選択疑問文」という。このような、わからないことがある、ということについて、聞き手に回答を求める文を「問いの文」、わからないことがあるという捉えかただけを表明した文を「疑いの文」という。

———— [121] ————————————————————真偽疑問文————

　下線部を訳しなさい。

① 「道定の朝臣は、<u>なほ仲信が家にや通ふ</u>」「さなん侍る」と申す。(源・浮舟)

② 仏ののたまはく、「<u>汝は高堅樹の実は見たりや</u>」と。外道のいはく、「見たり」と。(今昔 1-11)

③ 内供、翁の口を動かすを、「<u>念仏するか</u>」と問へば、翁、「さなり。念仏を申し候ふなり」と答ふ。(今昔 19-37)

古典語の真偽疑問文の基本形式は次のようである。

①　助詞「や」を文中に用いる。(─や─連体形。)

②　助詞「や」を文末に用いる。(─終止形＋や。)

③　助詞「か」を文末に用いる。(─連体形／名詞句＋か。)

◆上代では、「虎<u>か</u>吠ゆる」(万 199)、「わが園の李の花<u>か</u>庭に降る」(万 4140) のように、助詞「か」を文中に用いた用法があったが、この形式は、中古では用いられない。

110　第15講　希望・疑問

◆古典語において、否定の真偽疑問文に対する答えかたがどのようであるかは不明である。近世では、次のような例がみえることが指摘されている（中村幸弘2006）。

・「土産はなきか」と問へば、「いや、ござらぬ」といふ。（咄本・鹿の巻筆1686年刊）

・「ここへ廿四五な男は参りませぬか」といへば、「アイ、来ました」（咄本・無事志有意1798年刊）

◆古典語で、平叙文の形で（文末のイントネーションを上げることによって）問いの文を構成し得たかどうか不明であるが、次のような例がみられる。

・「ある（＝イルカ）」と問ひ給ひければ（古本説話集52）

・「さて、その文の言葉は」と問ひ給へば（源・帚木）

― [122] ――――――――――――――――――――――「終止形＋や」―

下線部を訳しなさい。

① 極楽思ひやられ侍るや。（源・橋姫）

②a いといたくこそ辱（はづかし）められたれ。げに心づきなしや。（源・若菜下）

　b 「もし、さにやと聞きあはせらるることもなしや」と問ひ給ふ。（源・手習）

③a 鍵を置きまどはし侍りて、いと不便なるわざなりや。（源・夕顔）

　b 山里はあはれなりやと人問はば鹿の鳴く音を聞けと答へむ（西行・聞書集）

---

　[121] ②のように「終止形＋や」は一般に疑問、①のように連体形に付く「や」は必ず詠嘆であるが、②③のように、「終止形＋や」の「や」には、詠嘆の場合もあるから注意が必要である。

― [123] ―――――――――――――――――――――――補充疑問文―

下線部を訳しなさい。

① 「いづちおはしまさむずる」と問へば（今昔23-19）

15.2 疑問表現 111

② 「いづれの山か天に近き」と問はせ給ふに（竹取）

③ 「この大将は、いつよりここには参り通ひ給ふぞ」と問ひ申し給ふ。（源・
夕霧）

④ わが髪の雪と磯辺の白波といづれまされり沖つ島守（土佐）

⑤ 橘の花散る庭を見む人や誰（万 1968）

古典語の補充疑問文の基本形式は次のようである。

① 疑問詞を用いる。（文末は連体形で結ぶ）

② 「疑問詞（を含む成分）＋か」を用いる。（文末は連体形で結ぶ）

③ 疑問詞を用い、文末を助詞「ぞ」で結ぶ。

◆②の句型で「か」は一般に疑問詞を含む成分の直後に現れるが、例外もある。

・我がここだ偲はく知らにほととぎすいづへの山を鳴きか越ゆらむ［伊頭敞能山乎
鳴可将超］（万 4195）

「疑問詞」とは、不明であることを表す、「何」のような不定代名詞、「な
ど」のような疑問副詞、「いかなる」のような連体詞を一括して呼ぶ便宜的名
称である（品詞名ではない）。疑問詞は一文中に複数共起できる（これを多重補充
疑問文という）。

⑾ 何ぞの僧のいどこより来れるぞ（今昔 24-16）

①の句型の文末は、散文の場合、一般に連体形で結ぶが、④のように、和歌
では文末が終止形のままになることがある（小田勝 2010）。

⑿ みかの原わきて流るるいづみ川いつ見きとてか恋しかるらむ（百 27）

⒀ いづこまで送りはしつと人問はばあかで別るる涙川まで（業平集）

述語が疑問詞である場合は、⑤のように、「主語＋や＋疑問詞」という句型
になる。要するに、疑問詞の後方には係助詞「か」が、疑問詞の前方には係助
詞「や」が現れるのである。

⒁ おもしろき所に船を寄せて、「ここやいどこ」と問ひければ（土佐）

◆不思議なことに「…や何なり／なる」の両形がある（八代集では前者 4 例、後者
3 例）

・涙河流す寝覚めもあるものをはらふばかりの露や何なり（後撰 771）

112　第 15 講　希望・疑問

・梅もみな春近しとて咲くものを待つ時もなき我や何なる（拾遺 1157）

◆疑問詞に係助詞「や」は付かない。次例のような「や」は、間投助詞とすべきで
あろう。

・浅茅生にけさおく露の寒けくにかれにし人のなぞや恋しき（詞花 264）

・などや苦しきめを見るらむ。（更級）

◆選択疑問文には、「か」が用いられる。

・長者、舎利弗に問ひていはく、「この孕める子、男か女か、何ぞ」と。舎利弗、
　答へていはく「男なり」と。（今昔 1-15）

・「太郎か二郎か」と問ふに（今昔 4-35）

───── [124] ─────────────────────────従属節中の疑問詞─

　下例を訳しなさい。
世をばさて何ゆゑ捨てし我なれば憂きにとまりて月を見るらん（続拾遺 608）

　従属節中に疑問詞があって、全体として問いまたは疑いの文を作る句型。現
代語では、

⒂ ？誰が来るから、掃除をしたのか？

のような疑問文は作りにくい。

⒃　ふるさとのよもぎは宿の何なれば荒れ行く庭にまづ茂るらん（山家集）

⒄　秋吹くはいかなる色の風なれば身に染むばかりあはれなるらん（詞花
　109）

───── [125] ───────────────────────「動詞＋動詞＋ず」─

　下例を訳しなさい。
①　散り散らず聞かまほしきをふるさとの花見て帰る人も逢はなむ（拾遺 49）
②　咲き咲かず我にな告げそ桜花人づてにやは聞かむと思ひし（後撰 61）

　同じ動詞を「肯定形＋否定形」と連ねた形は、「…であるか、…でないか」
の意を表す。

15.2 疑問表現　113

⒅　かずかずに思ひ思はず問ひがたみ身を知る雨は降りぞまされる（古今705）

⒆　待ち待たぬ人の心を見むとてや山時鳥夜をふかすらん（頼政集）

和歌にみる語法であるが、散文でも使用例がある。

⒇　二月の二十日あまりのほどに、南殿の花、咲き咲かず見むとて参りたる折しも（頼政集・詞書）

─────── [126] ───────────────────────── 間接疑問文 ───

次の文を訳しなさい。

何事のおはしますをば知らねどもかたじけなさに涙こぼるる（西行法師歌集）

従属節として埋め込まれた疑問文を間接疑問文という。

(21)　見渡せば沖の潮路に雲ひちて（＝雲ガ低ク垂レテ海ニ浸ッテ）空か海かも分きぞかねつる（歌合162広田合）

(22)　竜田山花の錦のぬきをうすみ咲くか散るかにまよふ春かな（土御門院御集）

─────── [127] ───────────────────────────── 疑い ───

下線部を訳しなさい。

①　「たばかりたる人もやあらむ」と、下衆などを疑ひ（源・蜻蛉）

②　「もし、かの［頭中将ガ］あはれに忘れざりし人（＝女）にや」と思しよるも（源・夕顔）

③　院も「誰にかあらむ」と不審（いぶかし）がらせ給ひて（今昔24-6）

④　「なほ［紫上ヲ須磨ニ］忍びてや迎へまし」と思す。（源・須磨）

疑問文の形式で「疑い」を表すには、次の形式を用いる。

①　真偽疑問文の形式で、文末に推量の助動詞「む・らむ・けむ」を置く。

②　文末を「─にや。」で結ぶ。

③　補充疑問文の形式で、文末に推量の助動詞「む・らむ・けむ」を置く。

114　第15講　希望・疑問

④　真偽疑問文・補充疑問文の形式で、文末に推量の助動詞「まし」をおく。

①②の句型は「疑い」を、③の句型は「訝しさ」を、④の句型は「迷い」を表す（岡崎正継 1996）。②の「―にや。」は「や」が文末にあるのではなく、後に「あらむ」などの推量表現が省略れたものである。文末の「―にや。」が「問い」を表す例はほとんどない（磯部佳宏 1992）。文末の「―にか。」には、「疑い」と「問い」の両方がある。

⒀　「いかなることにか」と思し疑ひてなむありける。（源・桐壺）〈疑い〉

⒁　「何人の住むにか」と［源氏ガ御供ニ］問ひ給へば（源・若紫）〈問い〉

───── [128] ─────────────────────────反語─

　次の文を訳しなさい。

① 　我が母の声聞き知らぬ人やある。（今昔 14-8）

② 　生きとし生けるもの、いづれか歌を詠まざりける。（古今・仮名序）

③ 　何か難からむ。（竹取）

④ 　いづれの仏かはおろかにおはします。（古本説話集 54）

⑤ 　春の夜の闇はあやなし梅の花色こそ見えね香やはかくるる（古今 41）

　発話者に判断が成立しているにもかかわらず、あえて疑問文の形式を用いて聞き手に強く訴えかける文を「修辞疑問文」という。そのうち、特に、自己の主張と反対の内容を疑問文の形式で表現したものを「反語」という。すべての問いの形式、疑いの形式は反語表現になり得る。特に「やは」「かは」は反語として用いられることが多い形式で、特に「やは」は実例のほとんどが反語表現である。

　　◆反語ではない「かは」、「やは」の例をあげる。

　　・「いと興ありけることかな。［ソノ娘ノ琴ヲ］いかでかは聞くべき」と［源氏ハ明石入道ニ］のたまふ。（源・明石）

　　・世の中は昔よりやは憂かりけむわが身ひとつのためになれるか（古今 948）

第16講　形容詞

　用言（活用があり、単独で述語になることができる語）のうち、言い切りの形が
「し」（または「じ」）で終わる語を形容詞という。

─────── [129] ───────　形容詞─

A　次の文から形容詞を抜き出し、その活用形を答えなさい。

①　この中納言よりほかに、よろしかるべき人、またなかりけり。（源・宿
　　木）

②　姫君（＝末摘花）は、さりともと待ち過ぐし給へる心もしるくうれしけ
　　れど、いと恥づかしき御ありさまにて［源氏ニ］対面せむもいとつつま
　　しくおぼしたり。（源・蓬生）

B　次の形容詞は、ク活用かシク活用か。

①あぢきなし　②恨めし　③おほけなし　④かなし　⑤恋し　⑥さびし　⑦
さやけし　⑧つれなし　⑨長し　⑩長々し　⑪はげし　⑫久し　⑬をし

A　形容詞の活用語尾と助動詞「けり」との識別に注意。
B　日本語母語話者の場合、一般に、連用形「−く」の形（例えば「−く＋なる」
「−く＋て」などの形）を作ってみると判別できる。ク活用の語は「重し・白し・
高し・長し・深し」など状態的な属性概念を表す語（属性形容詞）が多く、シ
ク活用の語は「うれし・恨めし・かなし・さびし」など情意性の語（感情形容
詞）が多いといわれる（山本俊英1955）。

　　◆「荒々し・軽々し・長々し」など語幹に繰り返しをもつ語は必ずシク活用であ
　　る。「うまし」はク活用・シク活用の両方の活用がある。「いちじるし・かまびす
　　し・きびし」などは、古くク活用で、後にシク活用に転じた。

─────── [130] ───────　形容詞の語幹─

　下の表は、学校などで使われている古典語の形容詞の活用表である。下記①

116　第16講　形容詞

②の語形から、この表の問題点を指摘しなさい。

語	語幹	未然	連用	終止	連体	已然	命令
高し	たか	から	く・かり	し	き・かる	けれ	かれ
美し	うつく	しから	しく・しかり	し	しき・しかる	しけれ	しかれ

①赤玉　　心憂の世や　　あなにく　　高さ　　痛がる　　瀬を速み
②賢し女　をかしの御髪や　あなおそろし　美しさ　嬉しがる　野をなつかしみ

　①の下線部はク活用形容詞の語幹である。この環境にシク活用形容詞を置く
と②のようであって、②はシク活用形容詞の語幹が「−し」までであることを
示している。すなわち上記の表は、シク活用形容詞の語幹の設定のしかたが
誤っているということになる。形容詞の活用表は、次のように書かれるべきで
ある。

語	語幹	未然	連用	終止	連体	已然	命令
高し	たか	から	く・かり	し	き・かる	けれ	かれ
美し	うつくし	から	く・かり	−φ	き・かる	けれ	かれ

　すなわち、形容詞には、語幹に「−し」語尾を付けて終止形を作るものと、
語幹のままで終止形を作るもの（別の言い方をすれば、語幹にゼロ語尾を付けて終
止形を作るもの）とがある。前者をク活用、後者をシク活用という。古典語の
形容詞は、語幹末尾音がイ列音であれば必ず「し」または「じ」でシク活用、
イ列音以外であれば必ずク活用である。ク活用とシク活用は、終止形のところ
以外は、同じ活用をする。

　　◆終止形が「じ」で終わる、「いみじ・同じ・すさまじ・らうらうじ」なども、シ
　　ク活用という。
　　◆現代語では、「可愛い・大きい」のように、語幹末音節がイ列音のク活用形容詞
　　があるが、古典語には存在しない。例外は「きびし」と「ひきし」であるが、「き
　　びし」には「きぶし」という異形があり、「きびし」は後にシク活用に転じた。「ひ
　　きし」もまた、中古ではふつう「ひきなり」という形容動詞形で用いられ、のちに

第 16 講　形容詞　117

「ひくし」と語形を変えている（北原保雄 1979）。現代語では語幹末音節がエ列音の形容詞（-ei で終わる形容詞）は存在しないが（例えば「きれい」というのは、漢語で形容動詞語幹である）、古典語では存在する（「あまねし・いぶせし・さやけし・しげし・しふねし・むくつけし」など）。

───── [131] ─────────────────────形容詞の仮定表現─

　下線部を訳しなさい。

①　春まで<u>命あらば</u>、必ず来む。（更級）

②　<u>恋しくは</u>形見にせよと我が背子が植ゑし秋萩花咲きにけり　（万 2119）

　動詞の順接仮定条件は、①のように「未然形＋ば」で表すが、形容詞の順接仮定条件は②のような形で表す。②の「は」は清音であったことが種々の証拠から明らかにされている。

　　◆種々の証拠とは、万葉仮名文献で「婆」のような濁音仮名が用いられた例がないこと、鎌倉時代の文書や室町時代の抄物に「なく<u>わ</u>」のような表記がみられること、室町末期の宣教師による日本語のローマ字表記で必ず「naqua」のように「ua」で表記されることなどである。

②の「は」は清音だから、これを係助詞「は」と考えると、

　(1)a　形容詞の順接仮定条件は「形容詞の連用形＋係助詞「は」」で表す。

と捉えられることになる。しかし、(2)のような例は、形容詞の仮定条件を作る「は」が係助詞ではなく、接続助詞であることを示している。

　(2)　舟とむるをちかた人の<u>なくは</u>こそ明日帰り来む（源・薄雲）

なぜなら、係助詞「こそ」は係助詞「は」に対して前接し（「こそ－は」）、接続助詞「ば」に対しては後接する（「ば－こそ」）からである。そこで、②の「は」を接続助詞「ば」の清音化したものと考えると（「抜いて」と「脱いで」はともに接続助詞「て」、「をば」の「ば」は係助詞「は」の濁音化したものとみるから、このような扱いもそれほど無理なものではないだろう）、

　(1)b　形容詞の順接仮定条件は「形容詞の未然形＋接続助詞「ば」が清音化した「は」」で表す。

118　第16講　形容詞

と捉えられることになる。しかしまた、形容詞の仮定条件を表す「-く」は、

　(3)　<u>よろしう</u>は参り給へ。(源・浮舟・池田本)

のようにウ音便化した例があって、この例は「-く」が連用形であることを示している（形容詞のウ音便は連用形にしか起きない）。このような次第で、形容詞の順接仮定条件は、(1a) の捉え方と (1b) の捉え方が同時に成立して、そのどちらであるとも決定できないのである（和田利政 1987）。

　古典語の形容詞の活用表で、未然形の欄に「-く」を書くか否かは、一に、形容詞の順接仮定条件を、(1a) とみるか (1b) とみるかにかかっている（形容詞の未然形の「-く」は、形容詞の順接仮定条件を (1b) のように捉えた場合以外の用法はない）。

　　◆この問題は「べし」などの形容詞型活用の助動詞と、助動詞「ず」でも同様である。すなわち「ず」の順接仮定条件は@のような形であり、この「ずは」も⑥のような承接例から「未然形＋接続助詞「は」」と捉えられる。

　　@いつまでか野辺に心のあくがれむ花し散ら<u>ずは</u>千世も経ぬべし（古今 96）

　　⑥火に焼かむに、焼け<u>ずは</u>こそまことならめ。(竹取)

────────　補　説　────────

　形容詞の活用は、本来、

(4)

未然形	連用形	終止形	連体形	已然形	命令形
（く）	く	し／-φ	き	けれ	○

のようであったが（より古い形は ［135］ 参照）、この活用語尾からは助動詞を下接することができず、打消や推量、過去の表現ができなかった。そこで助動詞に続けるには、

　(5)　いかばかり<u>恋しくあり</u>けむ［故保斯苦阿利家武］(万 875)

　(6)　<u>楽しくある</u>べし［多努斯久阿流倍斯］(万 832)

のように動詞「あり」を介在させた。このような連続から、「<u>恋しかりけむ</u>」「<u>楽しかるべし</u>」のような融合形が生まれた。

　(7)　いよよますます<u>悲しかり</u>けり［加奈之可利家理］(万 793)

第 16 講　形容詞　119

この「−かり」「−かる」などの活用形式を「補助活用」（カリ活用）という（これに対して「く・し・き・けれ」を「本活用」という）。記紀および『万葉集』第二期以前には(7)のような融合形の確かな例はみられず、すべて(5)(6)のような形をとっている（鶴久1962）。補助活用は動詞「あり」が介在したものなので、本活用よりもはるかに動詞性が高く、命令形があるほか、使役態や意志を表すこともできた。

(8)　漁火もあまの小舟もの<u>どけかれ</u>生けるかひある浦に来にけり（蜻蛉）

(9)　諸の障難を<u>無からしめ</u>けり。（今昔 6-27）

(10)　<u>心にくからむ</u>（＝奥ユカシクアロウ）と思ひたる人は（紫日記）

(11)　憂きにかく恋しきこともありけるを<u>いざつらからむ</u>（＝サア私モ冷タクショウ）いかが思ふと（実方集）

(4)の形容詞の活用表に、補助活用を書き入れると(12)のようになる（補助活用に終止形と已然形がないのは、ラ変の終止形と已然形に下接する助動詞がないからである。補助活用はラ変動詞「あり」が介在したものなので、終止形接続の助動詞には連体形「−かる」から続くことになる）。

(12)

未然形	連用形	終止形	連体形	已然形	命令形
（く）	く	し／−φ	き	けれ	○
から	かり	○	かる	○	かれ

補助活用は助動詞に続くとき専用の活用形式だから、助動詞に続かないときは本活用が使われる。

　　◆稀に次のような例もみられる。

　　・<u>悪しかる</u>［安志可流］咎もさね（＝少シモ）見えなくに（万 3391）

　　・春たてど花もにほはぬ山里は<u>物憂かる</u>音に鶯ぞ鳴く（古今 15）

　　・「そよ、こと<u>なかり</u>」と言へど（落窪）

　　◆推定伝聞の助動詞「なり」には補助活用「−かる」の撥音便形「−かン」から、断定の助動詞「なり」には本活用の「−き」から接続する。

　　・「<u>いとよかなり</u>。…」とのたまふ。（源・帚木）〈「なり」は推定伝聞〉

　　・心からよるべなく<u>心細きなり</u>。（源・総角）〈「なり」は断定〉

120　第16講　形容詞

　形容詞の順接仮定条件は［131］②のように「−く＋は」の形で表されるが、補助活用の未然形を用いた「−から＋ば」の形も用いられるようになる。

⒀　葛城や神代のしるし深からばただ一言にうちもとけなむ（蜻蛉）

⒁　住の江の目に近からば岸にゐて浪の数をもよむべきものを（後撰 819）

⒂　験だにいちはやからばよかるべきを（枕 150）

⒀〜⒂の句型は『万葉集』『古今集』『源氏物語』等にはなく、『後撰集』以後の八代集には 14 例みえる（散文の例 ⒂ は、中古和文ではたいへん珍しいものである）。

　「御遊びなどせさせ給ひしに」（源・桐壺）のように動詞の連用形が名詞として用いられることがあるが、一部の形容詞の連用形にも名詞としての用法がある。

⒃　故大将殿にも若くより参り仕うまつりき。（源・東屋）

⒄　遠くよりかをれる匂ひ（源・宿木）

⒅　朝廷よりも多くの物賜はす。（源・桐壺）

――― ［132］ ―――　　　　　　　　　　　　　　　　　　―形容詞の音便―

　次の文から形容詞の音便を抜き出しなさい。

①　帝は、御年よりはこよなうおとなおとなしうねびさせ給ひて（源・薄雲）

②　「かの崎（＝唐崎）はまだいと遠かめり」と言ふほどに（蜻蛉）

③　宮の上の御ありさま思ひ出づるに、若い心地に恋しかりけり。（源・東屋）

　形容詞の音便には、①連用形語尾「く」のウ音便、②連体形語尾「かる」の撥音便、③連体形語尾「き」のイ音便の3種がある。

　北原保雄（1967b）によれば、『源氏物語』において、「赤く→赤う」のような -aku＞-au というウ音便化を起こす割合は 22％、「美しく→美しう」のような -iku＞-iu が 44％、「薄く→薄う」のような -uku＞-uu が 1％、「所狭く→所狭う」のような -eku＞-eu が 17％、「白く→白う」のような -oku＞-ou が 16％である。すなわち、末尾母音が「u＜o＜e＜a＜i」の順に、ウ音便が生じやすくなる。

第 16 講　形容詞　　121

―― [133] ――――――――――――――――――「多し（多かり）」――

　次の下線部はいずれも現代語の「多い」に当たる語である。活用形を答えな
さい。またほかの形容詞であればどのような形になるか、形容詞「高し」を例
に答えなさい。

① 　ひなびたること多からむ。(源・玉鬘)

② 　そこにこそ［手紙ヲ］多く集へ給ふらめ。少し見ばや。(源・帚木)

③ 　［源氏ノ方カラ］のたまひさしつる［女性］も多かりけり。(源・末摘花)

④ 　うち泣き給ふをり多かり。(源・須磨)

⑤ 　言葉多かる人にて、つきづきしう言ひ続くれど (源・若紫)

⑥ 　悔しきこと多かれど、かひなければ (源・賢木)

　現代語の「多い」にあたる古典語として、

⒆ 　すべて、思ひ捨てがたきこと多し。(徒然 19)

のような「多し」があるが、これは中世の語形で、中古和文では、「多し」と
いう終止形は用いられない。また、連体形「多き」、已然形「多けれ」の形も
ふつう用いられない。現代語の「多い」にあたる語は、中古和文では⒇のよ
うな形で用いられた（命令形はみえない）。

⒇

語幹	未然形	連用形	終止形	連体形	已然形	命令形
おほ	から	かり／く	かり	かる	かれ	○

この「多かり」の活用は、もはや形容詞の補助活用とはいえず、活用の型から
は形容動詞とすべきものとなっている（したがって、形容動詞に、ナリ活用・タリ
活用のほかに、所属語が「多かり」1 語の、カリ活用が設定されることになる）。鎌倉
時代の和漢混淆文では、⒆のように、「多し」が通常の形容詞の活用で用いら
れる。

　　◆「いほり多きしでの田をさは」(伊勢 43)、「恋ふる日の多き」(後撰 244)、「『多
　　　しや』と聞こえ給へど」(うつほ・蔵開上) は、中古和文において極めて稀な例で
　　　ある。

　　◆「少し」は副詞である（「少しきなり」という形容動詞形もある）。「先づ少しく

122　第16講　形容詞

食ひたるに」（今昔 17-47）は類推によって誤って生じた形である。

─── [134] ─────────────────────────────────「同じ」───

　次の下線部の活用形を答えなさい。またほかの形容詞であればどのような形
になるか、形容詞「高し」を例に答えなさい。
風波やまねば、なほ<u>同じ</u>ところにあり。（土佐）

　「同じ」はシク活用の形容詞であるが、連体形が特殊な活用をする。すなわ
ち中古和文では連体形の「同じき」はほとんど用いられず、語幹「同じ」がそ
のまま連体法に用いられる（準体法は「同じき」である）。『源氏物語』では、連
体形の「同じ」が 225 例、「同じき」が 13 例である。

⑵ <u>同じき</u>法師といふ中にも、たづきなくこの世を離れたる聖にものし給ひ
　て（源・蓬生）

─── [135] ─────────────────────────────奈良時代の形容詞───

　次の下線部の活用形を答えなさい。
① 　なかなかに死なば<u>安けむ</u>君が目を見ず久ならばすべなかるべし（万 3934）
② 　たまきはる命<u>惜しけ</u>どせむすべもなし（万 804）
③ 　<u>恋しけ</u>ば形見にせむと我がやどに植ゑし藤波いま咲きにけり（万 1471）
④ 　玉鉾の道の<u>遠け</u>ば間使ひも遣るよしも無み（万 3969）

　奈良時代、形容詞の活用は次のようであった。

⑵

未然形	連用形	終止形	連体形	已然形	命令形
け	く	し	き	け	○

　後世と大きく違っているのは未然形と已然形で、ともに「-け」という同じ語
形であった（上代特殊仮名遣上でも同じ「ケ甲類」）。したがって、③④のように
「ば」に続くときは、「未然形＋ば」（仮定条件）なのか「已然形＋ば」（既定条
件）なのかは、形の上からは判別できない。

また、上代の形容詞は、係助詞「こそ」の結びに連体形が用いられた。

(23)　おのが妻こそ常（とこ）めづらしき［目頬次吉］（万2651）

[136]　形容詞の格支配

次の下線部は、現代語ではどのように表現されるか。

①　この翁は、かぐや姫のやもめなるを嘆かしければ（竹取）

②　御袴も昨日の同じ紅なり。（源・蜻蛉）

①　現代語では、心理形容詞の対象は、「が」格で示される。

(24)　私は犬がこわい。

(25)　かぐや姫が月に帰ったのが悲しい。

このような「が」格を「対象格」という。対象格は古典語でも、現代語と同様に、主格助詞で表される。

(26)　秋風にかきなす琴のこゑにさへはかなく人の恋しかるらむ（古今586）

ただし、①のように「を」格で表されることもある。

(27)　来し方をくやしく（源・若菜上）

(28)　親をうらめしければ、「また参りなむ」と言ふよ。（枕・能因本81）

したがって、次例(29)のような助詞非表示の場合、「の」助詞の非表示か、「を」助詞の非表示かは明瞭ではない。

(29)　ねびゆかむさまφゆかしき人かなと目とまり給ふ。（源・若紫）

②　古典語で「同じ」は、その対象が通常「の」格で表示される。

(30)　世のまつりごとを静めさせ給へることも、わが御世の同じことにておはしまいつるを（源・賢木）

◆このような「の」は、「とに通うの」といわれることがある。次例も同様である。

・白雪のともに我が身はふりぬれど心は消えぬものにぞありける（古今1065）

[137]　形容詞の反対語の並置・難易文

下線部を訳しなさい。

①　薄く濃き野辺の緑の若草に跡まで見ゆる雪のむら消え（新古今76）

124　第16講　形容詞

②　この山道は<u>行き悪しかりけり</u>（万3728）

①　形容詞の反対語を並置する表現。

　⑶1⑴　<u>遠く近く</u>、人集まること雲のごとしなり。（今昔4-4）

　⑶2⑵　<u>おそくとく</u>つひに咲きぬる梅の花（新古今1443）

　　◆形容詞ではないが、次のような表現もある。

　　・春の色の<u>至り至らぬ</u>里はあらじ<u>咲ける咲かざる</u>花の見ゆらむ（古今93）

②　難易を表す形容詞は、動詞の連用形に直接接続して難易文を作る。

　⑶3⑶　<u>移ろひやすき</u>我が心かも（万657）

　⑶4⑷　いとわりなう<u>聞き苦し</u>と思いたれば（源・真木柱）

　⑶5⑸　<u>忘れがたく</u>、口惜しきこと多かれど（土佐）

　⑶6⑹　いと<u>立ち離れにくき</u>草のもとなり。（源・桐壺）

　　◆難易文の対象は、現代語の「字 ｜が／を｜ 読みにくい」と同様に、主格助詞表示
　　と目的格助詞表示とがある。

　　・a　隔て果てにし昔のこと<u>の</u>忘れがたければ（建礼門院右京大夫集・詞書）

　　　b　老いの涙<u>を</u>とどめがたければ（重之子僧集・詞書）

第 17 講　連用修飾・形容動詞・副詞

17.1　連用修飾

――― [138] ―――――――――――――――連用修飾の種類―

　次の下線部を訳しなさい。

① 　ほととぎす、<u>かしがましく</u>鳴いたり。（更級）

② 　昨夜の月に、<u>口惜しう御供に後れ侍りにける</u>と思ひ給へられしかば、今
　　朝、霧を分けて参り侍りつる。（源・松風）

③ 　紫のゆかりを見て、<u>続きの見まほしくおぼゆれど</u>（更級）

④ 　御髪は惜しみ聞こえて、<u>長うそぎたりければ</u>（源・柏木）

　連用修飾には、大きく4種のものがある。

(1)a 　彼が<u>ゆっくり</u>答えた。

　b 　<u>幸い</u>、彼が答えた。

　c 　被害者を<u>かわいそうに</u>思う。

　d 　<u>美しく</u>成長した。

(1a) は、「答える」という動作のしかたについて、「ゆっくり」であると、用言
の表す意味を限定している。このような修飾を「状態修飾」という。一方、
(1b) の「幸い」は、答える動作のしかたについては何も限定していない。「彼
が答えた」ことを発話者が「幸いだ」と評価しているのである。このような修
飾を「評価誘導」という。(1c) の「かわいそうに」も「思う」という動作のし
かたを限定したものではない。「かわいそうに」は、「思う」の内容を表してい
る。このような修飾を「判断内容を表す連用修飾」という。(1c) は「<u>かわいそ
うだと思う</u>」と同義である。(1d) の「美しく」は変化の結果を表している。
このような修飾を「結果修飾」という。

――― [139] ―――――――――――――――「連用形＋思ふ」―

　下線部を訳しなさい。

126　第17講　連用修飾・形容動詞・副詞

はかばかしう<u>後ろ見思ふ</u>人もなきまじらひは、なかなかなるべきことと思ひ給
へながら（源・桐壺）

「連用形＋思ふ」の句型で、「…むと思ふ」の意になることがある。

(2)　おのがいとめでたしと見奉るをば<u>尋ね（＝尋ネムト）思ほさで</u>（源・夕顔）

(3)　「［夕霧ヲ］かく幼きほどより見馴らして、<u>後ろ見思せ</u>」と［源氏ガ花散里
ニ］聞こえ給へば（源・少女）

(4)　［玉鬘ノ乳母ハ］心の中にこそ<u>急ぎ思へ</u>ど、京のことはいや遠ざかるやう
に隔たり行く。（源・玉鬘）

次例は「山深くあらん（＝出家シテ山深ク住マン）と契りても」の意。

(5)　<u>山深く</u>心の中に契りても変はらで見つる秋の夜の月（続拾遺607）

─── ［140］ ───────────────────────────　結果修飾──

次の下線部を訳しなさい。

①　まことにうるはしき人の調度の、飾りとする、定まれるやうある物を、<u>難
なく</u>し出づる（＝作リ上ゲル）ことなむ、なほまことの物の上手はさまこ
とに見え分かれ侍る。（源・帚木）

②　音戸瀬戸といふは、滝のごとくに潮速く狭き所なり。船ども押し落とされ
じと、<u>手も懈く漕ぐめり</u>。（鹿苑院殿厳島詣記）

---

①　下線部は状態修飾に読めば「困難なく（容易に）」の意、結果修飾に読めば
「欠陥なく（無難に）」の意となる。ここは文脈上、後者。なお、「さまことに」
は「格別だと」の意で、判断内容を表す連用修飾。

②　現代語では、結果修飾は、一般に、「意図的な動作主の結果」を表すこと
はできないとされる。

(6)a　彼は靴を<u>ピカピカに</u>磨いた。（＝靴がピカピカになる）

　　b　*彼は靴を<u>くたくたに</u>磨いた。（＝彼がくたくたになる）

一方、②は「漕いだ結果、手が懈くなるほど（速く）」の意であって、「気力な
く」の意ではない。

17.1　連用修飾　127

―― [141] ――――――――――――――――――――程度を表す連用修飾――

下線部を訳しなさい。

① 世になく清らなる玉の男御子さへ生まれ給ひぬ。（源・桐壺）

② 灯のいとあかき火影に［見ルト］、いと見まほしう清げに、愛敬づきをかしげなり。（落窪）

　程度を表す連用修飾がある。①は「この世にないほど」、②は「ずっと見ていたいくらい」の意。

　(7)　続松の火をもつて毛なく（＝毛モナクナルホド）せせるせせる（＝ツツキ回シナガラ）焼きて（今昔 27-41）

　(8)　枝もなく（＝枝モ無イヨウニ見エルクライ）咲き重なれる花の色に梢も重き春の曙（風雅 193）

　(9)　［末摘花ノ顔ノ］色は雪恥づかしく白うて、さ青に、額つきこようなうはれたるに（源・末摘花）

―― [142] ――――――――――――――――――――時間・場所を表す連用修飾――

次の文を訳しなさい。

① まだ夜深う出で給ふ。（源・若紫）

② 泉の水遠く澄まし（源・少女）

　用言の表す動作が成立する時間や、場所を表す連用修飾がある。

　⑽　少し大殿籠りて、日高く（＝高クナッタ頃ニ）起き給へり。（源・初音）

　⑾　暗う［二条院ニ］おはし着きて（源・薄雲）

　⑿　松風木高く吹きおろし（源・初音）

　　◆次例の「暁遠く」は、つまり「夜深し」の意。

　　・難波江の蘆の浮き寝の長き夜に暁遠く鳴く千鳥かな（続千載 629）

―― [143] ――――――――――――――――――――修飾語の語順――

次の下線部は、現代語ではどのように表現されるか。

128　第17講　連用修飾・形容動詞・副詞

[雀ハ] いとをかしうやうやうなりつるものを。烏などもこそ見つくれ。（源・若紫）

　現代語の目でみると、修飾語の位置が逆転しているようにみえる例がある。

⒀　色あひ重なり、好ましくなかなか見えて（源・朝顔）

―― [144] ――――――――――――――――「遅く…」―

　下線部を訳しなさい。
夜明けぬれば、介、朝 遅く起きたれば、郎等粥を食はせむとてその由を告げに寄りて見れば、[介ハ] 血肉にて死にて臥したり。（今昔 25-4）

　連用修飾語「遅く…」は現代語の感覚で解釈すると誤るので、注意が必要である。この例では、介は死んでいたわけで、「遅く…」が「遅くなって（遅れて）…した」のではなく、「…する時間になっても…しない」の意であることがわかる（岡崎正継 1973）。

⒁　大納言の遅く参り給ひければ、使を以て遅き由を関白殿より度々遣はしけるに（今昔 24-33）

⒂　春のはじめ、鶯の遅く鳴き侍りければ
　　山里の花のにほひのいかなれや香を尋ね来る鶯のなき（新勅撰 1023）

⒃　鶯の遅く鳴くとて詠める
　　つれづれと暮らしわづらふ春の日になど鶯のおとづれもせぬ（風雅 47）

⒄　菊花おもしろき所ありと聞きて、見にまかりたりける人の、遅く帰りければ、つかはしける
　　きくにだに心はうつる花の色を見に行く人は帰りしもせじ（後拾遺 362）

有名な⒅も、戸を開けなかったのである（日記本文にも「憂くて、開けさせねば、例の家とおぼしき所にものしたり」とある）。

⒅　げにやげに冬の夜ならぬ真木の戸も遅くあくるはわびしかりけり（蜻蛉）

17.1 連用修飾 129

───── [145] ───────────────────形容詞連用形の意味の変容─

　下線部を訳しなさい。

① 風吹き、波荒ければ、船出ださず。これかれ、<u>かしこく嘆く</u>。（土佐）

② また人の問ふに、<u>きよう忘れて</u>やみぬる折ぞ多かる。（枕 257）

　形容詞は連用形になると意味が変容することがある。「あいなし・いかめ
し・いたし・いみじ・かしこし・こちたし・ゆゆし・わりなし」などの形容詞
は、連用形になると、固有の意味を失って、単に程度がはなはだしいの意（「と
ても・非常に・たいへん」の意）としても用いられる（現代語でも「ひどい→ひど
く」「すごい→すごく」「恐ろしい→恐ろしく」のような例がある）。

　⒆ 頭の中将を見給ふにも、<u>あいなく胸騒ぎて</u>（源・夕顔）

　⒇ …とおほかたにのたまふを、入道は<u>あいなくうち笑みて</u>（源・明石）

　㉑ 男はうけきらはず呼び集へて、<u>いとかしこく遊ぶ</u>。（竹取）

②の「きよし（「汚れがなく清らかである」の意）」の連用形「きよく」は、「残る
ところなく、すっかり」の意で用いられる。

───── [146] ───────────────────連用修飾語の補訳─

　φの部分に表示されていない連用修飾語を補って、下線部を訳しなさい。

① 青海波のかかやき出でたるさま、<u>いと恐ろしきまでφ見ゆ</u>。（源・紅葉賀）

② <u>秋風になびく草葉の露よりもφ消えにし人を何にたとへん</u>（拾遺 1286）

③ 竹取の翁、［車持皇子ト］さばかり語らひつるが、<u>さすがにφおぼえて</u>、眠
　りをり。（竹取）

　①は「いと恐ろしきまで［美シク］見ゆ」のような意。このように、判断内
容を表す修飾語が表示されないことがある。

　⒇ ［二宮ハ］御年のほどよりは、恐ろしきまで<u>φ</u>（＝立派ニ）見えさせ給ふ。
　　（源・横笛）

　㉓ 所々うち赤み給へる御まみのわたりなど、言はむ方なく<u>φ</u>（＝美シク）
　　見え給ふ。（源・明石）

130　第17講　連用修飾・形容動詞・副詞

㉔　ここらの国々を過ぎぬるに、駿河の清見が関と、逢坂の関とばかり φ
（＝ヲカシキ）はなかりけり。（更級）

17.2　形容動詞

```
──── [147] ────────────────────────────── 形容動詞──
　次の下線部について、文法的に説明しなさい。
①　まぎるることなく のどけき 春の日に（源・浮舟）
②　みづから、のどかなる 夜おはしたり。（源・若紫）
```

　①②の下線部は、ともに「天候が穏やかだ」という類似の意味を表すが、
活用形態を異にしている。①は形容詞であるのに対し、②は形容詞的な意味を
もちながら、動詞型（ラ変）の活用をする。これを「形容動詞」という。

　　◆現代語の形容動詞は「のどかだ」のような形で、動詞とは無関係な形態になって
　　いる（形態的にはむしろ「学生だ」のような名詞述語と類似する）。

```
──── [148] ────────────────────────────── 形容動詞の認定──
　現代語で、「静かだ」「学生だ」について、①「だ」の上にあることばが格成
分になるか、②連体修飾の形は「−な」か「−の」か、③連用修飾語「とても
…」を受けるか、④「−に」の形で状態修飾語になるか、⑤名詞化する接尾辞
「−さ」を伴い得るか、を判定すると、下表左側のようになる。表の右側のこと
ばについて、同様の判定を行い、表を埋めなさい。
```

	静か	学生	元気	迷惑	因果	美人	本当	初耳
格成分になる	×	○						
連体の形	な	の						
「とても…」	○	×						
状態修飾する	○	×						
名詞形「−さ」	○	×						

17.2　形容動詞　131

　現代語で、表左の「静かだ」のような性質をもつ語は形容動詞、「学生だ」
のような性質をもつ語は「名詞＋断定「だ」」と判別される。格成分にならず、「とても…」のように連用修飾語を受ける「静か」は、名詞ではなく用言であるというべきであるし、「静か–さ」のように「さ」を伴ってはじめて名詞となるということは、そもそも「静か」が名詞でないことを示している。

　問題は、「○○だ」の「○○」について、この表左側の判別基準で明瞭に二分されない点にある。「迷惑だ」の「迷惑」は、「迷惑な話」「とても迷惑だ」となるから形容動詞語幹と考えられるが、「迷惑をかける」のように言え、「＊迷惑に暮らす」のような状態修飾形がなく、「＊迷惑さ」もふつう言わないだろう。「迷惑」は形容動詞語幹としての性質と、名詞としての性質を合わせもっているわけである。

　古典語でも同様で、(25a)(25b)の「あはれ」は形容動詞語幹として用いられている一方で、(25c)の「あはれ」は名詞として用いられている。

⒂a　うちしぐれて、空のけしきいと<u>あはれなり</u>。(源・夕顔)

　b　さびしき所の<u>あはれさ</u>はさまことなりけり。(源・宿木)

　c　深き夜の<u>あはれ</u>を知るも (源・花宴)

◆形容動詞の音便は、連体形語尾「–なる」が助動詞に続くとき撥音便になるものだけである。

・いと<u>たぐひなげなめる</u>御ありさまを (源・椎本)

◆形容詞・形容動詞両形をもつ語に「うたてし／うたてなり」「涙もろし／涙もろなり」などがある。上代語の「間遠し」は、中古では形容動詞「間遠なり」に転じた。また、「あきらけし」「さやけし」などの「…けし」型の形容詞は、一般に、中古以降「あきらかなり」「さやかなり」のような形容動詞形に転じた。

◆中古和文ではみられないが、ほかに、「岸うつ浪も<u>茫々たり</u>。」(平家10)のように、言い切りの形が「たり」で終る用言があって、これを形容動詞のタリ活用という。タリ活用の形容動詞は鎌倉時代以降の和漢混淆文にみられる。タリ活用の語幹になるのは漢語だけであるが、漢語なら必ずタリ活用になるわけではない。中古和文では、「いと<u>警策なる</u>名をとりて」(源・須磨)のように、漢語語幹の語もナリ活用である。

[149]　「-顔なり」

下線部を訳しなさい。

① 草むらの虫の声々もよほし顔なるも、いと立ち離れにくき草のもとなり。（源・桐壺）

② 雨風に荒れのみまさる野寺には灯（ともしび）顔に蛍飛びかふ（堀河百首）

「-顔なり」は、動詞の連用形、その他種々の語に付いて、いかにもそのような表情やようすをしている意を表す。

(26) いと用意あり顔にしづめたるさまぞことなるを（源・若菜下）

(27) おのがじし恨めしきをりをり、待ち顔ならむ夕暮れなどのこそ、見所はあらめ。（源・帚木）

(28) をり知り顔なる時雨うちそそきて（源・葵）

(29) すべて、心に知れらむことをも知らず顔にもてなし（源・帚木）

(30) あまりうちつけにとどまりて、またの御言の葉を待ち参らせ顔ならむも、思ふところ（＝思慮）なきにもなりぬべし。（とはずがたり）

17.3　副詞

活用がなく、単独で連用修飾語になることができる語を副詞という。

(31) やうやう白くなりゆく山ぎは、少しあかりて（枕1）

◆副詞は、連用修飾語になるほか、「いとどなよなよと」（源・桐壺）のように他の副詞を修飾したり、「ただ一人」（万769）、「まだつとめて」（古本説話集21）のように名詞を修飾したりすることもある。副詞の中には、「いささかのことなり」（竹取）、「まづの人々」（源・若菜上）のように、助詞「の」を伴って連体修飾語になったり、「内はほらほら」（記）のように、述語になったりするなど、名詞に近い振る舞いをするものもある。「やをらづつひき入り給ひぬるけしきなれば」（源・薄雲）では副詞「やをら」が接尾辞「づつ」をとっている。

[150]　副詞の分類

次の下線部は、いずれも副詞である。それぞれ、どのような修飾であるの

か、説明しなさい。

① ある時、鏡を取りて、顔を<u>つくづく</u>と見て（徒然 134）

② 四月、祭のころ、<u>いと</u>をかし。（枕 2）

③ うたてあるもてなしには、<u>よも</u>あらじ。（源・末摘花）

　①のように、主として動詞を修飾し、動作の行われるさまを詳しく表す副詞を「状態副詞」という。擬態語・擬声語はすべて状態副詞である。

(32)　山は鏡をかけたるやうに<u>きらきらと</u>夕日に輝きたるに（源・浮舟）

(33)　いと白うをかしげに、<u>つぶつぶと</u>肥えて（源・空蝉）

(34)　御子<u>いかいかと</u>泣き給ふ。（栄花 1）

ほかに、(35)(36)のような時（アスペクト）に関するもの、(37)のような態度に関するものも、状態副詞に含まれる。

(35)　御直衣などを着給ひて、南の高欄に<u>しばし</u>うちながめ給ふ。（源・帚木）

(36)　神無月時雨も<u>いまだ</u>降らなくに<u>かねて</u>移ろふ神なびの森（古今 253）

(37)　かかる所を<u>わざと</u>繕ふもあいなきわざなり。（源・松風）

　②のように、形容詞・副詞などの状態性の意味をもつ語に係って、その程度を限定する副詞を「程度副詞」という。状態副詞がふつう動詞を修飾するのに対して、程度副詞は形容詞類も動詞も修飾することができる。

(38) a　「……」と思ふに、<u>いとど</u>心細し。（源・葵）

　　 b　草も高くなり、野分に<u>いとど</u>荒れたる心地して（源・桐壺）

◆程度を表す副詞のうち、形容詞類を修飾できない（動詞しか修飾できない）副詞は、「量副詞」と呼ばれることがある（例えば「あまた」や「あまたたび」は程度を表すが、動詞しか修飾できない）。

程度副詞が程度性をもつ名詞を修飾することもある。

(39)　衛門督は中納言になりにきかし。今の御世にはいと親しく思されて、<u>いと</u>時の人なり。（源・若菜下）

　③のように、用言の叙述のしかたを補足または明確化する副詞を「陳述副詞」という（「呼応の副詞」ともいう）。

(40)　いとめざましく恐ろしくて、<u>つゆ</u>答へもし給はず。（源・若菜下）

134　第17講　連用修飾・形容動詞・副詞

⑷1　ゆめ、その人にまろありとのたまふな。（源・宿木）

⑷2　かかる老法師（おいほふし）の身には、たとひ愁（うれ）へ侍りとも何の悔（くい）か侍らむ。（源・薄雲）

---
[151] ───────────────────────「−と」語尾、「−に」語尾─

　次のabでは、表現性にどのような違いがあるか。

① a　ほのぼのと明石の浦の朝霧に島がくれ行く舟をしぞ思ふ（古今409）

　　b　ほのぼのにひぐらしの音ぞ聞こゆなるこやあけぐれと人は言ふらむ（実方集）

② a　はるばると雲井をさして行く舟の行末遠く思ほゆるかな（拾遺1160）

　　b　はるばるに君をやりては逢坂の関のこなたに恋ひやわたらむ（躬恒集）

　副詞は「−と」語尾、「−に」語尾をとることがある。現代語では、

⑷3　ぐるぐると巻く／ぐるぐるに巻く

のように、「−と」語尾が動作の修飾を、「−に」語尾が結果の修飾を表しやすいが、古典語でも、同様の差が感じられる。

---
[152] ───────────────────────────陳述副詞─

　次例の「もし」は、現代語の「もし」と比べて、どのような違いがあるか。

①　もし、狐などの変化（へんげ）にやとおぼゆれど（源・蓬生）

②　もし雨雪の障りだになくて、のどかにめでたし。（中務内侍日記）

　現代語の「もし」は必ず仮定条件節内で用いられるが、古典語の「もし」にはそのような制約がない。①は「もしかしたら」、②は「万一にも」の意。

---
[153] ─────────────────────陳述副詞の呼応語の補訳─

　下線部を訳しなさい。

①　呉竹の憂き節しげくなりにけりさのみはよもと思ひしものを（続古今1787）

②　人にゆめなど言ふ女の、逢はねば（為信集・詞書）

17.3　副詞　135

③　人はいさ我はなき名の惜しければ昔も今も知らずとを言はむ（古今630）

　陳述副詞そのものに呼応する語の意味を含ませている例。①は「よも［あらじ］」、②は「ゆめ［知らすな］」、③は「いさ［知らず］」の意。

────── [154] ──────────────「ただ＋動詞＋に＋動詞」──
　次の下線部を1箇所ポーズを入れて読むとき、どう読まれるか。
①　ただ泣きに泣きて、御声のわななくもをこがましけれど（源・行幸）
②　ただ冷えに冷え入りて、息はとく絶えはてにけり。（源・夕顔）

　このような「ただ＋動詞＋に＋動詞」の句型は、「ただ」で切れるのではなく、「下泣きに泣く」（記歌謡83）、「弁の君、童泣きに泣き給へど」（栄花27）などと同様に、「ただ＋動詞」で一つのかたまりを作るのである（関谷浩1971）。①は「ただ泣きに、泣きて」、②は「ただびえに、ひえ入りて」、次例⑷は「ただあきに、あきぬ」と読む。
　　⑷　立て籠めたる所の戸、すなはち、ただ開きに開きぬ。格子どもも、人は
　　　　なくして開きぬ。（竹取）
そのことは次のような例から知られる（例えば⑷で、「ただ、行きに…」と読み出すと、その先で破綻してしまう）。
　　⑷　ただ行きに守のゐたりける前に行きて（源・東屋）
　　⑷　ただのぼりに空ざまに一二丈ばかりのぼる。（宇治8-3）
　　⑷　ただ言ひに、見苦しきことどもなどつくろはず言ふに（枕46）
　　⑷　ただ弱りに絶え入るやうなりければ（源・手習）
　　⑷　ただありに（＝自然ニ）もてなして（紫日記）
『日葡辞書』では「Tadabaxirini faxiru（ただ走りに走る）」とローマ字表記している（「Tadabaxiri」の項）。「ただ」以外の副詞を伴う例も存する。
　　⑸　ひた斬りに斬り落しつ。（徒然87）
　　⑸　馬あひ退きに退きければ（保元・金刀比羅本）

136 第 18 講 連体修飾

第 18 講　連体修飾

---
[155] ──────────────────────── 連体修飾（内の関係）─

　次の二重下線部は、連体修飾節（下線部）に対して何格の関係にあるか。

例：彼が読んだ新聞…ヲ格　　新聞を読んだ人…ガ格

① 　白き波を寄す。（土佐）

② 　燕のもたる子安の貝を取らむ料なり。（竹取）

③ 　童より仕うまつりける君、御髪おろし給うてけり。（伊勢85）

④ 　大炊寮の飯炊く屋の棟に （竹取）

⑤ 　梅は生ひ出でけむ根こそあはれなれ。（源・紅梅）

　「彼が読んだ新聞」の「新聞」のように、名詞句において中心となる名詞を「主名詞」という。①では、主名詞「波」と連体修飾語「白き」の間に「波、白し」という主語述語の関係が、②では主名詞「子安の貝」と連体修飾句「燕のもたる」の間にヲ格の関係がある。このように、主名詞が連体修飾句に対して格成分としての解釈をもつとき、その連体修飾を「内の関係」という（寺村秀夫1975）。①は主格名詞を主名詞化したもの、②はヲ格名詞を主名詞化したものである。④は現代語のデ格に相当する（古典語では「に」または「にて」で表されるだろう）。類例、

　(1)　そなたに人の来たりける車のあるを見て（和泉日記・寛元本）

　(2)　花流す瀬をも見るべき三日月の割れて入りぬる山のをちかた（紀師匠曲水宴和歌・題「月入花灘暗」）

　(3)　人なしし胸の乳房をほむらにて焼く墨染めの衣着よ君（拾遺1294）

⑤はヨリ・カラ格に相当するが珍しい例である。

---
[156] ──────────────────────── 連体修飾（外の関係）─

　現代語で、次の修飾構造は、どのような点で異なるか。

第 18 講　連体修飾　137

①さんまを焼く男　②さんまを焼く匂い

　主名詞が連体修飾句に対して格成分としての解釈をもたないとき、その連体
修飾を「外の関係」という（寺村秀夫 1975）。外の関係は、②のような「内容を
表すもの」と、「さんまを焼いた翌日」のような「相対的位置を表すもの」と
がある。

　(4)　雨の、夜降りたるつとめて（枕 259）

　(5)　幼き者どもの母みまかりにし次の年にて（隆信集・詞書）

　(6)　今めかしく掻い弾きたる爪音、かど（＝才）なきにはあらねど（源・帚
　　　　木）

　(7)　御覧じだに送らぬおぼつかなさを、言ふ方なく思ほさる。（源・桐壺）

　(8)　人々ひねもすに祈る験ありて、風波立たず。（土佐）

　(9)　月のをかしきほどに雲隠れたる道のほど、笛吹きあはせて大殿におはし
　　　　ぬ。（源・末摘花）

─── [157] ───────────────連体修飾・主名詞間の補訳─
　下線部を訳しなさい。
あやしきことなれど、幼き御後見に思すべく聞こえ給ひてむや。（源・若紫）

　連体修飾句が「何々の」「何々に対する」という意を含んでいて、それが顕
在していない場合があるので、解釈上、注意が必要である（三宅清 1985）。この
例では、現代人の感覚では「御後見が幼い」の意に読んでしまうが、ここでは
「幼い紫上に対する御後見」という意味である。

　⑽　幼かりつる行く方の、なほ確かに知らまほしくて（源・若紫）

　⑾　藤大納言と申すなる御兄の（源・橋姫）

⑾の藤大納言というのは、兄の名ではなく、弟の名である。次例 ⑿⒀ は、
「…［文ニ対スル］返事」の意、⒁ も返事が長いのではなく、蛍宮の長々しいお
話に対する玉鬘の返事の意である。

　⑿　かの「春待つ園は」と励まし聞こえ給へりし御返りも、このころやと思

138　第18講　連体修飾

し（源・胡蝶）

⒀ 「御袴着のこと、いかやうにか」とのたまへる御返りに（源・薄雲）

⒁ 何くれとこと長き御答へ聞こえ給ふこともなく思しやすらふに（源・蛍）

── [158] ────────────────主名詞の内容を表す連体修飾──

下線部を訳しなさい。

[源氏ガ通ウ所々デハ] 人知れずのみ、かずならぬ嘆きまさる [女性] も多かりけり。（源・葵）

連体修飾句が、主名詞の内容を表す場合がある。この例は、嘆きが「かずならぬ」のではなく、「数ならぬ身だという嘆き」の意である。次例は、咎が浅いのではなく、「思慮が浅いという非難」の意。

⒂ 亡き人に少し浅き咎は思はせて（源・夕霧）

── [159] ────────────────飛躍のある連体修飾──

下線部を訳しなさい。

かの明石にて小夜更けたりし音も、例の思し出でらるれば、[源氏ハ明石君ニ]琵琶をわりなくせめ給へば（源・薄雲）

連体修飾句と主名詞が、間接的な関係で結ばれることがある。

⒃ 死なぬ薬も何にかはせむ（竹取）

⒄ 恋せじといふ祓への具してなむ [河原ニ] 行きける。（伊勢65）

⒅ 仁和寺に渡りて、思ひ乱るる南面に、梅の花いみじう咲きたるに（成尋阿闍梨母集）

⒆ ほととぎす夜深き声（＝夜更ケニ鳴ク声）は月待つと起きて眠も寝ぬ人ぞ聞きける（躬恒集）

⒇ 磐余野の萩の朝露分け行けば恋せし袖（＝恋ノタメニ涙デ濡レタ袖）の心地こそすれ（後拾遺305）

例題文は、この極端な例で、「（源氏の帰京が明後日という晩の）小夜更けた時に

弾いた箏の音」の意。次例は、「ふとした和歌の贈答のあった夕」の意。

(21)　「はかなかりし夕(ゆふべ)より、あやしう心にかかりて、[夕顔ヲ] あながちに見奉りしも、かかるべき契りこそはものし給ひけめ」と思ふも、あはれになむ。（源・夕顔）

[160] 連体修飾語の係り先

次の下線部「うるはしき」は、何についての形容であるか。

まことにうるはしき人の調度の、飾りとする、定まれるやうある物を、難なくし出づる（＝作リアゲル）ことなむ、なほまことの物の上手はさまことに見え分かれ侍る。（源・帚木）

連体修飾語が直後の名詞に係らない場合があるので、注意が必要である。例題文の「うるはしき」は「人」ではなく、「調度」に係る。いわば「うるはしき［人の調度］」のように「人の調度」が一つの纏まりをつくっているのである。同様に、

(22)　いとまばゆき人の御おぼえなり。（源・桐壺）

(23)　かかる事の起こりにこそ世も乱れあしかりけれ。（源・桐壺）

(24)　引き上ぐべき物の帷子などうち上げて（源・帚木）

は、それぞれ、「いとまばゆき［人の御おぼえ］」、「かかる［事の起こり］」、「引き上ぐべき［物の帷子］」のように読まれる。このような例は、古典文中に数多くある。

[161] 限定語反転

次の下線部はどのような意味か、説明しなさい。

①　辛崎やにほてる（＝意義未詳）沖に雲消えて月の氷に秋風ぞ吹く（続後撰343）

②　もみぢ葉も苔の緑に降りしけば夕べの雨ぞ空に涼しき（相模集）

「ＡのようなＢ」の意で、「ＢのＡ」と表現されることがある。これを「限定

140 第18講 連体修飾

語反転」という。①は「氷のような月」の意。

◆見立ての表現に用いられる「BのA」も「Aのような彐」の意である。

・天（あめ）の海に雲の波立ち月の船 星の林に漕ぎ隠る見ゆ（万 1068）

・空の海 霞の網はかひぞなきかけても止めぬ春のかりがね（永享百首）

―――――［162］――――― 連体即連用――

下線部を訳しなさい。

いよいよ［猫ガ］らうたげに鳴くを、［柏木ハ］懐（ふところ）に入れてながめゐ給へり。御達（＝女房）などは、「あやしくにはかなる猫の時めくかな。かやうなるもの見入れ給はぬ御心に」と咎めけり。（源・若菜下）

連体修飾語と連用修飾語とが結果的に同意になる場合がある（現代語でも「深い穴を掘る⇔穴を深く掘る」「不意の事故にあう⇔不意に事故にあう」のような例がある）。例題文の下線部は、「あやしくにはかに猫の時めくかな」の意。

⒉⒌　夜は安きいも寝ず（＝安くいも寝ず）（竹取）

⒉⒍　時々［アナタヲ］見奉らば、いとどしき命や延び侍らむ。（源・朝顔）〈＝イトドシク命ヤ延ビ侍ラム〉

⒉⒎　服を黒く着たり。（今昔 19-9）〈＝黒キ服ヲ着タリ〉

⒉⒏　娘いと美しうてもち給うたりけるを（大和 155）〈＝美シキ娘モチ給ウタリケルヲ〉

⒉⒐　昔、男、人知れぬもの思ひけり。（伊勢 57）〈＝人知レズ〉

⒊⒈　鮨鰒（すしあはび）をぞ、心にもあらぬ脛（はぎ）にあげて見せける。（土佐）〈＝心ニモアラズ〉

⒊⒈　なかなかなる物思ひをぞし給ふ。（源・桐壺）〈＝ナカナカ〉

―――――［163］――――― 連体助詞・準体助詞――

下線部を訳しなさい。

①　松浦川川の瀬光り鮎釣ると立たせる妹が裳の裾濡れぬ（万 855）

②　草の花は、なでしこ。唐のはさらなり、大和のもいとめでたし。（枕 64）

① 「私の本」のような所有格を表すには、名詞に助詞「の」または「が」を付ける。現代語では所有格を表す助詞は「の」だけなので、①の下線部は「あなたの裳の裾」と表現される。

② 「私の本だ」を「私のだ」というように、「の」「が」だけで下に続く体言の意を含むことがある（このような「の」「が」を準体助詞という）。②の下線部は「唐の［なでしこ］」「大和の［なでしこ］」の意。

⒇　世の中はいづれかさして<u>我が</u>ならんゆきとまるをぞ宿と定むる（古今987）〈「我が宿」の意〉

◆人を表す名詞の場合、一般に、尊者には「の」が、非尊者（親愛の対象も軽蔑の対象も含む）には「が」が用いられる。これを「ノガの尊卑」という。

・a　本康のみこ（＝仁明天皇第五皇子）<u>の</u>七十の賀（古今352題詞）

　b　良峯経也<u>が</u>四十の賀（古今356題詞）

・行成大納言<u>の</u>額、兼行<u>が</u>書ける扉、あざやかに見ゆるぞあはれなる。（徒然25）

・聖武天皇の御歌、次のは柿本人麿<u>が</u>歌なり。（古来風躰抄）

・いかなれば四条大納言（＝藤原公任）<u>の</u>はめでたく、兼久<u>が</u>は悪_{わろ}かるべきぞ。（宇治1-10）〈「四条大納言の歌」「兼久が歌」ノ意〉

───── [164] ─────────────────────「の」の連用用法──

　下線部を訳しなさい。

①　<u>秋の野に乱れて咲ける花の色の</u>千種に物を思ふころかな（古今583）

②　日暮るるほど、<u>例の</u>集りぬ。（竹取）

「の」は連体助詞であるが、比喩を表す「の」、「例の」は例外で、「…のように」、「いつものように」の意の連用修飾の用法をもっている。

⒇　吉野川岩波高く行く水<u>の</u>はやくぞ人を思ひそめてし（古今471）

◆次例は「吉野河岩きりとほし行く水ノヨウニ」と読むと、「音には立てじ」と否定されて驚かされる。

・<u>吉野河岩きりとほし行く水の</u>音には立てじ恋ひは死ぬとも（古今492）

142　第18講　連体修飾

```
─── [165] ───────────────────────「…への」の意の「…の」───
　下線部を訳しなさい。
① 　少将の返事には、「……」と言へば、少将いとほしく（落窪）
② 　［少弐ガ］にはかに亡せぬれば、あはれに心細くて、ただ京の出立をすれど
　　（源・玉鬘）
```

現代語で、格成分を「…の」の形で連体修飾の形にする場合、

(34)　太郎が挨拶する。　　→　太郎の挨拶（*太郎がの挨拶）

　　　事故を処理する。　　→　事故の処理（*事故をの処理）

　　　東京へ出張する。　　→　東京への出張

　　　３時から実施する。　→　３時からの実施

　　　太郎と旅行する。　　→　太郎との旅行

のように、格助詞「が」「を」は削除されて「の」だけになり、他の格助詞は
「の」とそのまま共起する（したがって、「宣長の研究」は、「宣長ガ研究する」と
「宣長ヲ研究する」との２通りの意味がある）。古典語でも同様である。

(35)　公の召し（源・手習）、御八講のいそぎ（源・賢木）、昔よりの志（源・若
　　菜上）、今からの御もてなし（源・松風）

ただし、「への」という言いかたはなかったようで、「への」は、現代語のガ
格、ヲ格と同様、「の」だけで表す。①②の「の」は「への」の意である。

(36)　十月に朱雀院の行幸あるべし。（源・若紫）

(37)　御匣殿は、二月に尚侍になり給ひぬ。院の御思ひにやがて尼になり
　　給へる［前尚侍ノ］かはりなりけり。（源・賢木）

(38)　あなたの御消息通ふほど、少し遠う隔たる隙に（源・夕霧）

　　◆中世には「中院殿への御文」（越部禅尼消息）、「女房のもとへの文なり」（平家
　　５）のような例が現れる。

　　◆次例の「の」は、「からの」の意である。

　　・あこぎ（＝侍女ノ名）がもとに、少将の御文あり。（落窪）

　　・心細くもあるかなといとつれづれなるに、中将の御文あり。［少将尼ガ浮舟ニ］
　　「御覧ぜよ」と言へど、聞きも入れ給はず（源・手習）

第18講　連体修飾　143

　　　　　── [166] ──────────────────────────句を受ける「の」──

　次の文を訳しなさい。

① 　わが身つらくて、尼にもなりなばやの御心つきぬ。(源・柏木)

② 　山寺の今日も暮れぬの鐘の音に涙うちそふ袖の片敷き (後鳥羽院御集)

「の」が句を、そのままの形で、名詞化して受ける語法がある。

(39) 　[君や来む我や行かむ] のいさよひに (古今690)

(40) 　[人に見咎められじ] の心もあれば (源・松風)

(41) 　下には、[いかに見給ふらむ] の心さへそひ給へり。(源・竹河)

(42) 　今日はさは立ち別るともたよりあらば [ありやなしや] の情け忘るな
　　　(金葉344)

(43) 　めぐりあふけふの御法の莚にも [あらましかば] の昔をぞ思ふ (新千載
　　　904)

144　第 19 講　準体句

第 19 講　準体句

19.1　準体句

─── [167] ───────────────────────────── 準体句 ───

　下線部を訳しなさい。

①　仕うまつる人のなかに<u>心確かなるを選びて</u>（竹取）

②　<u>さしたることなくて人のがり行くは</u>、よからぬことなり。（徒然 170）

③　<u>まだ鶏の鳴くになむ</u>、出だし立てさせ給へる。（源・蜻蛉）

④　堤の中納言、内の御使にて、<u>大内山に院の帝おはしますに</u>参り給へり。
　　（大和 35）

　古典語では、用言の連体形を、そのまま名詞として用いることができた。これを「準体言」といい、準体言を主名詞とするまとまりを「準体句」という。準体句は「心確かなる△を選びて」のように、主名詞が顕在していない連体句とみることができる。顕在していない主名詞には、①ヒト・モノ、②コト・ノ、③トキ、④トコロが想定される。

　　◆準体言の下に主名詞を想定するという扱いの正当性は、次の事実から確かめることができる。すなわち、用言の連用形の転成名詞はそれ自身が名詞なので連体修飾語をとるが、準体言は連用修飾語をとる。

　　・ねぢけがましき<u>おぼえ</u>だになくは（源・帚木）〈転成名詞〉

　　・うらう<u>おぼゆる</u>ぞわりなきや。（源・紅葉賀）〈準体言〉

　また、転成名詞には「御-おぼえ」のように、名詞に付く接頭辞「御」を付けることができるが、準体言に「御」を付ける（「*御-おぼゆる」）ことはできない。以上のことは、連体形自身が名詞として機能しているのではなく、下に顕在していない主名詞△が想定されることを示唆している。

19.1　準体句　　19.2　同格構文　　145

19.2　同格構文

───── [168] ─────────────────── 同格構文 (1)──

　下線部を訳しなさい。

①　女君のいと美しげなる、生まれ給へり。(源・橋姫)

②　いと尊き老僧のあひ知りて侍るに、言ひ語らひつけ侍りぬ。(源・夕顔)

③　白き扇の、墨黒に真名の手習したるをさし出でて (堤・虫めづる姫君)

　「名詞＋の＋準体言」で、準体言の下に、「の」助詞の上にある名詞と同じ語が想定される句型がある。これを「同格構文」という。①は「女君の、いと美しげなる［女君］ガ」の意。①は主名詞（「女君」）と準体句（「いと美しげなる」）の間に主語述語の関係がある。②では「を」格、③では「に」格の関係になっている。

　同格構文は、その全体が名詞句なので、文中でいろいろな格に立つことができる。①は主文の述語に対して主格、②は「に」格、③は「を」格に立っている。

───── [169] ─────────────────── 同格構文 (2)──

　下線部を訳しなさい。

①　中納言殿の［姫君］は、いとささやかに馴れたる人のらうらうじきなり。
　　(うつほ・国譲上)

②　宿徳にてましましける大徳のはやう死にけるが室に (大和 25)

③　殿（＝源氏）の舞姫は、惟光朝臣の、津の守にて左京大夫かけたるむすめ、容貌などいとをかしげなる聞こえあるを召す。(源・少女)

　①は同格構文が、名詞述語文の述語の位置に立った例。同格構文が主文に対して連体格の位置に立つ場合は、②のように、「が」助詞を伴う場合（「の」は準体言を受けることができないため「が」になる）と、③のように、そのまま下の名詞に続く場合とがある（「かけたる」は本来同格の後項の準体言であって、連体修飾のための連体形ではないのだが）。

146　第19講　準体句

―― [170] ――――――――――――――――――同格の「が」助詞―

下線部を訳しなさい。

① 故衛門督の北の方にて侍りしが、尼になりて侍るなむ、一人持ち侍りし
　女子を失ひて後（源・夢浮橋）

② いづれの御時にか、女御、更衣あまたさぶらひ給ひける中に、いとやむご
となき際にはあらぬが、すぐれて時めき給ふありけり。（源・桐壺）

　①は「故衛門督の北の方にて侍りし人の、尼になりて侍る」という同格構
文。この「侍りし人」が準体言「侍りし」となると、同格助詞が「の」から
「が」に置換されるのである（「の」は準体言を受けることができない）。

―― [171] ――――――――――――――――――後項が複数ある同格―

下線部を訳しなさい。

① 白き鳥の、嘴と脚と赤き、鴫の大きさなる、水の上に遊びつつ魚を食ふ。
　（伊勢9）

② 清げだちて、なでふことなき人の、すさまじき顔したる、直衣着て太刀佩
きたるあり。（源・東屋）

③ 八九ばかりなる女子の、いとをかしげなる、薄色の袙、紅梅などみだれ
着たる、小さき貝を瑠璃の壺に入れてあなたより走るさまの、あわたたし
げなるを、をかしと見給ふに（堤・貝合）

　同格の後項（準体句）は複数重ねることができる。

―― [172] ――――――――――――――――後項に「が」助詞が表示された同格―

下線部を訳しなさい。

① 大きなる鼠の金の色なるが三尺許なる、出で来て物喰ひて走り行く。（今
昔5-17）

② 御文には、いと芳ばしき陸奥紙の少し年経、厚きが黄ばみたるに（源・玉
鬘）

19.3 「の」助詞非表示の同格構文　147

③　一条の北なる小路に懸る程に、<u>年十六七歳ばかりある童の、形美麗なる</u>
　　<u>が</u>、つきづきしげなるが、<u>白き衣をしどけなげに中結ひたる</u>、行き具した
　　り（＝道連レニナッタ）。（今昔 17-44）

　同格の、連続する後項の準体句には、「が」が表示されることもある。①
は、「大きなる<u>鼠の</u>金の色なる△が三尺許なる△」（△＝鼠）と読む。

─── [173] ───────────────同格後項の弛緩─
　次の文を訳しなさい。
①　この大臣は、極めてやむごとなき人の、家限りなく富めり。（今昔 2-25）
②　のぞきて見れば、主^{あるじ}は三十ばかりある男のいと清げなり。（今昔 16-7）

　①は、例えば「<u>極めてやむごとなき人の</u>、家限りなく富める［人］なり」と
あるべき同格構文の後項が、準体言としてまとめられていない句型と考えられ
る。②は、(1)のようであれば、正規の同格構文である。
　(1)　見れば、<u>一尺許^{ばかり}なる小さき蛇の</u>斑^{まだら}なるなり。（今昔 16-15）

19.3 「の」助詞非表示の同格構文

─── [174] ───────────────「の」助詞非表示の同格 (1)─
　次の文を訳しなさい。
①　［薫ノ］御けはひしるく聞きつけて、宿直人めく男、なまかたくなしき、
　　出で来たり。（源・橋姫）
②　御車は簾おろし給ひて、かの昔の小君（＝空蝉ノ弟）、今は衛門佐なるを召
　　し寄せて（源・関屋）
③　また、死にける良岑の四位の一つ子、花園といふ、殿上童に使ひ給ひけ
　　る、年十歳ばかりなる、かたち清らに心かしこし。（うつほ・藤原の君）

　同格構文において、同格の「の」助詞が表示されないことがある。①は、
「宿直人めく男<u>の</u>、なまかたくなしき」における、同格の「の」助詞が表示さ

148　第19講　準体句

れない句型と考えられる。「なまかたくなしき」を挿入句と考えると、句末が連体形であること、②のように「を」助詞が承接した例を説明できない。②は、「かの昔の小君φ（＝の）、今は衛門佐なる△（＝ハ君）を召し寄せて」という構造。

┌─────── [175] ───────────────「の」助詞非表示の同格（2）───┐
│　次の文を訳しなさい。
│① 　この入道の宮（＝藤壺）の御母后の御世より伝はりて、次々の［帝・后ノ］
│　　御祈りの師にてさぶらひける僧都、故宮（＝藤壺）にもいとやむごとなく
│　　親しき者に思したりしを、おほやけ（＝帝）にも重き御おぼえにて、いか
│　　めしき御願ども多く立てて、世にかしこき聖なりける、年七十ばかりに
│　　て、いまは終はりの行ひをせむとて籠りたるが、宮の御事（＝故藤壺ノ法
│　　要）によりて出でたるを、内裏（＝冷泉帝）より召しありて常にさぶらは
│　　せ給ふ。（源・薄雲）
│② 　このごろ、明け暮れ御覧ずる長恨歌の御絵、亭子院の描かせ給ひて、伊
│　　勢、貫之に詠ませ給へる、大和言の葉をも、唐土の詩をも、ただその筋を
│　　ぞ枕言にせさせ給ふ。（源・桐壺）
└───┘

① 　［174］の応用例。「…さぶらひける僧都φ（＝の）、…世にかしこき聖なりける△（＝僧都）、…籠りたる△（＝僧都）」という構成で、「この入道の宮の」から「籠りたる」までが、「僧都」を主名詞とするかたまりである。同格構文を作る空範疇、「φ」（同格の「の」助詞の非表示）と「△」（僧都の意の準体言）が見えないと、この文は正しく解釈されない。

② 　「明け暮れ御覧ずる長恨歌の御絵φ、亭子院の描かせ給ひて、伊勢、貫之に詠ませ給へる△」の構造は見えるだろう。その後の構文理解が難しい。

　（2）　大鏡・今鏡・水鏡・増鏡、これを四鏡という。

　（3）　散る花の忘れがたみの峰の雲 そをだに残せ春の山風（新古今144）

のような下線部を提示語という。②では「明け暮れ…詠ませ給へる△」という「長恨歌の御絵」を主名詞とするかたまりが提示語になっており、後の「ただ

その筋をぞ」の「その」が「長恨歌の御絵」を受け直しているのである。モデル的にいえば、次の(4)の句型を骨格として、それに「大和言の葉をも、唐土の詩をも」という語句が置かれた(5)の形になっているのである。

(4) <u>愛の歌</u>、<u>それ</u>が彼の心を揺さぶる。

(5) <u>愛の歌</u>、日本のも外国のも、<u>それ</u>が彼の心を揺さぶる。

19.4 特殊な準体句

---
[176] 主名詞内在型準体句

次の文を訳しなさい。

① かの承香殿の前の松に雪の降りかかりけるを折りて（大和 139）

② 犬を流させ給ひけるが帰り参りたるとて（枕 6）

③ よく鳴る和琴を調べととのへたりける、うるはしく掻きあはせたりしほど、けしうはあらずかし。（源・帚木）

④ 女の手はふくよかに滑らかなるを握りたる間（今昔 4-6）

---

①は「かの承香殿の前の松に雪の降りかかりける」が準体句であるが、述語「折りて」の目的語は、この準体句の中にある名詞「松」である。「<u>かの承香殿の前の雪の降りかかりける松を折りて</u>」ではなく、「松」が連体節内から移動していない。現代語の、「<u>机の上にみかんがあるの</u>を取って。」に相当する句型といえる（黒田成幸 2005）。

---
[177] コト準体と、モノを格成分にとる述語

次の文を訳しなさい。

① 良暉（りゃうき）が年ごろ鎮西（ちんぜい）（＝九州）にありて宋に帰るに会ひて（今昔 11-12）

② 翁の今、船に乗りて既に漕ぎ出づるを呼び還す。（今昔 10-10）

現代語の「<u>泥棒が逃げるの</u>を追いかけた。」に相当する句型である。モノを格成分にとる述語が、コトの意の名詞句を受ける点に特異性がある。

150　第 19 講　準体句

19.5　ク語法

―――[178]――――――――――――――――――――――――ク語法

　下線部を訳しなさい。

①　かくばかり我が恋ふらくを知らずかあるらむ（万 720）

②　我が背子をいづち行かめとさき竹のそがひに寝しく今し悔しも（万 1412）

　下線部は、活用語の語尾に「く」が付いて全体を名詞化する語法で、これを
ク語法という。①は上二段動詞「恋ふ」のク語法形、②の「しく」は過去の助
動詞「き」のク語法形である。

　活用語のク語法形は、(6) の矢印右のような形になる。

(6)　散る（四段）→散らく、恋ふ（二段）→恋ふらく、見る（一段）→見ら
　　　く、来→来らく、す→すらく、あり→あらく、清し→清けく、美し→美
　　　しけく、けり→けらく、む→まく、ず→なく、つ→つらく、ぬ→ぬら
　　　く、き→しく

(6) の語形変化は、(7) のように大変複雑なものにみえる。

(7)　四段動詞・ラ変動詞・形容詞・助動詞「けり・む・ず」には、未然形
　　　（と考えられる形）に「く」を付ける。助動詞「き」には、連体形に「く」
　　　を付ける。二段動詞・助動詞「つ・ぬ」には、終止形に「らく」を付け
　　　る。一段動詞には、未然形に「らく」を付ける。

(7) は、複雑なだけでなく、これによって、助動詞「む」「ず」などに、未然形
「ま」「な」などを設定する必要が生じることにもなる。そこで、(6) のような
ク語法形を統一的に説明するために、aku（あく）という接尾辞（名詞化辞）を
設定し、ク語法形は、連体形に「あく」が付いたものとする説明法が提案され
ている。その際、(8)(9) のように、母音が連続した場合には前の母音を脱落さ
せるとし、(10) のように母音が連続して ia となった場合は融合して e（上代特殊
仮名遣い上の甲類）になるとする。

(8)　「散る」のク語法形「散らく」：tiru＋aku＞tir$u$aku＞tiraku

(9)　「ず」のク語法形「なく」：nu＋aku＞n$u$aku＞naku

(10)　「寒し」のク語法形「寒けく」：samuki＋aku＞samuk$i$aku＞samukeku

19.5　ク語法　151

これによってク語法形は、統一的に導かれることになるが、唯一、助動詞「き」のク語法形だけはこの方法では説明することができない。この方法では、「き」のク語法形として si＋aku＞siaku＞seku（せく）が導き出されるが、「き」の実際のク語法形は、②のように「しく」である。

―――― [179] ――――――――――――――――――「…なくに」――

　次の下線部はどのような意味か、説明しなさい。

① ［アノ人ノ心ハ］千々の色にうつろふらめど知ら<u>なくに</u>心し秋のもみぢならねば（古今726）

② み山には松の雪だに消え<u>なくに</u>都は野辺の若菜つみけり（古今18）

③ 誰をかも知る人にせむ高砂の松も昔の友なら<u>なくに</u>（百34）

　「なくに」は「ず」のク語法形「なく」に助詞「に」が付いたものである（「に」は格助詞とも接続助詞とも、また断定の助動詞「なり」の連用形ともいわれる）。「なくに」には、①詠嘆、②逆接、③順接の用法がある。

152 第20講 格助詞

第20講 格助詞

　格助詞は、日本語の機能語の中で最も変化の少ない語類である。いわゆる学校文法で古典語の格助詞とされるのは「が・の・を・に・へ・と・より・から・にて・して」の10語であるが、その語形も意味・用法もほぼ現代語と共通している。ここでは、古典語の各格助詞の用法を網羅的に取り上げることはせず、解釈上注意される用法について確認してゆくことにする。

20.1　主格・目的格の格助詞の非表示

――― [180] ―――――――――――――――主格・目的格の格助詞の非表示―

　①にならって、格助詞の付いていない名詞を発見し、その名詞が何格に立っているか、答えなさい。

① 楫取φ、また鯛φ持て来たり。（土佐）

② 春過ぎて夏来にけらし白妙の衣干すてふ天の香具山（百2）

③ 内裏より、また大将殿、御文、宮の御もとに、「……」と聞こえ給へり。
　（うつほ・国譲上）

④ 親王、箏の御琴、大臣、琴、琵琶は少将の命婦仕うまつる。（源・絵合）

⑤ 和琴、権中納言、賜り給ふ。（源・絵合）

　①の「楫取［ガ］、また鯛［ヲ］持て来たり。」のように、古典語では、主格と目的格はφ（無助詞）で表示されることが大変多い。

　　◆特に中古では、単文の主格は、「男φありけり。」のように必ず無助詞で現れ、「*男のありけり。」のように言うことは出来なかった。院政・鎌倉時代になると、「の」「が」による単文の主格表示が現れてくる。

　　・年ごろありける侍の、妻に具して田舎へ往にけり。（宇治5-8）

　　・藁一筋が、柑子三つになりぬ。（宇治7-5）

一方、その他の格は、③の「内裏より」「宮の御もとに」のように、格助詞によって表示され、非表示であることは通常ない。

20.2 の・が・を

---
［181］ ——————————————————————————————— 助詞「の」

　次の下線部の「の」は、主格、連体格のどちらであるか。

① 朝夕の宮仕へにつけても、人の心をのみ動かし、恨みを負ふつもりにやありけむ、［桐壺更衣ハ］いとあつしくなりゆき（源・桐壺）

② あまたの御方々を過ぎさせ給ひて、隙なき［帝ノ］御前渡りに、人の御心を尽くし給ふもげにことわりと見えたり。（源・桐壺）

③ 風かよふ寝覚めの袖の花の香にかをる枕の春の夜の夢（新古今112）

　古典語では主格と連体格がともに「の」「が」で表示されるので、区別に留意する必要がある。

---
［182］ ——————————————————————————————— 助詞「を」(1)

　次の下線部の「を」は、どのような意味を表すか。

① あはれにかたじけなく、思しいたらぬことなき御心ばへを、まづうち泣かれぬ。（源・葵）

② ［桐壺帝ハ］この（＝桐壺更衣ノ）御事にふれたることをば、道理をも失はせ給ひ（源・桐壺）

③ さらぬはかなきことをだに疵を求むる世に（源・紅葉賀）

　古典文では、「…に対して」の意を表す格助詞「を」が広く用いられる。この「を」は目的格を表す「を」とは異なるものである（①の述語「泣く」は自動詞であり、②③では目的格を表す「を」が別に表示されている）。

(1) ［桐壺更衣ハ］いとあつしくなりゆき、もの心細げに里がちなるを、［帝ハ］いよいよあかずあはれなるものに思ほして（源・桐壺）

(2) 右近を、「いざ二条へ」と［源氏ガ］のたまへど（源・夕顔）

(3) 何ごとをか心をも悩ましけむ（源・明石）

(4) 鶯の谷の底にて鳴く声を峰に答ふる山彦もなし（躬恒集）

(5) しぐれつつ移ろふ見れば菊の色をしめじめと降る雨にざりける（順集・

154　第20講　格助詞

正保版本)

このような「…に対して」の意を表す「を」もまた表示されないことがあるので、注意が必要である。

(6)　［源氏ガオ帰リニナッタ］なごりまでとまれる御匂ひφ、［女三宮ノ乳母ハ］「闇はあやなし」と独りごたる。(源・若菜上)

(7)　「二千里外故人心」と誦じ給へるφ、例の涙もとどめられず。(源・須磨)

```
──────[183]────────────────助詞「を」(2)──
　　次の下線部の「を」は、どのような意味を表すか。
①　年ごろを住みし所の名にし負へば (土佐)
②　吹きしをる松の嵐を分けすてて時雨をのぼる山の端の月 (沙弥蓮愉集)
③　扇をさし隠して、見かへりたるさまもいとをかし。(源・東屋)
```

①　持続時間を表す「を」。

(8)　今よりは秋風寒く吹きなむをいかにかひとり長き夜を寝む (万462)

(9)　みさごゐる入江の松も波なれて幾代を染める (＝幾代ニ渡ッテ染マッテイル) 緑なるらん (大弐高遠集)

②　「…の中を」の意を表す「を」(これを環境の「を」という)。

(10)　朝ぼらけ浜名の橋はとだえして霞をわたる春の旅人 (続後撰1316)

　　◆現代語でも、①「激動の時代を生きる」、②「雨の中を落とした財布を探す」のような例がある。これらの「を」は「空を飛ぶ」「廊下を歩く」などの通過点を表す用法のバリエーションといえ、次のような例では①と②の用法をまたいでいる。

　　・ひさかたの雨の降る日をただひとり山辺に居ればいぶせかりけり (万769)

　　・秋はまだ過ぎぬるばかりあるものを月は今夜を君と見るかな (金葉・三奏本173)

　　・さらぬだに寝ざめがちなる冬の夜をならの枯葉にあられ降るなり (続後撰502)

③　「扇で(顔を)隠す」の意といわれる (青島徹1985)。次例(11)も「袖で(顔を)隠す」の意。

(11)　声などする折は袖をふたぎてつゆ見おこせず (枕78)

20.3 に・にて　155

―― [184] ――――――――――――――――――――助詞「を」「の」――

　次の下線部の「を」「の」は、どのような意味を表すか。
① 風をいたう吹く夜、ほかにありて、つとめて（赤染衛門集・詞書）
② ［二人ノ］御さまどもの思ひ出づれば（源・東屋）

① このような「を」は主語に付いているようにもみえる。
　⑿ 我が背子をいづち行かめとさき竹のそがひに寝しく今し悔しも（万
　　　1412）

　◆「…を…と思ふ（見る・聞く）」などの句型の「を」は、主格に置き換えて理解
　することも可能である（「彼を立派だと思う⇔彼が立派だと思う」）。
　　・今日を限りと（＝今日ガ限リダト）思へば（源・真木柱）
　　・賢し女を有りと（＝賢イ女ガイルト）聞かして（記歌謡2）
　　・しひて行く人をとどめむ桜花いづれを道とまどふまで散れ（古今403）
② 現代語の感覚では「を」格が感じられるところに、「の」助詞が表示され
ることがある（これを「をに通うの」という）。
　⒀ 珍しきさまのしたれば（源・末摘花）
　⒁ 朝がれひのけしきばかりふれさせ給ひて（源・桐壺）
　⒂ 汝ら、道喩の救はむがため、念仏を修せよ。（今昔6-17）

20.3　に・にて

―― [185] ――――――――――――――――――――助詞「に」(1)――

　次の下線部の「に」は、どのような意味を表すか。
① 車に着たりける衣ぬぎて（大和148）
② ただ翁びたる声に額づくぞ聞こゆる。（源・夕顔）
③ 雪に大井川の水増さりにけるとて（赤染衛門集・詞書）

　古典語には格助詞「で」が存在しないので、現代語の「で」格は古典語では
「に」（または「にて」）で表される。例えば現代語では⒃のように、物の存在
場所は「に」で、出来事の存在場所は「で」で表されるが、古典語では⒄の

156　第20講　格助詞

ようにその両者が「に」で表される。

⑯a　この部屋 ｜に／＊で｜ 机がある。（物の存在場所）

　　b　この部屋 ｜＊に／で｜ 試験がある。（出来事の存在場所）

⑰a　泊瀬小国に妻しあれば（万3311）（物の存在場所）

　　b　この岡に菜摘ます児（万1）（出来事の存在場所）

　◆格助詞「で」は、平安中期以降現れる。

　・右大臣宣命以右手、此院では用左（御堂関白記・寛仁元年［1017年］1月7日）

　・銀 しろかね で作りたる牙（今昔27-31）

現代語の「で」に相当する「に」の例。

⑱　九月九日の菊を、あやしき生絹 すずし の衣 きぬ に包みて参らせたるを（枕36）

⑲　外 ほか へ立ち出でて水に眼を洗ひ（梁塵秘抄・口伝集）

⑳　仮名に物書くことは、歌の序は古今の仮名序を本とす。（無名抄）

㉑　馬に乗りて、筑紫よりただ七日に上 のぼ りまうで来たる。（竹取）

③の「原因」を表す用法では、次のような例もある。

㉒　誰かまた花橘に思ひ出でむ我も昔の人となりなば（新古今238）

㉓　こち風に（＝ニヨッテ）水の白玉吹きかけて光をそふる池の藤波（為忠家
　　初度百首）

　──── ［186］ ────　　　　　　　　　　　　　　　　　────助詞「に」(2)──

　次の下線部の「に」は、どのような意味を表すか。

① いかで［玉鬘ノ許ニ］出でなむと思ほすに、雪かきたれて降る。かかる空
　にふり出でむも、人目いとほしう（源・真木柱）

② 大殿（＝源氏）は、院（＝朱雀院）に聞こしめさむことを憚り給ひて（源・
　絵合）

③ 幾世しもあらじ我が身をなぞもかくあまの刈る藻に思ひ乱るる（古今934）

④ をちこちの山は桜の花ざかり野辺は霞に鶯の声（玉葉148）

⑤ 亀山院の御位のころ、傅 めのと にて侍りし者、六位に参りて（とはずがたり）

---

①は、「…の下 もと で」の意を表す「に」（これを環境の「に」という）。

20.3 に・にて　157

⑳　前栽のうちに隠れて、男や来ると見れば、端に出でゐて、月のいみじう
　　おもしろきに、かしらかいけづりなどしてをり。（大和149）

㉕　桜がり帰る山路は暮れはててさらにや花を月に（＝月明リノ下デ）見るら
　　む（新続古今144）

㉖　夕霧に佐野の舟橋［ヲ通ル］音すなり手馴れの駒の帰り来るかも（詞花
　　328）

㉗　昔今の物語に夜更けゆく。（源・朝顔）

㉘　ほどなき月も雲隠れぬるを、星の光に遊ばせ給ふ。（堤・逢坂越えぬ権中
　　納言）

㉙　しののめのゆふつけ鳥の鳴く声にはじめてうすきせみの羽衣（拾遺愚草）

②は、場所を示すことによって間接的に主語を示すもの。このような表現は、
通常、敬意のある言い方になる。

㉚　内裏に（＝帝ガ）いかに求めさせ給ふらむを（源・夕顔）

㉛　御前にもいみじううち笑はせ給ふ。（枕６）

㉜　御堂（＝道長）にも、去年より悩ましげに思しめして（栄花28）

③は、比喩を表す「に」。④は、並立・添加を表す「に」。

㉝　また、［頼時ハ頼義ニ］駿馬に（＝ニ加エテ）金等の宝を与ふ。（今昔25-
　　13）

⑤は、資格（「…として」の意）を表す「に」。

㉞　右近は、何の人数ならねど、なほその（＝夕顔ノ）形見と見給ひて、ら
　　うたきものに思したれば、古人の数に仕うまつり馴れたり。（源・玉鬘）

㉟　過ぎてゆく秋の形見にさを鹿のおのが鳴く音もをしくやあるらん（新古
　　今452）

──── [187] ────────「…を…に（て）」「…をばさるものにて」──
下線部を訳しなさい。

①　うれしきにも、げに今日を限りにこの渚を別るることなどあはれがりて、
　　口々しほたれ言ひあへることどもあめり。（源・明石）

②　かたじけなき［帝ノ］御心ばへのたぐひなきを頼みにて［桐壺更衣ハ］まじ

158　第20講　格助詞

らひ給ふ。（源・桐壺）

③　殿（＝道隆）をばさるものにて、上の御宿世こそいとめでたけれ。（枕100）

④　思ほす人ありとても、それをばさるものにて、［右大臣ノ姫君ニ］御文など
　　奉り給へ。（落窪）

①②のような「…を…に」「…を…にて」は、「…を…として」の意を表す。

㊱　母は筑前守の妻にて下りにければ、父君のもとを里にて行き通ふ。（源・
　　末摘花）

㊲　［中君ハ］腕を枕にて寝給へるに（源・総角）

「…をばさるものにて」は、③のように「さる」の指示対象がある場合は「…
なのは当然（勿論）のこと」の意、④のように指示対象がない場合は「それは
それとして」の意を表す（中村幸弘1984）。③の「さる」は「めでたけれ」を指
す。

20.4　と

──── ［188］ ──────────────────助詞「と」──

　次の下線部の「と」は、どのような意味を表すか。

①　かくしつつ暮れぬる秋と老いぬれどしかすがになほものぞかなしき（新古
　　今548）

②　ふるさとは浅茅が原と荒れ果てて夜すがら虫の音をのみぞ鳴く（後拾遺
　　270）

③　もみぢ葉は雨と降るとも水は増さらじ（古今305）

④　さゆる夜の真木の板屋のひとり寝に心砕けと霰降るなり（千載444）

⑤　み立たしの（＝皇子ガ立ッテオラレタ）島（＝庭）をも家と住む鳥も（万180）

⑥　わがつまを待つと眠も寝ぬ夏の夜の寝待ちの月もややかたぶきぬ（恵慶集）

　共同者を表す「と」、結果を表す「と」は現代語にもあるが（「彼と買い物に
行く」「一児の母となる」）、①のような共同者を表す用法、②のような結果を表
す用法は、現代語では用いられない。②の類例、

20.4 と 20.5 より・から 159

(38) 雛遊びにも、絵描い給ふにも、源氏の君と作り出でて（源・若紫）

◆次例は②の意が「に」で表された例。

・我が宿は浅茅が原に荒れたれど虫の音聞くぞとり所なる（嘉言集）

③は、比喩を表す「と」。比喩を表す「と」が句を受けると、④のように、「…というかのように」の意を表す。

(39) さらにまた暮れを頼めと（＝トイウカノヨウニ）明けにけり月はつれなき秋の夜の空（新古今434）

⑤のような「と」は、「…として」（…の性質・資格をもつものとして）の意を表す。

(40) 現御神と大八嶋国知らしめす天皇が大命らまと詔り給ふ大命を（続紀宣命1）

(41) 信濃なる千曲の川のさざれ石も君し踏みてば玉と拾はむ（万3400）

(42) 親子と（＝親子トシテ）あひ見んこと、今いくばくならずと思ふにつけて（宇治10-6）

「…を…と」の句型もある（「…を…として」の意）。

(43) 秋の山紅葉を幣と手向くれば住む我さへぞ旅心地する（古今299）

⑥のような「と」は、目的を表す（→[111]）。

20.5 より・から

───── [189] ─────────────────助詞「より」「から」──

次の下線部の「より」「から」は、どのような意味を表すか。

① 大津より浦戸を指して漕ぎ出づ。（土佐）

② 暁より雨降れば（土佐）

③ 命婦かしこにまで（＝まうで）着きて、門引き入るるよりけはひあはれなり。（源・桐壺）

④ 他夫の馬より行くに己夫し徒歩より行けば（万3314）

⑤ 色よりも香こそあはれと思ほゆれ誰が袖ふれし宿の梅ぞも（古今33）

⑥ 前より行く水をば、初瀬川といふなりけり。（源・玉鬘）

⑦ 浪の花沖から咲きて散り来めり水の春とは風やなるらむ（古今459）

160　第20講　格助詞

⑧　長しとも思ひぞはてぬ昔よりあふ人からの秋の夜なれば（古今636）

　「より」は起点を表す格助詞で、①のように空間的起点も、②のように時間的起点も表す。②のような時間的起点を表す用法からは、③のような「即時」を表す用法が派生した。また、④のような「手段」を表す用法や、⑤のような「比較の基準」を表す用法も、起点を表す用法から派生したものと考えられる。⑥のような「より」は経由地を表す。

　「から」は、成立の新しい語で、「…のまにまに」（自然のなりゆきのままに）の意を表した形式体言に由来する（石垣謙二1955）。「より」が起点を表すのに対し、「から」は経由地を表すのが助詞としての基本的な用法である。

⒁　月夜良み妹に逢はむと直道から［柄］我は来つれども夜そふけにける
　　（万2618）

「から」は、平安時代になると、空間的・時間的起点を表す用法がふえ、しだいに「より」の領分に接近した。「から」には、その原義から、⑧のような、原因・理由を表す用法もみられる（このような、原因・理由を表す「から」は、助詞「に」を伴って接続助詞化する。→ [226]）。上代・中古を通じて、「から」は非常に使用頻度が低い語であった（例えば『源氏物語』では、助詞「より」1416例に対し、「から」は52例である）が、しだいに起点を表す助詞として広く用いられるようになり、室町時代には「より」を圧倒するにいたった。それに応じて「より」は、「から」のもっていなかった、比較の基準表示へと、その用法を狭めた（現代語では「東京から来た」の方が、「東京より来た」よりもふつうの言いかたになっている）。

20.6　格の代換

──── [190] ────────────────格の代換──

　①の「換ふ」は、何から何への交換か。②の動詞「着換ふ」の前にある名詞（下線部）は、着換え前の服か、着換え後の服か。

① a　獦師「よいかなや」と言ひて、太子の衣に［自分ノ］袈裟を換へつ。太子は獦師の袈裟を取りて着給ひつ。（今昔1-4）

　　　　　　　　　　　　　　　20.6　格の代換　　20.7　副助詞・係助詞による格の内包　　161

　　b　[源大夫ハ]　持ちたる弓・胡録などに金鼓を換へて、衣・袈裟直く着て、
　　　　金鼓を頸に懸けて（今昔 19–14）
②a　きたなきもの着換へ侍りつるなり。（落窪）
　　b　昨夜縫ひし御衣どもひきさげて、みづからもよろしき衣着換へて［車
　　　　ニ］乗りぬ。（源・若紫）

①　aは、交換前の「袈裟」がヲ格で、交換後の「太子の衣」がニ格で表示さ
れている（「交換前の物ヲ、交換後の物ニ換ふ」）。一方、bでは、交換前の「持ち
たる弓・胡録」がニ格で、交換後の「金鼓」がヲ格で表示されている（「交換前
の物ニ、交換後の物ヲ換ふ」）。すなわち、古典語の動詞「換ふ」には、⑷のよう
な格の代換現象が存する（小田勝 2013）。

　⑷　［古い物］を［新しい物］に換ふ　⇔　［古い物］に［新しい物］を換ふ
従って、古典語で「太刀を弓に換ふ」といった場合、「太刀から弓への交換」
の意も「弓から太刀への交換」の意も表す。

　次例⑷は、ともに落花した紅葉で波が川の染まるの意で、両様ある格配置
に注意。
　⑷a　竜田川みむろの山の近ければ紅葉を波に染めぬ日ぞなき（新勅撰 355）
　　b　竜田川みむろの山の近ければ紅葉に波を染めぬ日ぞなき（洞院摂政家
　　　　百首）
②　動詞「着換ふ」は補語が一般に無助詞で現れ、補語は着換える前の服であ
る場合も、着換えた後の服である場合もある（小田勝 2012）。従って、古典語で
「直衣φ着換ふ」といった場合、「着ていた服を直衣に着換える」の意も、「直
衣を別の服に着換える」の意も表す。

20.7　副助詞・係助詞による格の内包

──── ［191］ ────────────副助詞・係助詞による格の内包──
　次の下線部の名詞は、何格か。
①　世になく清らなる玉の男御子さへ生まれ給ひぬ。（源・桐壺）
②　皇子は、かくてもいと御覧ぜまほしけれど（源・桐壺）

162　第20講　格助詞

③　この野は盗人あなり。(伊勢12)

　　副助詞・係助詞は、主格の名詞に、格助詞を表示しないままで承接する。
「を」「に」格は格助詞とともに表示される場合と、格助詞を非表示にする場合
とがある。③の類例、

　⑷　わが宿は野分は吹かむ隣より荒れまさりたる心地こそすれ（公任集）

　⑷　ほととぎす子恋の杜に鳴く声は聞くよそ人の袖も濡れけり（後拾遺997）

　⑷　雪深き岩のかけ道あとたゆる吉野の里も春は来にけり（千載3）

　⑸　村鳥の羽音してたつ朝明の汀の葦も雪降りにけり（歌合239 永福合）

--- [192] ---「心的状態＋は」---

　次の下線部を訳しなさい。
起き上がりたる様体、いとをかしう見ゆるに、例の御心は過ぐし給はで、衣の
裾をとらへ給ひて（源・東屋）

　　心的状態に「は」が付いた例題文のような句型は、「…には」の意である
が、「…の心的状態で」「…の心的状態ゆえ」ともパラフレイズされる。

　⑸　…とさまざま承れば、例の心弱さは、御車に参りぬ。（とはずがたり）

21.1　無助詞名詞　21.2　様々な名詞　　163

第 21 講　名詞の諸問題

21.1　無助詞名詞

―――[193]――――――――――――――――――――無助詞名詞―
　下線部を訳しなさい。
① もの心細くすずろなるめを見ることと思ふに、<u>修行者会ひたり。</u>（伊勢 9）
② 御門守、<u>寒げなるけはひ</u>、うすすき出で来て、とみにもえ開けやらず。
　（源・朝顔）

　一般に主格、ヲ格以外の格助詞が非表示であることは少ないから、まず無助詞名詞は、主格かヲ格かと考えるのが基本。①のような表現は偶然会ったことを相手側から表現したもので、「修行者」は主格といわれる。②の「けはひ」のような無助詞名詞に注意する。②は(1)に照らして「けはひ<u>にて</u>」のような意であると考えられる。
　(1)　いと若うおほどかなる御けはひ<u>にて</u>、「……」と聞こえ給ふ。（源・鈴虫）
次例のように述語が補われる無助詞名詞もある。
　(2)　「形見に忍び給へ」とて、[源氏ニ]いみじき笛の名ありけるなどばかりφ［ヲ奉リ給ヒ］、人咎めつべきことはかたみに（＝互イニ）えし給はず。
　（源・須磨）
　(3)　[源氏ガ紫上ニ]日ごろの御物語φ［ヲ聞コエ給ヒ］、御琴など教へ暮らして出で給ふを、（源・花宴）

21.2　様々な名詞

―――[194]――――――――――――――モノ名詞・デキゴト名詞―
　次の「炭焼き」の表す意味は、どのような点で異なっているか。
① <u>炭焼き</u>をさへせさせ給ひければ（うつほ・蔵開下）
② 卯の花の垣根を雪にまがへてや急ぎ出でつる小野の<u>炭焼き</u>（為忠家初度百

164　第21講　名詞の諸問題

首)

　名詞にはモノを表す「モノ名詞」と、出来事を表す「デキゴト名詞」とがある。例えば、「会議室」は前者、「会議」は後者である。

(4) a　そこ ｛に／＊で｝ 会議室がある。

　　 b　そこ ｛＊に／で｝ 会議がある。

(5)　3時間にわたる ｛会議／＊会議室｝

①の「炭焼き」は「木炭を作る」意のデキゴト名詞、②の「炭焼き」は「炭焼きをする人」の意のモノ名詞である。

―――― [195] ――――――――――――――――名詞の換喩的使用――

　次の名詞はどのような意味か。

①　同じ<u>赤色</u>を着給へれば（源・少女）

②　<u>宵まどひ</u>は、えもいはずおどろおどろしき 鼾_{いびき} しつつ（源・手習）

　名詞は、しばしば換喩的に用いられる。①の「赤色」は「赤色の衣」の意。

(6)　<u>笛</u>（＝笛ヲ受ケ持ッタ狭衣中将）に申して、「いかに。…」（狭衣）

(7)　しほしほと泣き給ふ<u>尼衣</u>は、げに心ことなりけり。（源・行幸）

(8)　浦づたふ<u>棹</u>（＝棹ヲ操ル海人）の歌のみ聞こゆなり海人の友船_{ともぶね}霧がくれつつ（守覚法親王集）

②の「宵まどひ」は「宵のうちから眠くなること」の意であるが、述語が「鼾しつつ」であるから「宵まどひの人（＝宵のうちから眠くなっている人）」の意である。

(9)　例の、<u>心なし</u>（＝思慮ノナイ人）のかかるわざをしてさいなまるるこそ、いと心づきなけれ。（源・若紫）

(10)　ほのかに見えたまへる［源氏ノ］御ありさまを、身にしむばかり思へる<u>好き心</u>どもあめり。（源・帚木）

(11)　何心もなき<u>さし向かひ</u>をあはれと思すままに（源・夕顔）

21.2　様々な名詞　165

─── [196] ─────────────────────────── 選択制限 ─

　次の下線部を、主語を明示して、訳しなさい。

① 　佐保川に峰の紅葉を吹きかけて波も錦の衣着てけり （歌合164 右大安）

② 　吉野山桜が枝に雪散りて花遅げなる年にもあるかな （新古今79）

③ 　[朱雀帝ガ]ものをまことにあはれと思し入りてのたまはするにつけて、[朧
　　月夜ハ]ほろほろとこぼれ出づれば （源・須磨）

　「茂る」の主語は必ず植物であり、「嘶く」の主語は必ず「馬」である。こ
のような、語と語との共起制限を「選択制限」という。①では、「吹きかく」
によって、「風」と言わずに「風」が詠まれている。②は、動詞「散る」に
よって、雪が花と見紛うように降っていることが表現されている。次例 ⑿ で
は述語から「寝くたれ」（「寝乱れていること」の意の名詞）が、「寝くたれ髪」の
意であることがわかる。

　⑿ 　御寝くたれのはらはらと紛ふ筋なくこぼれかかれる御宿直姿のしどけな
　　　げなるに （白露）

次例 ⒀ は、通常髪を払いのける意の「かきやる」を「涙」の述語に用いて
て、秀逸というべきである。

　⒀ 　見し人の寝くたれ髪の面影に涙かきやる小夜の手枕 （新勅撰827）

　③の主語は「涙」である。古典文では、「こぼる」「どどめがたし」「もよほ
す」などの述語だけで、「涙」と言わないことがたいへん多い。

　⒁ 　忍び給へど、いかがうちこぼるる折もなからむ。 （源・朝顔）

　⒂ 　風いと涼しく吹きて、草むらの虫の声々もよほし顔なるも、いと立ち離
　　　れにくき草のもとなり。 （源・桐壺）

　⒃ 　入り方の月の端近きほど、とどめがたうものあはれなり。 （源・夕霧）

─── [197] ─────────────────────────── 「名詞＋す」─

　下線部を訳しなさい。

① 　ただこの障子に後ろしたる人に見せ給へば （源・蜻蛉）

② 　夢に富したる心地し侍りてなむ （源・行幸）

166　第21講　名詞の諸問題

③　氷して音はせねども山川の下はながるるものと知らずや（詞花227）

　「名詞＋す」の形のサ変複合動詞の例。名詞には「合格する／＊不合格する」のように、「−する」の形が成立するものと、しないものとがある。古典語の「−す」の形の成立の可否の詳細は今のところ明らかではない。

⒄　それ名し給ふ（＝署名ナサル）。「中納言従三位兼左衛門督藤原朝臣正仲」と書き付け給ふ。（うつほ・内侍のかみ）

⒅　源信はさらに名僧せむ心無く（今昔 15-39）

21.3　句の名詞への圧縮

―――　[198]　―――――――――――――――――――句の名詞への圧縮―

　下線部を訳しなさい。

①　かけかけしき（＝懸想メイタ）筋にはあらねど、なほさる方のものをも聞こえ合はせ人に思ひ聞こえつるを（源・澪標）

②　雨いたう降りていとのどやかなるころ、かやうのつれづれも紛らはし所に渡り給ひて（源・真木柱）

③　故宰相殿に仕へ人は、尼一人なむ今に残りて侍る。（今昔 24-27）

　①は、「［なほさる方のものをも聞こえ合はす］＋人」の意であるが、句末が「聞こえ合はせ人」という名詞に圧縮されている。

⒆　つれづれとのみ過ぐし侍る世の物語も、聞こえさせ所に頼み聞こえさせ（源・橋姫）

⒇　[コノ歌ハ] 若菜は摘むほどになりにたりやと問ひ歌なめり。（俊頼髄脳）

㉑　争ふな野辺の川守網代木を打ち変へ方（＝網代木ヲ打チ変エタ方）に氷魚も寄りなむ（大斎院前の御集）

㉒　なかなかに飛火の杜のほととぎす君恋ひなきはよはにこそ鳴け（元良親王集）

21.4　複数表示

---
[199]　　　　　　　　　　　　　　　　　　　　　　　　　　　複数表示

次の下線部は、現代語ではどのように表現されるか。

① 人々（＝コノ二人ハ）、足どもいと白し。盗人にはあらぬなめり。（落窪）

② その名ども、石つくりの御子・くらもちの皇子・右大臣あべのみむらじ・大納言大伴のみゆき・中納言いそのかみのまろたり（竹取）

③ いと心細げに［父ヲ］見送りたる［二人ノ］さまどもいとあはれなるに（源・真木柱）

名詞が複数であることは、接尾辞「ども」で表す。古典語では、現代語よりも、複数表示を頻繁にする。

(23) そのあたりに、照り輝く木ども立てり。（竹取）

(24) 渚を見れば、船どものあるを見て（伊勢66）

(25) 格子どもも、人はなくして開きぬ。（竹取）

(26) ここかしこ篝火どもともして（源・少女）

(27) 秘し給ふ御琴ども、うるはしき紺地の袋どもに入れたるを取り出でて（源・若菜下）

(28) ものあはれなる酔泣きどもあるべし。（源・松風）

─────── 補　説 ───────

「たち」「ばら」は人を表す名詞にだけ用いられ、「たち」は尊者に、「ばら」非尊者に用いられる。

(29) 親王たち、上達部よりはじめて、その道の［人々］は（源・花宴）

(30) あやしの法師ばらまで喜びあへり。（源・賢木）

「ら」には同種類の事物の複数を表すほか、随伴的複数（中心的な事物が他の事物を伴って全体で複数となる）を表す用法がある（小柳智一2006）。

(31) 花山にて、道俗（＝法師と俗人）、酒らたうべける折に（後撰50詞書）

(32) この三条が言ふやう、「…。三条らも、随分にさかえて返申し（＝オ礼参リ）は仕うまつらむ」と額に手を当てて念じて入りをり。（源・玉鬘）

168　第21講　名詞の諸問題

次例(33)は珍しい承接例であるが、これは「尊者としての「僧たち」と、非尊者としての「僧ども」に定めのたまはせて」の意であろう。

(33)　「かの僧たちどもに定めのたまはせて」（栄花15）

「など」は例示を表す副助詞で、複数表示の接尾辞ではない。したがって、「ども」と「など」は重ねて用いられる。

(34)　御前のことどもなど問はせ給ふ。（源・竹河）

(35)　乳母たちなど近く臥して（源・少女）

「人々」「我々」のように同じ名詞を重ねて複数を表す語を「畳語」という。現代語に比べて、古典語では畳語が広く用いられる。

(36)　かくおもしろき夜々の御遊びをうらやましく（源・若菜下）

(37)　帝々の思しかしづきたるさま（源・蜻蛉）

(38)　古人どもの、まかで散らず、曹司曹司にさぶらひけるなど（源・藤裏葉）

(39)　昔おはさひし御ありさまにも、をさをさ変ることなく、あたりあたりおとなしく住まひ給へるさま（源・藤裏葉）

次例(40)の「身身」は、「身二つ」、すなわち出産の意である。

(40)　平らかに身身となし給へ。（うつほ・俊蔭）

①の「人々」は「二人」の意である。次例の「誰も誰も」「みな」もまた、実数は二人である。

(41)　「あなおそろしのことや」とて、誰も誰も（＝帯刀トあこぎハ）笑ふ。（落窪）

(42)　うらやみなきしどけな姿に引きなされて、みな（＝源氏ト頭中将ハ）出で給ひぬ。（源・紅葉賀）

―――― [200] ――――――――――――「一人一人」「−がちなり」

　下線部を訳しなさい。

①　［人々ガ］かうのみいましつつ［求婚ノ旨ヲ］のたまふことを思ひさだめて、一人一人にあひ奉り給ひね。（竹取）

②　御前（＝御前駆ノ者ハ）四位五位がちにて、六位殿上人などは、さるべき限りを選らせ給へり。（源・少女）

③　［薫ガ］まみのかをりて、笑がちなるなどを（源・柏木）

　①のような「一人一人」は、「一人」を強調したもので、「どちらか（誰か）一人」の意である（現代語の「めいめい」「一人ずつ」の意ではない）。

⑷　一人一人にあひなば、いま一人が思ひ絶えなむ（大和 147）

　「－がちなり」は、②のように名詞に付くと「その事物が多い」ことを、③のように動作性の名詞および動詞の連用形に付くと「ともすれば、そうなりやすい傾向にある」ことを表す。

⑷　げにいと小家がちに、むつかしげなるわたりの（源・夕顔）

⑷　［大宰大弐ハ］いかめしく類広く、娘がちにてところせかりければ（源・須磨）

⑷　神無月は、おほかたも時雨がちなるころ（源・幻）

⑷　花はまだよくもひらけはてず、つぼみたるがちに見ゆるを（枕 205）

次例⑷は「里住みがち」、⑷は「督の殿に住みがち」の意である。

⑷　物心細げに里がちなるを（源・桐壺）

⑷　さて督の殿がちにおはしますめり。（夜の寝覚）

21.5　名詞の並立

―――――［201］―――――――――並立を表す助詞「と」「や」――

　次の文を訳しなさい。
①　妹と我閨の風戸に昼寝して日高き夏のかげを過さむ（好忠集）
②　青柳梅との花を折りかざし（万 821）
③　雨や風、なほやまず。（蜻蛉）
④　世の中の物見、なにの法会やなどある折は（大鏡）
⑤　をかしき事を言ひてもいたく興ぜぬと、興なき事を言ひてもよく笑ふにぞ、品のほど計られぬべき。（徒然 56）

　並立を表す助詞に「と」「や」がある。

⑸　この対の前なる紅梅と桜とは（源・御法）

170 第21講 名詞の諸問題

(51) 悪しげなる柚や梨やなどを、なつかしげにもたりて食ひなどするも（蜻
蛉）

のように、「ＡとＢと」「ＡやＢや」が基本的な形式であるが、どちらか一方
の助詞が表示されないことがある。後方非表示の①「妹と我φ」、③「雨や風
φ」は分かりやすいが、前方非表示の②「青柳φ梅と」、④「世の中の物見
φ、なにの法会や」の句型に注意。

(52) 中宮φ、女御殿φ、権中納言やなど、さまざまいみじう思し嘆くべし。
（栄花3）

⑤は「と」が句を並立する例で、「…興ぜぬと、…よく笑ふφにぞ」。

(53) 御遊びせさせ給ひや、もてなしかしづき申す人φなどもなく（大鏡）

21.6 数詞

--- [202] --- 数詞 ---

下線部を訳しなさい。

① そのたび、公卿の家十六焼けたり。（方丈記）
② 入日さす波路を見れば一雲居明石の浦は隔たりにけり（能因集）
③ 白き米と良き紙とを一長櫃入れたり。（宇治6-6）
④ この君達、一人うるはしき者もなく、酔ひさまたれて（＝酩酊シテ）（今昔
28-4）
⑤ ［夕顔ノ宿ノ様子ガ］なかなかさま変へて思さるるも、御心ざし一つの浅か
らぬに、よろづの罪ゆるさるるなめりかし。（源・夕顔）

① 「3冊」のように数量を表す語を数詞（基数詞）という。このうち「3」の
部分を本数詞、「冊」の部分を助数詞という。現代語では助数詞の使用は義務
的だが、

(54) 本を3冊買った。／＊本を3買った。

古典語では①のような例がみえる。

(55) 大和の高佐士野を七行く（＝七人デ歩イテ行ク）嬢子ども（記歌謡15）
(56) み谷二渡らす阿治志貴高日子根の神そ（記歌謡6）

21.6 数詞　171

⑸⑺　我が恋は千引きの石を七ばかり首に掛けむも神のまにまに（万743）

⑸⑻　［娘ガ没シテ］ふたの年の秋（赤染衛門集・詞書）

②　名詞を助数詞として用いることがある（現代語でも「部屋・グループ・車線・路線・袋」などは助数詞としても用いられる）。

⑸⑼　美しきものども、さまざまに装束き集まりて、二車ぞある。（蜻蛉）

③　「一面」「一野」などの「一＋助数詞」は、「全体」「一杯」の意を表す。

⑹⓪　ぬぎかけし主は誰とも知らねども一野にたてる（＝野一面ニ立ッテイル）
　　　藤袴かな（堀河百首）

④　否定文で用いられた「一＋助数詞」は、「一つ（一人）も…ない」の意。

⑹⑴　忙しとて参らざらんが口惜しさに、出で立つを、一人（＝一人モ）うけ
　　　ひく（＝同意スル）人なし。（讃岐典侍日記）

⑹⑵　三日まで参る人一人なし（大斎院前の御集・詞書）

次例は、現代語なら「見し人一人も侍らねば」という形で表現されるところである。

⑹⑶　いみじうあばれて、見し人も一人侍らねば、心細くて（為信集・詞書）

⑤　このような「名詞＋一つ」は、「一途な…」「真実の…」の意を表す。

⑹⑷　女郎花秋の野風にうちなびき［浮気ノヨウニ見エルガ］心ひとつを誰によ
　　　すらん（古今230）

第 22 講　副助詞

22.1　副助詞

--- **[203]** --- 副助詞 ---

現代語で、「太郎だけ来た。」という文は、どういう事態を表しているか。

「太郎が来た。」というのは単なる事態を表す文であるが、「太郎だけ来た。」というのは、「太郎が来た」ということに加えて、「他の者が来なかった」という含みをもつ。「だけ」という表現は、つねに同類の他の要素の存在を前提としている。このように、同類の他の要素との関連において、ある要素を取りあげることを「とりたて」といい、とりたてを表す助詞を「副助詞」という。

古典語の副助詞は、格助詞に前接するものと後接するものとに截然と分かれる（近藤泰弘 1995）。例えば、「ばかり」は常に格助詞に前接し、「のみ」は常に格助詞に後接する。

(1) a　直衣<u>ばかり</u>を取りて（源・紅葉賀）

　　 b　人の心を<u>のみ</u>動かし（源・桐壺）

このことから、中古語の副助詞は、次の 2 種類に分類される（小柳智一 1999）。

第 1 種（常に格助詞に前接するもの）：ばかり・まで

第 2 種（常に格助詞に後接するもの）：のみ・だに・すら・さへ

第 1 種の副助詞と第 2 種の副助詞は、相互に承接することができる。その際、必ず第 1 種の語が前にくる。

(2)　この御琴の音<u>ばかりだに</u>伝へたる人をさをさあらじ。（源・若菜下）

(3)　いやしき 東 <small>あづまごゑ</small> 声したる者ども<u>ばかりのみ</u>出で入り（源・東屋）

　◆「のみ」は中古語では完全に第 2 種であるが、本来第 1 種で、上代が過渡期だったといわれる（小柳智一 1999）。

　◆「今日<u>だけ</u>の特売」「今日<u>だけ</u>だ」のように、副助詞は名詞的に用いられることがある。

　・げに、今宵<u>し</u>もの障り（＝今夜ニ限ッテノ邪魔）は、ただごとにあらじと思ひ知

22.1 副助詞　22.2　のみ・ばかり・まで　173

らるることありて（とはずがたり）

・我が恋は行方も知らず果てもなし逢ふを限りと思ふ<u>ばかり</u>ぞ（古今611）

22.2　のみ・ばかり・まで

---[204]------------------------------------「のみ」「ばかり」---

　次の文を訳しなさい。

① 　御達（＝女房達）のみさぶらふ。（源・夕霧）

② 　田舎びたる山がつどものみ、まれに馴れ参り仕うまつる。（源・橋姫）

③ 　御胸のみつとふたがりて、つゆまどろまれず（源・桐壺）

④ 　蔵人少将、指貫つきづきしく引き上げて、ただ一人、小舎人童ばかり具して（堤・貝合）

⑤ 　月影ばかりぞ、八重葎（やへむぐら）にもさはらずさし入りたる。（源・桐壺）

現代語の「ばかり」は、

(4)a　そのとき、｜男の子／*太郎｜ ばかり教室にいた。（存在が複数）

　　b　今日の授業では、太郎<u>ばかり</u>当てられている。（事態が複数）

のように、複数の事物・事態の限定に用いられ、単数の事物・事態の限定には、「だけ」が用いられる。「複数の事物・事態の限定」というのは、「ある事態のあり方が、同領域の他の種類の事態と混在せず、ただ1種類だけである」（小柳智一 2003b）という限定のしかたである。

　古典語では、①〜③のように、複数の事物・事態の限定に「のみ」が用いられ（①②は存在が複数、③は事態が複数）、④⑤のように、単数の事物・事態の限定には「ばかり」が用いられる。したがって、古典語の「のみ」は現代語の「バカリ」に、古典語の「ばかり」は現代語の「ダケ」に相当するということになる。

(5) 古典語　のみ　　＝　現代語　バカリ

　　　　ばかり　　＝　　　　　ダケ

同じ「ばかり」という語が、古典語と現代語とで用法を異にするから、注意が必要である。なお、

174　第22講　副助詞

(6) a　推理小説ばかり読んで、古典を読まない。

　　b　推理小説ばかり読んで、家事をしない。

において、(6b) は「推理小説を読んでばかりいて」の意である。このように、限定される範囲が句全体に及ぶことがある。③は「御胸つとふたがる<u>のみ</u>にて」の意である。

　「のみ」を用いることで複数性が表現される、というのは読解上重要である。

　(7)　［源氏ハ頭中将ニ］<u>かうのみ見つけらるる</u>をねたしと思せど（源・末摘花）

は、「いつもこうして見つけられてばかりいるのを」の意であって、読者はこうした事態は初見であるが、「のみ」によって、物語に語られていない源氏と頭中将の日常が読み取れる。

　(8)　その年の夏、御息所、はかなき心地にわづらひて、まかでなむとし給ふを、暇さらに許させ給はず、年ごろ、常のあつしさになり給へれば、御目馴れて、「なほしばしこころみよ」と<u>のみ</u>のたまはするに（源・桐壺）

について、『湖月抄』は「のみといふ詞にて、度々御暇を申せども御ゆるしなき心こもれり」と注している。古典文の「のみ」は、このように読解する必要がある。

```
―――[205]――――――――――――――――――「ばかり」「まで」――

　次の文を訳しなさい。
①　けしき<u>ばかり</u>うちしぐれて（源・紅葉賀）
②　三寸<u>ばかり</u>なる人、いと美しうてゐたり。（竹取）
③　仏の御面目ありと、あやしの法師ばら<u>まで</u>喜びあへり。（源・賢木）
④　明くるより暮るる<u>まで</u>、東の山際をながめて過ぐす。（更級）
⑤　桂川のもと<u>まで</u>物見車隙なし。（源・行幸）
```

　「ばかり」には、[204] でみた限定を表す用法のほか、①程度、②概数量を表す用法がある。

　「まで」の基本的な働きは、要素間に序列のある集合から最も起こりにくいものを取り出して示すことである（小柳智一2000）。③の「まで」は「…に至る

22.2　のみ・ばかり・まで　175

まで」の意である。「まで」は、最も起こりにくいものに至るまでの全要素を
含めて示すので、④⑤のような、事柄の及ぶ時間的・空間的限度を示す用法
を派生する。

---
[206]　　　　　　　　　　　　　　　　　　　　　　　　　　　「まで」

　次の下線部は、現代語ではどのように表現されるか。

①　わが背子を相見しその日<u>今日まで</u>に我が衣手は乾る時もなし（万703）

②　人の<u>夕方まで</u>来むと申したりければ（金葉483詞書）

③　この長櫃の物は、みな人、<u>童まで</u>にくれたれば（土佐）

④　わが宿は道もなき<u>まで</u>荒れにけりつれなき人を待つとせし間に（古今770）

　古典語では、現代語にある、「まで」（till）と「までに」（by）の使い分けは
ない。①は「今日まで」の意、②は「夕方までに」の意。③は、現代語では
「童にまで」と表現される。次例(9)は、「秋の終わりまでに」の意。

　(9)　<u>秋までに</u>見べきもみぢを霧くもり佐保の山辺の晴るる時なき（家持集）

④のような「まで」は、「…（と思われる）ほどに」という、程度を表す。

　(10)　大宮の内にも外にも光る<u>まで</u>降れる白雪見れど飽かぬかも（万3926）

　(11)　この皇子のおよすけもておはする御容貌、心ばへ、ありがたくめづらし
　　　き<u>まで</u>見え給ふを（源・桐壺）

---
[207]　　　　　　　　　　　　　　　　　　　　　　　　　「…ぬばかり」

　下線部を訳しなさい。

①　露をなどあだなる物と思ひけむわが身も草に<u>おかぬばかりを</u>（古今860）

②　うち払ひ起き臥す床にゐる塵の名をのみ立てて<u>やみぬばかりか</u>（肥後集）

③　もの思ひてよにふる雪のわびしきは積もり積もりて<u>消えぬばかりぞ</u>（兼盛
　　集）

④　うち捨てて君しいなばの露の身は<u>消えぬばかりぞ</u>有りとたのむな（後撰
　　1310）

176　第22講　副助詞

「ばかり」は句にも付く。その際、ラ変・形容詞型活用語および助動詞「ず」
「き」には連体形に、それ以外の活用語には終止形に接続する（小柳智一1997）。

　　◆次のような例は、この規定に反するように見えるが、これは「読み聞こゆる
　　　［文］」の意の準体言である。
　　　・引き側みつつ持て参る御文（＝懸想文）どもを、［玉鬘ハ］見給ふこともなくて、
　　　　［女房ガ］読み聞ゆる<u>ばかり</u>を聞き給ふ。（源・藤袴）

「ばかり」は助動詞「ず」の連体形、助動詞「ぬ」の終止形に付くから、「ぬ－
ばかり」とあった場合、「ぬ」が打消の場合と、完了の場合とがあることにな
る。打消の「ぬ」は未然形接続、完了の「ぬ」は連用形接続だから、①②は
判別が明瞭である。③④のように上が二段活用の動詞の場合は、形の上から
は判断できない。

22.3　だに・すら・さへ

―――――［208］――――――――――――――――――――――――類推―

　現代語で、「（分数の足し算は）小学生で<u>さえ</u>出来るんだ。大学生の君が出来
ないなんて情けない。」のような「さえ」について、
　　程度の軽い物をあげて、他を類推させる。
と説明されることがある。この説明法は適切だろうか。

―――――――――――――――――――――――――――――――――――

　よく目にする説明法であるが、適切ではない。「小学生が出来る」ことは大
学生に比べたら大変なことなのであって、決して"軽いこと"ではない。これ
は、「最も実現可能性が低い事物にその事態が成立していることをあげて、そ
の他の事物でも成立することを類推させる」のように説明すべきである。
　上代の「だに」と「すら」について、岡崎正継（1993）は次のように説明し
ている。
　⑿　「だに」は、否定述語と呼応し、ありそうな事態が、予期に反して、な
　　　い、という意を表す。「すら」は、肯定述語と呼応し、なさそうな事態
　　　が、予期に反して、ある、という意を表す。
例えば、次例⒀では、夢に見るというありそうな事態が実際にはないという

ことを表し、⒁では、もの言わぬ木に妹と兄があるというなさそうな事態が
実際にはあるということを表している。

⒀　夢に<u>だに</u>見ざりしものを（万 175）

⒁　言問はぬ木<u>すら</u>妹（いも）と兄（せ）とありといふを（万 1007）

「だに」は、⒀のような原用法から、やがて、⒂⒃のように、願望表現と呼
応して、「（普通のことがないとしても）せめて…だけでも」の意を表すように
なったと考えられる（岡崎正継 1993）。

⒂　言繁み君は来まさずほととぎす汝（なれ）<u>だに</u>来鳴け朝戸開かむ（万 1499）

⒃　恋ひ恋ひて逢へる時<u>だに</u>愛（うつく）しき言尽してよ長くと思はば（万 661）

　中古になると、和文では「すら」が使われなくなり、本来「すら」が表して
いた意味も、「だに」が表すようになる。『万葉集』と『源氏物語』の用例数
は、次のようである。

⒄　万葉集　　だに＝ 91 例　　すら＝ 29 例
　　源氏物語　だに＝586 例　　すら＝ 　0 例

── [209] ──────────────────中古の「だに」──

　下線部を訳しなさい。

①　散りぬとも<u>香をだに残せ</u>梅の花恋しき時の思ひ出でにせむ（古今 48）

②　白雲の絶えずたなびく<u>峯にだに</u>住めば住みぬる世にこそありけれ（古今
945）

　中古の「だに」は、本来の「だに」の意と、本来「すら」が表していた意の
両義をかかえこんでいる。①は「せめて…だけでも」の意で、「だに」本来の
用法であるが、②は「峰にさえ」の意で、本来「すら」が表していた意味であ
る。次例の「だに」について、『湖月抄』は「此詞にて后にもなすべく思召し
おかれし心見えたる也」と指摘している。

⒅　［帝ハ、故桐壺更衣ヲ］女御と<u>だに</u>言はせずなりぬるが、あかず口惜しう
　　思さるれば（源・桐壺）

　「…さえ」の意の「だに」は、「…だに…まして…」の句型でも用いられる。

178　第22講　副助詞

⒆　狩の御衣にやつれ給へりし<u>だに</u>世に知らぬ心地せしを、<u>まして</u>さる心し
てひきつくろひ給へる御直衣姿、世になくなまめかしう（源・松風）

―――― [210] ――――――――――――――――――「さへ」――

下線部を訳しなさい。
①　春雨ににほへる色もあかなくに<u>香さへなつかし</u>山吹の花（古今122）
②　［辺リハ光ニ満チテ］<u>ある人の毛の穴さへ見ゆるほどなり。</u>（竹取）

「さへ」は、「その上…までも」という添加の意を表す。

⒇　一昨日も昨日も今日も見つれども明日<u>さへ</u>見まく欲しき君かも（万1014）

(21)　母の亡き<u>だに</u>わびしきに、父<u>さへ</u>打ち捨てて（信生法師日記）

添加の表現では、②のように、極端な事例を添加して、「実現可能性の低いも
のまでも実現している」という表現に傾きがちである。

(22)　六月の地_{みなづき}さへ裂けて照る日にも（万1995）

(23)　あしひきの山<u>さへ</u>光り咲く花の（万477）

このようなところから、やがて「さへ」は「だに」の領域をおかすようにな
り、中世には「だに」の意をあわせもつようになった。例えば、

(24)　命<u>さへ</u>あらば見つべき身のはて（＝我ガ身ノ終ワリ）を偲ばむ人のなきぞ
悲しき（新古今1738）

は、本来なら「だに」で表現されるところである（(27)は和泉式部の歌で『和泉式
部集』では「命<u>だに</u>あらば」とある）。こうして、上代に「だに」「すら」「さへ」
の3語で分担していた意味のすべてを、中世には「さへ」1語が表すように
なった。

◆「さへ」の添加の意は、やがて「までも」という語形にとって代り、現代語に至
る。

・心なき草木<u>までも</u>、なほ愁へたる色あり。（保元）

・このたびは限りぞかしと思ふに、あやしの木草<u>までも</u>目にかかりて（閑居友）

22.4 し・しも　179

──── [211] ────────────────────「だに」「さへ」による推意─

　次の歌の真意は何か。

①　物思はでただおほかたの露にだに濡るれば濡るる秋の袂を（新古今1314）

②　[恋人ト] 逢ひに逢ひて物思ふころの我が袖に宿る月さへ濡るる顔なる（古今756）

　類推の「だに」、添加の「さへ」を用いて、肝心のことは言わない、という表現技巧がある。①の真意は「恋の思いに悩む私の袂は涙で濡れている」ということであり、②の真意は「私は泣いている」ということである。

　㉕　亡き人の面影添はぬ寝覚めだに秋のならひはかなしかりしを（秋思歌）
　　　〈＝娘ヲ失ッタ今秋ノ悲シサハ言イヨウモナイ〉

　㉖　雨降れば笠取山のもみぢ葉は行きかふ人の袖さへぞ照る（古今263）〈＝
　　　山一面ニ紅葉シテイル〉

22.4　し・しも

──── [212] ────────────────────「し」「しも」─

　下線部を訳しなさい。

①　とりたててはかばかしき後見（うしろみ）しなければ、事ある時はなほよりどころなく心細げなり。（源・桐壺）

②　[源氏一行ガ来テイル] 今日しも端におはしましけるかな。（源・若紫）

　①の「後見し」の「し」は、

　㉗　名にし負はばいざこと問はむ都鳥わが思ふ人はありやなしやと（伊勢9）

　㉘　はるばるきぬる旅をしぞ思ふ。（伊勢9）

のような強意の副助詞「し」である。これを現代語の「後見しない」のように読むのは誤り。②の「今日しも」は「今日に限って」のような意。

180 第23講 係り結び

第23講 係り結び

――[213]―― 　　　　　　　　　　　　　　　　　　　　　　**係り結び――**

　次の文章から、係り結び（係助詞とそれに対する結び）を指摘しなさい。

① 　春の野に若菜摘まむと来しものを散りかふ花に道はまどひぬ （古今116）

② 　秋来ぬと目にはさやかに見えねども風の音にぞおどろかれぬる （古今169）

③ 　山おろしに鹿の音高く聞こゆなり尾上の月に小夜や更けぬる （新古今438）

④ 　深く思ひそめつと言ひし言の葉はいつか秋風吹きて散りぬる （後撰983）

⑤ 　おほかたの秋来るからに我が身こそ悲しきものと思ひ知りぬれ （古今185）

　文は通常終止形で終止するが、文中に助詞「ぞ・なむ・や・か・こそ」があって、文末の活用語がこれを受けるとき、文末は(1)のような形をとる。これを「係り結び」という。

　(1) a　ぞ・なむ・や・か……連体形

　　　 b　こそ……………………已然形

―――――― 補　説 ――――――

　小田勝（1989）の計数によれば、『源氏物語』（湖月抄本）において、係り結び「ぞ…連体形」の句型（和歌、文末用法、結びが流れているもの、結びに終助詞を伴うもの等を除く。以下同じ）は894例、「なむ…連体形」は964例、「こそ…已然形」（「こそは」を除く）は1218例を数える。係り結びに強調と説明されることが多いが、この頻度からみて、古典語の構文上かなり本質的な役割を担っていたであろうと思われる。しかし、その役割については今のところ不明であり、また、この三者（例えば次例(2)）の間に、どのような表現価値の差があるのかについても、まだよくわかっていない。

　(2) a　木の間より花とみるまで雪ぞ降りける （古今331）

　　　 b　「雪なむいみじう降る」と言ふなり。（蜻蛉）

　　　 c　妻戸押し開けて、「雪こそ降りたりけれ」と言ふほどに （蜻蛉）

第 23 講 係り結び　181

ただ、地の文・会話文・心内文・和歌に現れる係り結びは、「ぞ・なむ・こそ」によって、かなりの差があることが知られている。(3)は、森野崇（1987）の計数による、『源氏物語』の状況である（表は、横にみて、「ぞ」の係り結びの72%が地の文に使われていて、12%が会話文に現れる、というように見る。消息文中の例は、会話文に含めた。数値は私に四捨五入した）。

(3)

	地の文	会話文	和歌	心内文
ぞ	<u>72%</u>	12%	11%	6%
なむ	16%	<u>83%</u>	0%	0.6%
こそ	9%	<u>65%</u>	3%	23%

それぞれ、最も多く現れるところを下線で示し、ほとんど現れない（10%未満の）ところを網掛けで示した。「なむ」は心内文にきわめて少なく、和歌には用いられないこと、「ぞ」は会話文・心内文にあまり用いられないこと、などが知られる。

―――[214]―――――――――――――――――――係助詞の述語内生起――

次の文中から係助詞を取り除いて、全体を書き改めなさい。

例：いはで心に思ひこそすれ（古今537）　→いはで心に思ふ

① 　しるくぞありける（古今39）

② 　秋は色々の花にぞありける（古今245）

③ 　夢もさだかに見えずぞありける（古今527）

④ 　水なかにありこそしけれ（貫之集）

⑤ 　花も紅葉もなくこそありけれ（貫之集）

⑥ 　まことに、蚊のまつげの落つるをも聞きつけ給ひつべうこそありしか。
　（枕256）

現代語の「書く→書き<u>は</u>する」「美しい→美しく<u>は</u>ある」は、述語「書く」「美しい」の内部に係助詞「は」が生起した形である。これは古典語でも同じであって、「思ふ」の内部に「こそ」が生起すると「思ひこそすれ」となる。

182 第23講 係り結び

したがって「思ひこそすれ」から「こそ」を取った形は、「思ひする」ではなく「思ふ」である。動詞の場合は「思ふ→思ひこそすれ」、形容詞の場合は「美し→美しくこそあれ」、名詞述語文の場合は「花なり→花にこそあれ」の形になる。このとき、「こそ」の上の「思ひ」「美しく」は「思ふ」「美し」の連用形だから、「花にこそあれ」の「に」も断定の助動詞「なり」の連用形と考えるわけである。

─── [215] ───────────────────── 結びの流れ───

　次の下線部は、どこに係るか。

① 別納（＝別棟）の<u>方にぞ</u>曹司などして人住むべかめれど、こなた（＝西ノ対）は離れたり。（源・夕顔）

② 塵いたう積もりて、<u>仏（＝仏前）のみぞ</u>花の飾り衰へず、［八宮ガ生前］行ひ給ひけりと見ゆる御床など取りやりてかき払ひたり。（源・椎本）

③ <u>これ（＝笛）になむ</u>、まことに古きことも伝はるべく聞きおき侍りしを、［コノ笛ガ］かかる蓬生に埋もるるもあはれに見給ふるを（源・横笛）

④ 伊予守朝臣の家につつしむこと侍りて、<u>女房なむ</u>［紀伊守邸ニ］まかり移れるころにて、狭き所に侍れば、なめげなることや侍らむ。（源・帚木）

⑤ <u>少納言の乳母とぞ</u>人言ふめるは、この子の後見なるべし。（源・若紫）

　係助詞を受ける文節が文末にないとき（下に続く文節のとき）、係り結びは成立しない。①では、「（別納の）方にぞ」を受ける文節「住むべかめれど」が、下に続く文節であるため、係り結びが成立していない（主文末は「離れたり」と終止形になっている）。このような現象を「結びの流れ」と呼ぶ（「結びの消滅・消去・解消」、また「係り捨て」「転結」などともいう）。小田勝（2006）によれば、『源氏物語』では、「ぞ」の９％、「なむ」の17％、「こそ」の６％が従属句中に生起し、「結びの流れ」を起こしている。

　結びの流れが起きる箇所（構文的位置）は、①接続助詞内、②中止法に立つ連用形（連用中止）内、③連用修飾句内、④連体修飾句内、⑤準体言内である。①について、順接仮定条件節内（未然形接続の「ば」助詞内）だけは、結びが流

第 23 講　係り結び　183

れた例が存在しない。

```
──────── [216] ────────────────────二重の係り───
A　次の文にはどのような問題があるか。
　「もののいと恐ろしかりつる 陵 のわたり」など［道綱ガ］言ふにぞ、いとぞ
　　いみじき。(蜻蛉)
B　次の下線部を訳しなさい。
　　秋の野に妻なき鹿の年を経てなぞわが恋のかひよとぞ鳴く (古今1034)
```

　一つの述語に複数の係助詞「ぞ・なむ・こそ」が同時に係ること (これを「二
重の係り」という) はふつうではない。Aのような例は誤写等の本文上の問題
があろう。次例(4)は、異種の係助詞が重出しているが、このような句型は古
典文中においてほとんど孤例というべきである。

　(4)　はるばると遠き匂ひを梅の花家の風こそ今ぞ伝ふれ (能宣集)

二重の係りは「違例」であるから、古典解釈上、可能なら二重の係りの句型と
なる解釈は避けるべきである。例えば、Bを「どうして「我が恋の効よ」と
言って鳴いているのであろうか」(片桐洋一『古今和歌集全評釈』) のように解す
ると、「鳴く」に「なぞ」と「かひよとぞ」の二つが係ることになってしまう。

```
──────── [217] ────────────────結びの流れの例外現象───
　次の下線部は、意味の上で、どこに係るか。
①　［源氏ハ、美点ヲ］すべて言ひつづけば、ことことしううたてぞなりぬべき
　　人の御さまなりける。(源・桐壺)
②　「……」となむ書きつけて往にける。(大和137)
```

　係助詞を受ける文節がそこで切れずに下に続くとき、係助詞に対する結びは
流れるのであるが、これには二種の例外があって、次の場合は係り結びが必ず
成立する (小田勝1998)。

　ⅰ　「連体修飾語＋名詞＋断定辞」が文末にあって、係助詞を伴う文節が意

184　第 23 講　係り結び

味上「連体修飾語」にのみ係る場合。

ⅱ　「用言 *a* ＋て＋用言 *β*」が文末にあって、係助詞を伴う文節が意味上その上部（用言 *a*）にのみ係る場合。

(5)(6) は ⅰ の例、(7)〜(9) は ⅱ の例。

(5)　思はずに<u>こそ</u>なりにける御心<u>なれ</u>。（源・若菜上）

(6)　[秋好中宮ノ歌ハ] 思ふやうに<u>こそ</u>見えぬ御口つきども<u>なめれ</u>。（源・胡蝶）

(7)　御眼二つに、李のやうなる玉を<u>ぞ</u>添へていまし<u>たる</u>。（竹取）

(8)　…と<u>ぞ</u>[朱雀院ハ] 思しなして、咎めさせ給はざり<u>ける</u>。（源・賢木）

(9)　…と見る心地<u>ぞ</u>添ひて、ただならざり<u>ける</u>。（蜻蛉）

┌─── [218] ──────────── 引用句内の係助詞と引用外部の述語 ─┐
│　次の文にはどのような問題があるか。
│なほ、いみじき人と聞こゆれど、「こよなく<u>やつれてのみこそ</u>詣づ」と知りた<u>れ</u>。（枕 114）
└────────────────────────────────┘

引用句中に係助詞があって、それが係らないはずの引用外部の述語が、その係助詞に対する曲調終止となっている例が存する。

(10)　「この鏡を<u>なむ</u>奉れ」と侍り<u>し</u>。（更級）

(11)　「群鳥の群れてのみ<u>こそ</u>あり」と<u>聞け</u>ひとり古巣に何かわぶらむ（元良親王集）

(12)　「一年にただ今夜<u>こそ</u>七夕の天の河原に渡る」と言ふ<u>なれ</u>（続後撰 253）

なお次例では、引用句内の述語と引用外部の述語が同時に曲調終止を起こしている。

(13)　和歌<u>こそ</u>よく詠み給ふ<u>なめれ</u>と聞こえ侍り<u>しか</u>。（今鏡）

(14)　…と書き給へる<u>こそ</u>理なり<u>けれ</u>と思ひ出で<u>らるれ</u>。（十訓抄 10-74）

┌─── [219] ──────────────────── 結びの省略 ─┐
│　次の文では下線部の係助詞に対する結びが省略されている。どのようなことばが省略されているか。
└────────────────────────────────┘

第 23 講　係り結び　185

① 「これもわりなき心の闇に<u>なむ</u>」と言ひもやらずむせかへり給ふほどに、夜も更けぬ。(源・桐壺)

② 「さらぬ別れはなくもがなと<u>なむ</u>」など［源氏ハ大弐乳母ニ］こまやかに語らひ給ひて(源・夕顔)

③ 「あやし。ひが耳に<u>や</u>」と［女房ガ］たどるを［源氏ハ］聞き給ひて(源・若紫)

④ 飼ひける犬の、暗けれど主を知りて、飛び付きたりける<u>とぞ</u>。(徒然89)

　係助詞に対する結びとなるはずの述語が、言語上に表されない(省略される)ことがあって、これを「結びの省略」という。③のような「…にや。」は「問い」を表す例がほとんどないので(磯部佳宏1992)、その下にはほぼ確実に「あら(侍ら)む」「あり(侍り)けむ」など推量の助動詞が付いた形が補われることになる。「…にか。」の場合は「問い」の場合と「疑い」の場合とがある。

⑮　東宮の祖父大臣など、「いかなることに<u>か</u>［アラム］」と思し疑ひてなむありける。(源・桐壺)〈疑い〉

⑯　「何人の住むに<u>か</u>［アル］」と問ひ給へば(源・若紫)〈問い〉

係助詞の下に補われる語は「あり(侍り)」「思ふ」「言ふ」「聞く」などが多い。また、次のように、係助詞を受ける述語が「言いさし」になっている例もある。

⑰　「淑景舎は見奉りたりや」と問はせ給へば、「まだいかでか。御車寄せの日、ただ御うしろばかりを<u>なむ</u>はつかに」と聞こゆれば(枕100)

⑱　「［兼家ハ］忌みのところ(＝近江女ノ所)に<u>なむ</u>夜ごとに」と告ぐる人あれば、心やすからであり経るに(蜻蛉)

─── [220] ───　　　　　　　　　　　　　　結びの連体形───

A　次の下線部はどこに係るか。

①　<u>よそにのみあはれとぞ</u>見し梅の花あかぬ色かは折りてなりけり(古今37)

②　<u>よそにてぞ</u>霞たなびくふるさとの都の春は見るべかりける(後拾遺39)

186　第23講　係り結び

B　次の和歌に句読点を打ちなさい。

① 川水に鹿のしがらみかけてけり浮きて流れぬ秋萩の花（匡房集）

② 岸近み鹿のしがらみかくればや浮きて流れぬ秋萩の花（匡房集）

C　次の歌を解釈しなさい。

夕されば蛍よりけに燃ゆれども光見ねばや人のつれなき（古今 562）

A　①の「見し」は「あはれとぞ」の結びであって、連体修飾の連体形ではないから、「見し梅の花」と読んではならない。一方②は、「よそにてぞ霞たなびく」ではないから注意。

B　この2首は『匡房集』に連続して掲載されている歌であるが、句読を異にしている。

C　「つれなき」は係助詞「や」の結びであって、文全体が疑問文になる（小田勝 2017a）。

――― [221] ―――――――――――――――――結びの已然形―

下線部を訳しなさい。

① 今さらに山へかへるな郭公声の限りは我が宿に鳴け（古今 151）

② 鴬の冬ごもりして産める子は春のむつきの中にこそ鳴け（古今和歌六帖）

③ 「右近の君こそ、まづ物見給へ。中将殿こそこれより渡り給ひぬれ」と言へば（源・夕顔）

　②は、結びの已然形を命令形と誤認してはならない。③の「右近の君こそ」の「こそ」は、「…さん」という呼びかけの意の間投助詞（接尾辞とも）であって、文末の「見給へ」は命令形である。「中将殿こそ…ぬれ」は係り結び。

――― [222] ―――――――――――――――――「もぞ」「もこそ」―

下線部を訳しなさい。

① 危ふし。我がなきほどに［遣戸ヲ］人もぞ開くる。（落窪）

② ［雀ノ子ハ］いづ方へかまかりぬる。いとをかしうやうやうなりつるもの

第 23 講　係り結び　187

を。鳥などもこそ見つくれ。(源・若紫)

　中古の「もぞ」「もこそ」は、危惧の意を表す(ことがある)。

　◆危惧を表す「もぞ」「もこそ」は中古に現れたものである。上代では「もこそ」
　の例がなく、「もぞ」は『万葉集』に 8 例存するものの、危惧を表す確例はない。
高山善行(1996)は、中古の散文 10 作品および八代集で危惧を表す「もぞ」
は 24 例、「もこそ」は 78 例であり、「モゾ、モコソともに用例数はさほど多く
ないと言える」と指摘している。危惧を表す「もぞ」「もこそ」は古典解釈上
たいへん有名な語法であるが、一方で危惧を表さない例が相当数存在すること
も認識する必要があろう。「もぞ」「もこそ」は一般に、次のような場合に危惧
を表さない(福田益和 1968)。ⅰ「しもぞ」「しもこそ」の場合、ⅱ 述語に推量
の助動詞を含む場合、ⅲ「もこそ…已然形」が文中にある場合、ⅳ「もぞ」
「もこそ」と述語の間に他語が介在する場合、ⅴ「も」が並立を表す場合。

(19) ⅰ　あなかま、給へ。夜声はささめく<u>しもぞ</u>かしかましき。(源・浮舟)

　　ⅱ　あながちなる御もてなしに、女は<u>さもこそ</u>負け奉らめ。(源・蜻蛉)

　　ⅲ　あさましう、月日<u>もこそ</u>あれ、なかなか、この御ありさまをはるかに
　　　　見るも (源・澪標)

　　ⅳ　かの語らひけることの筋<u>もぞ</u>、この文にある。(蜻蛉)

　　ⅴ　ゆかしくも頼もしく<u>もこそ</u>おぼえ給へ。(源・若菜下)

これ以外にも、危惧を表さず、単なる推量を表す「もぞ」「もこそ」は多い。

(20)　雪深き山路なりとも障らめや巌し分くる水<u>もこそ</u>あれ (重之女集)

(21)　人の上のこととし言へば知らぬかな君も恋する折<u>もこそ</u>あれ (後撰 591)

(22)　床近しあなかま夜はのきりぎりす夢にも人の見え<u>もこそ</u>すれ (新古今
　　　1388)

(23)　なぐさめてしばし待ち見よ先の世にむすび置きける契り<u>もぞ</u>ある (長秋
　　　詠草)

「もぞ」「もこそ」は単に「…かも(しれない)」の意であって、危惧と期待につ
いてはニュートラルであるが、実際の使用は危惧に偏っている、とも考えられ
る(高山善行 1996)。有名な『羅生門』の原話(24)の下線部も、「もしかしたら死

人かもしれない」ということであって、危惧を表しているわけではない（盗人
は死人よりも鬼の方を怖がっている）。

㉔　年いみじく老いたる嫗の白髪白きが、その死人の枕上にゐて、死人の
　　髪をかなぐり抜き取るなりけり。盗人、これを見るに心も得ねば、「こ
　　れはもし鬼にやあらむ」と思ひて怖ろしけれども、「もし死人にてもぞ
　　ある。脅して試みむ」と思ひて、やはら戸を開けて、刀を抜きて、
　　「己は、己は」と言ひて走り寄りければ（今昔 29-18）

稀にではあるが、良い結果を予想し、それを期待する意の「もぞ」「もこそ」
の例も存する（ただしこのような例は中世に偏るようである）。

㉕　嵯峨の院、もし宮、男もぞ生み給ふと思して（うつほ・国譲下）

㉖　いかにしてしばし忘れむ命だにあらば逢ふよのありもこそすれ（拾遺
　　646）

㉗　思ひ知る人もこそあれあぢきなくつれなき恋に身をやかへてむ（後拾遺
　　655）

㉘　「兵衛佐殿（＝頼朝）流人でおはすれども、末頼もしき人なり。もし世に
　　出でて［義朝ノ首ヲ］尋ねらるることもこそあれ」とて、東山円覚寺と
　　いふ所に深う納めて置きたりけるを、文覚聞き出して（平家 12）

なお、「もや」には、危惧および期待を表す用法がある（奥村剛 1985）。

㉙a　［紫上ガ］聞きもやあはせ給ふとて［源氏ハ紫ニ］消息聞こえ給ふ。
　　（源・松風）〈危惧〉

　b　もしさりぬべき隙もやあると、藤壺わたりをわりなう忍びてうかがひ
　　歩けど（源・花宴）〈期待〉

また、「もなむ」の例は極めて少なく、㉚が『源氏物語』中の唯一例で、危惧
の意はない。

㉚　亡せ侍りにしさまもなむいとあやしく侍る。（源・手習）

━━━ [223] ━━━━━━━━━━━━━━━━━━係助詞を含む慣用句型━━

　下線部を訳しなさい。

①　八重葎茂れる宿のさびしきに人こそ見えね秋は来にけり（百 47）

第 23 講　係り結び　189

② 君ならで誰にか見せん梅花色をも香をも知る人ぞ知る（古今38）

① 「こそ…已然形」が一文中に挿入されている場合は、逆接の条件句となってその事態を強調し、下に続く。

⑶１ 春の夜のやみはあやなし梅の花色こそ見えね香やはかくるる（古今41）

⑶２ 中垣こそあれ、一つ家のやうなれば、望みてあづかれるなり。（土佐）

⑶３ かの高安に来て見れば、［女ハ］はじめこそ心にくもつくりけれ、今はうちとけて手づから飯匙とりて笥子のうつはものに盛りけるを見て（伊勢23）

② 同じ動詞を前後に置いた慣用句型「動詞＋人ぞ＋動詞」は、「…動詞＋べき人のみぞ＋動詞」の意を表す。

190　第24講　複文（1）

第24講　複文（1）

24.1　条件表現

─────［224］────────────────動詞・形容詞の条件表現─

　動詞「降る」、形容詞「なし」に接続助詞を付けて、表を完成させなさい。

動詞

	順接	逆接
確定	雨＿＿＿＿＿（雨ガ降ルノデ）	雨降れど（も）（雨ガ降ルケレド）
仮定	雨＿＿＿＿＿（雨ガ降ルナラ）	雨＿＿＿＿＿（雨ガ降ッテモ）

形容詞

	順接	逆接
確定	水＿＿＿＿＿（水ガナイノデ）	水なけれど（も）（水ガナイケレド）
仮定	水＿＿＿＿＿（水ガナイナラ）	水＿＿＿＿＿（水ガナクテモ）

　古典語の順接確定条件は、動詞・形容詞ともに「已然形＋接続助詞「ば」」
で表す。

　(1)a　暁より雨降れ<u>ば</u>、同じところに泊まれり。（土佐）

　　　b　海荒けれ<u>ば</u>、船出ださず。（土佐）

逆接確定条件は、動詞・形容詞ともに「已然形＋接続助詞「ど／ども」」で表
す。

　(2)a　文を書きてやれ<u>ど</u>、返事せず。（竹取）

　　　b　暗けれ<u>ど</u>、うちみじろき寄るけはひいとしるし。（源・空蟬）

接続助詞の「ど」と「ども」は同意で、上代の『万葉集』では「ど」が299
例、「ども」が203例と、両者がほぼ同数用いられているが、中古になると、
女流文学作品では「ど」が圧倒的に多く用いられ、「ども」は漢文訓読文で用
いられた（『源氏物語』では「ど」2456例に対し、「ども」は93例）。「ども」は、鎌
倉時代になると和漢混淆文で多用されるようになる。

　順接仮定条件は、動詞は「未然形＋接続助詞「ば」」、形容詞は「－く＋は」
の形で表す。

　(3)a　春まで命あら<u>ば</u>、必ず来む。（更級）

24.1 条件表現　191

　　b　よろしく<u>は</u>、参り給へ。（源・浮舟）
逆接仮定条件は、動詞は「終止形＋接続助詞「とも」」、形容詞は「－く＋接続助詞「とも」」の形で表す。

(4)a　人はしきりたるやうに思ふ<u>とも</u>、七十の賀せむ。（落窪）
　　b　心細く<u>とも</u>、しばしはかくておはしましなむ。（源・若紫）
形容詞の順接仮定条件を表す「－く＋は」の形は、「は」が清音であることが確実であるが、①「連用形＋係助詞「は」」とも、②「未然形＋接続助詞「ば」の清音化したもの」とも考えられて、どちらとも決定できない（→ [131]）。「とも」の上の「－く」も未然形であるとも連用形であるともいわれる。

―――― [225] ――――　　　　　　　　　　　　　　　　　　　「已然形＋ば」―

　接続助詞「ば」に注意して、次の文を訳しなさい。
①　このあたり海賊の恐りありと言へ<u>ば</u>、神仏を祈る。（土佐）
②　東の野にかぎろひの立つ見えてかへり見すれ<u>ば</u>月傾きぬ（万48）
③　翁、心地悪しく苦しき時も、この子を見れ<u>ば</u>苦しきこともやみぬ。（竹取）
④　家にあれ<u>ば</u>笥（け）に盛る飯を草枕旅にしあれ<u>ば</u>椎（しひ）の葉に盛る（万142）
⑤　秋立ちて幾日もあらねばこの寝ぬる朝明（あさけ）の風は手本（たもと）寒しも（万1555）
⑥　鏑（かぶら）は海に入りけれ<u>ば</u>、扇は空へぞあがりける。（平家11）
⑦　「光明遍照十方世界、念仏衆生摂取不捨」とのたまひも果て（は）ね<u>ば</u>、六野太後ろより寄ツて薩摩守の頸をうつ。（平家9）

---

　①の前件は、後件の原因・理由を示している（これを「必然確定」という。以下、「恒常確定」以外は松下大三郎1928の用語）。一方、②の前件と後件には因果関係はなく、単純な継起的関係である（これを「偶然確定」という）。③は、「…のときは必ず…」という恒常的な因果関係を示している（これを「恒常確定」という。阪倉篤義1958の用語）。已然形接続の「ば」の解釈上、この3種の区別は重要である。④では最初の「あれば」が恒常確定、2番目の「あれば」が必然確定である。
　◆③は「この子を見ると、いつも、苦しきこともやみぬ。」の意であるが、これは

192 第24講 複文 (1)

すなわち「この子を見るなら、苦しきこともやみぬ」ということでもあって、恒常条件は仮定条件と連続する。このように、恒常条件が媒介となって、已然形から仮定形へと変化した、といわれる。

・もし狭き地にをれば、近く炎上ある時、その災をのがるることなし。（方丈記）

⑤のように、現代人の感覚では、逆接確定条件（「…けれども」）の意として捉えられる「ば」がある（これを「反予期性偶然確定」という）。

(5) わがやどの萩の下葉は秋風もいまだ吹かねばかくそもみてる（万1628）

⑥の「ば」は、同時・並列を表す用法（これを「対等性偶然確定」という。現代語でも、「小さい子もいれば、大きい子もいる」のような用法が残っている）。

(6) 三月になりて、咲く桜あれば散りかひ曇り（源・竹河）

　　◆次のような「…ば」は、「…と思うとすぐに」の意。

・我が袖にいくたび月の宿るらん曇れば晴るる初時雨かな（後鳥羽院御集）

⑦の「…も果てねば」の句型は、「…もおわらぬうちに」の意を表す、中世の用法である。

―――― [226] ――――――――――――――「からに」――

　　下線部を訳しなさい。

① 白妙の袖をはつはつ（＝ワズカニ）見<u>し</u><u>からに</u>かかる恋をも我はするかも（万2411）

② 住の江の松を秋風<u>吹くからに</u>声うちそふる沖つ白波（古今360）

③ などかは<u>女と言はむからに</u>、世にあることの 公 私 （おほやけわたくし）につけて、むげに知らずいたらずしもあらむ。（源・帚木）

「からに」は、原因・理由を表す「から」が助詞「に」を伴って接続助詞化したもの。①軽い原因によって重い結果が生じる意（「ただ…だけで」）、②二つの動作・状態が続いて生じる意（「…と同時に」「…とすぐに」）を表す。また、「むからに」の形で、「…からといって」の意を表す（多く反語とともに用いられる）。

24.1 条件表現　193

―――――――――――――――――――――――――――――――――――――順接と逆接―
[227]

次の歌を解釈しなさい。

① 思ふことなければ濡れぬ我が袖をうたたある野辺の萩の露かな（能因集）

② 思ふことなければ濡れぬ我が袖はうたたある野辺の萩の露かな（後拾遺296）

①は「思ふことなければ」だから、「濡れぬ」の「ぬ」は打消（したがって連体修飾）、②は「思ふことなけれど」だから、「濡れぬ」の「ぬ」は完了（したがって二句切れ）と捉えられる。

―――――――――――――――――――――――――――――――――――――逆接確定条件―
[228]

下線部を訳しなさい。

① 待つ人も来ぬ<u>ものゆゑ</u>に鶯の鳴きつる花を折りてけるかな（古今100）

② ［薫ハ］<u>内裏へ参らむと思しつるも</u>、出で立たれず。（源・橋姫）

「ものの」「ものから」「ものを」「ものゆゑ」は逆接確定条件を表す接続助詞である。

(7) つれなくねたき<u>ものの</u>、［源氏ハ空蝉ヲ］忘れがたきに思す。（源・夕顔）

(8) 月は有明にて光をさまれる<u>ものから</u>、影さやかに見えて（源・帚木）

(9) みやこ出でて君にあはむと来し<u>ものを</u>来しかひもなく別れぬるかな（土佐）

(10) 年のはに（＝毎年）来鳴く<u>ものゆゑ</u>ほととぎす聞けば偲はく（万4168）

『万葉集』中の「ものゆゑ」（全5例）はすべて逆接と解されるが、中古以降、原因・理由を表す「ゆゑ」に引かれて順接でも用いるようになった。

(11) 人数にも思されざらむ<u>ものゆゑ</u>、我はいみじきもの思ひをや添へむ。（源・明石）

②は、逆接確定条件を表す「も」の例。中古和文では、例は多くない。

194　第 24 講　複文 (1)

---

[229]　　　　　　　　　　　　　　　　　　　　　　　　　仮定条件

　下線部に注意して、次の文を訳しなさい。

① 　悪人のまねとて、人を殺さば、悪人なり。（徒然 85）

② 　風吹くと枝を離れて落つまじく花とぢつけよ青柳の糸　（山家集）

③ 　わが身は女なりとも、かたきの手にはかかるまじ。（平家 11）

④ 　二人行けど行き過ぎがたき秋山をいかにか君がひとり越ゆらむ　（万 106）

---

　②は、逆接仮定条件を表す「と」。数は多くない。③は、すでに事実である
事柄について、「たとえそうであっても」と強調していう表現。これを「修辞
的仮定」という。④は、逆に、仮定的な事柄について、確定条件の形式で「必
ずこうなる」と強調していう表現で、これを「修辞的確定」という。

---

[230]　　　　　　　　　　　　　　　　　　飛躍のある仮定条件文の補訳

　下線部に注意して、次の文を訳しなさい。
春雨の降らば思ひの消えもせでいとどなげきのめをもやすらむ　（後撰 66 詞書）

　仮定条件の後件が省略されていて、飛躍のある句型である。下線部は、「春
雨の降らば［思ひの消ゆべきを］思ひの消えもせで」の意（佐伯梅友 1988）。

⑿　春立たばφうちも解けなで山川の岩間のつららいとど繁しも　（四条宮下
　野集）〈φ＝「うちも解けぬべきを」〉

⒀　つらからば恋しきことはφ忘れなでそへてはなどかしづ心なき　（新古今
　1396）〈φ＝「忘れぬべきを」〉

⒁　まめまめしく過ぐす（＝地道ニ生活スル）とならばφ、さてもありはて
　ず。（更級）〈φ＝「さてもありはつべきを」〉

⒂　この国に生まれぬるとならば、嘆かせ奉らぬほどまでφ侍らで過ぎ別れ
　ぬること、かへすがへす本意なくこそおぼえ侍れ。（竹取）〈φ＝「侍るべ
　きを」〉

24.1 条件表現　195

――――[231]――――――――――――――――――――「…ずは」――

　下線部に注意して、次の文を訳しなさい。
① 夕々に我が立ち待つにけだしくも君来まさず<u>ずは</u>苦しかるべし（万2929）
② かくばかり恋ひつつあら<u>ずは</u>高山の岩根しまきて死なましものを（万86）

　①の「ずは」は打消の仮定条件（→ [131]）として問題ないが、②の「ずは」
は一見仮定条件で解釈しにくく、古来、「…んよりは」の意（本居宣長1785）、
「…ないで」「…せずに」の意（橋本進吉1951）などと説かれてきた。しかし、
②も「…ないなら」（「…ないですむなら」「…ずにいられるなら」「…ないためなら」
など）の意の仮定条件と捉える（大岩正仲1942、山口堯二1980、小柳智一2004）の
が今日では一般的になってきているようである。小柳智一（2004）が指摘した
ように、①が「君来まさず→苦し」という因果関係であるのに対し、②では
「高山の岩根しまきて死ぬ→恋ひつつあらず（に済む）」のように因果関係が逆
転していることが、この種の「ずは」の捉えにくさであるといえる。②の類例
をあげる。
⒃ いざ吾君振熊が痛手負は<u>ずは</u>鳰鳥の淡海の海に潜きせなわ（＝湖ニ潜ロ
　　ウヨ）（記歌謡38）
⒄ なかなかに人とあら<u>ずは</u>桑子（＝蚕）にもならましものを玉の緒ばかり
　　（万3086）
⒅ 験なきものを思は<u>ずは</u>一坏の濁れる酒を飲むべくあるらし（万338）
なお、次例の「ずは」は、「ず」の連用形「ず」を単に強調したもので、仮定
条件ではない。
⒆ 今日来ずは明日は雪とぞ降りなまし消え<u>ずは</u>（＝消エズニ）ありとも花
　　と見ましや（古今63）〈「来ずは」の「ずは」は仮定条件〉
⒇ かくありきつつ、［兼家ハ私ノ許ニ］絶え<u>ずは</u>来れども、心のとくる世な
　　きに（蜻蛉）

――――[232]――――――――条件表現における同語反復・肯否反復の諸形式――
　下線部に注意して、次の文を訳しなさい。

196　第 24 講　複文 (1)

① 　行けばあり行かねば苦ししかすがの渡りに来てぞ思ひたゆたふ（新勅撰
　　1291）

② 　白雲の絶えずたなびく峰にだに住めば住みぬる世にこそありけれ（古今
　　945）

③ 　深山には入るや入れどもあゆまれず人の忘るる道を知らねば（一条摂政御
　　集）

④ 　おちにきと語らば語れ女郎花こよひは花の蔭に宿らん（千載 1188）

⑤ 　咲きてこそ消ゆとも消えめ露の間もあなうらやまし朝顔の花（長秋詠草）

⑥ 　ほととぎす鳴かずは鳴かずいかにして暮れゆく春をまたも加へん（後拾遺
　　153）

⑦ 　暮ると明くと目かれぬものを梅の花いつの人まに移ろひぬらむ（古今 45）

⑧ 　時ごとにいやめづらしく咲く花を折りも折らずも見らくし良しも（万
　　4167）

① 　肯定形の条件節と、その否定形の条件節を併記した①のような句型は、
「どうあっても（どちらにしても）…」の意。

　　(21)　聞けば［ワビシク］あり聞かねばわびし時鳥すべて五月のなからましか
　　　　ば［ヨカラマシ］（夫木和歌抄）

　　(22)　咲けば散る咲かねば恋し山桜思ひ絶えせぬ花のうへかな（拾遺集 36）

② 　同じ動詞を「…ば…」の形で置いた表現。「…する時には…する」のよう
な意を表す。

　　(23)　人知れぬ人の心のかねごとも変はれば変はるこの世なりけり（拾遺愚草）

③ 　「書くには書いたが」のような同語反復的な逆接表現は、満足がいかな
い、次の段階に進めないといった気持ちを表す。

　　(24)　たえて（＝「堪へて」カ）なほ住めば住めどもかなしきは雲ゐる山の秋の
　　　　夕暮（瓊玉和歌集）

④ 　条件句とその帰結句とが同一語からなる仮定文である。多く、自棄的・悲
愴な情意が表現される（山口堯二 1976、小柳智一 2009 参照）。

　　(25)　人目をも今はつつまじ春霞野にも山にも名は立たば立て（躬恒集）

24.2 接続表現 (1) 197

⒃　眺むれば恋しき人の恋しきに**曇らば曇れ**秋の夜の月（金葉369）

⒄　玉の緒よ**絶えなば絶えね**ながらへば忍ぶることの弱りもぞする（百89）

⒅　忍びづま帰らん跡もしるからじ**降らばなほ降れ**しののめの雪（頼政集）

⑤のような、「…こそ…とも…め」という句型もある。

⒆　**衣こそ更ふとも更へめ**春の色に染めし心はいつかうつらむ（千五百番歌
　　合）

⑥　否定形を用いた「…ずは…ず」は、「…しないならそれでもかまわない」
の意を表す。

⒇　月も今はかたぶくほどになりぬらん**晴れずは晴れず**五月雨の空（守覚法
　　親王集）

㉛　憂き世かな齢《よはひ》のべても何かせむ**汲まずは汲まず**菊（＝長寿ニナルトイウ
　　菊）の下水（拾玉集）

慣用連語「さもあらばあれ」は、「そうであるならば、それでよい」の意。

㉜　うち捨てて旅ゆく人は**さもあらばあれ**［私ノコトヲ］またなきものと君
　　し思はば（和泉日記）

⑦　対になる動詞を用いた「AとBと」は「AてもBても」の意。

⑧　「Aでも非Aでも B」は、「いつも B」の意を表す。

㉝　我がごとや君も恋ふらん白露の**おきても寝ても**袖ぞかわかぬ（後撰626）

次のような形式もある。

㉞　我が恋をさてや忘るると思へども**起きてもわびし寝ても**すべなし（頼政
　　集）

24.2　接続表現 (1)

───［233］─────────────────「て」

　下線部に注意して、次の文を訳しなさい。

①　みそかに草がくれに<u>うかがひ寄りて</u>、法師をぞ隠しすゑたりける。（平中
　　17）

②　［法華経ヲ］<u>清くて</u>読み参らせ給ふ時は（宇治1-1）

③　［空蟬ノ様子ヲ］この世の人には<u>違ひて</u>思すに（源・夕顔）

198 第24講 複文 (1)

④ 難波潟短き葦のふしの間も逢はでこの世を過してよとや（百 19）

「て」は前件と後件を単純につなぐ語である。ただし、事態を並置するとそこに継起関係が表現されてしまう。

⑶⑸ 解由など取りて、住む館より出でて、船に乗るべき所へ渡る。（土佐）

⑶⑹ 日照りて、曇りぬ。（土佐）

　　◆「A て B」の A が B の目的である場合、継起関係が逆になる。

　　・ただ心を得させてうちしはぶき給へるにぞ（＝タダ気ヅカセヨウト咳払イヲナサルト）、やをら引き入り給ふ。（源・若菜上）

　　◆「て」の上下で主語が変わることはないといわれるが、絶対ではない。

　　・［道真ヲ］大宰権帥になし奉りて、［道真ガ］流され給ふ。（大鏡）

　　・［右近ハ］局など近く賜りて［源氏ハ］候はせ給ふ。（源・夕顔）

① 自明な後件は、表示されない場合がある。①の下線部の下には「見れば」などのことばが表示されていない。次例⑶⑺では、下線部の下に「行けば」などのことばが表示されていない。

⑶⑺ 「おそからむ車などは、立つべきやうもなし」と言へば、露とともに起きて、げにぞひま（＝車ヲ立テル隙間）なかりける。（枕 32）

② 「…の状態で」の意を表す「て」は、古典文に散見される。

⑶⑻ 三寸ばかりなる人、いと美しうてゐたり。（竹取）

⑶⑼ 口々めづることどもを、すずろに笑みて聞きゐたり。（源・東屋）

⑷⑽ 荒れたる門の忍ぶ草茂りて見上げられたる、たとしへなく木暗し。（源・夕顔）

⑷⑴ 老いたる女の腹高くてありく。（枕 42）

⑷⑵ これ給はするぞ。衣すすけためり。白くて着よ。（枕 83）

　　◆次例の「見えてのぞく」は、「覗いているのが見える」の意と思われる。

　　・簾などもいと白う涼しげなるに、をかしき額つきの透影あまた見えてのぞく。（源・夕顔）

③ 思考内容を表す用法で、「この世の人には違ひたりと思すに」の意。

⑷⑶ 瑕ありて（＝難点ガアルト）思ひ聞こえ給ひにし後（源・賢木）

(44)　この扇の尋ぬべきゆゑありて見ゆるを（源・夕顔）

④「で」は、「…しないで」という、前句を打消してあとの語句に続ける接続助詞で、未然形接続（「ずて＞で」と変化したものとされるが、自然な音変化ではないので、打消の助動詞「ず」の連用形の古形「に」に接続助詞「て」の付いた「にて」が変化したものともいわれる)。「ずて」「ずして」という語形も、「で」に平行してみられる。

(45)　秋萩をしがらみふせて鳴く鹿の目には見えずて音のさやけさ（古今217）

(46)　逢はずしてこよひ明けなば春の日の長くや人をつらしと思はむ（古今624）

200　第25講　複文 (2)・内容補充・移り詞

第25講　複文 (2)・内容補充・移り詞

25.1　接続表現 (2)

――― [234] ―――――――――――――――――――「ながら」―――

　下線部に注意して、次の文を訳しなさい。

① 　立ちながら入り給へ。（源・夕顔）

② 　験者求むるに、…からうじて待ちつけて、喜びながら加持せさするに（枕25）

③ 　年を経て消えぬ思ひはありながら夜の袂はなほ氷りけり（古今596）

④ 　もとの品高く生れながら身は沈み（源・帚木）

⑤ 　旅の御姿ながらおはしたり。（竹取）

⑥ 　冬ながら空より花の散りくるは雲のあなたは春にやあるらむ（古今330）

⑦ 　右大臣も、御子ども六人ながら引き連れておはしたり。（源・竹河）

　「ながら」は、古い連体の格助詞「な」に形式名詞「から」がついたものと考えられ、

　(1) 　神ながら我が大君の天の下治め給へば（万4254）

のように、体言について、「本性のままの状態で」の意を表す接尾辞であった。それが、上代末期には、体言の位置に動詞の連用形がくるようになって、①②のように、「…したままで」「…しながら」という同時進行を表す接続助詞として成立する。③のように順当ではない事態の同時進行は、逆接の関係がみえることになり、中古には④のような逆接の用法が生じた。

　「ながら」は、その成立から、他の接続助詞とは異なり、体言に続く用法がある。⑤の「ながら」は、「（様子を変えず）…のままで」の意、⑥もその意だが、逆接の意も感じられる。⑦のように数詞に付いた「ながら」は「すべて」の意を表す。「ながら」はまた、形容詞の語幹、形容詞の連体形にも接続する。

　(2) 　もの憂ながらすこしゐざり出でて、対面し給へり。（源・宿木）

　(3) 　憂きながら人をばえしも忘れねば（伊勢22）

⑤〜⑦のような体言に付く「ながら」は、接尾辞とすべきものである。

―――― [235] ――――――――――――――――――「つつ」「なへに」―

　下線部に注意して、次の文を訳しなさい。
①　万度かへりみし<u>つつ</u>遙々に別れし来れば（万 4408）
②　天離る鄙に五年住まひ<u>つつ</u>都のてぶり忘らえにけり（万 880）
③　ひぐらしの鳴きつる<u>なへに</u>日は暮れぬと（古今 204）

　上代では、まだ「ながら」は完全な接続助詞としては成立していず、同時進
行も、反復・継続も、接続助詞「つつ」が表した。しかし、中古になると、同
時進行の意味は「ながら」が担うようになってゆく。(4) には、中古における
両語の役割分担がみてとれる。

　(4)　御返り、臥し<u>ながら</u>うち休み<u>つつ</u>書い給ふ。（源・柏木）
「つつ」の意が、反復になるか継続になるかは、動詞の語性による。①のよう
に瞬間的動作を表す動詞の場合、「つつ」は反復として、②のように継続的動
作を表す動詞の場合、「つつ」は継続として解釈される。なお、倒置でない歌
末の「つつ」は「…ている（ことだ）」の意を表す。

　(5)　田子の浦にうち出でて見れば白妙の富士の高嶺に雪は降り<u>つつ</u>（百 4）
「つつ」は、徐々に「ながら」にその領域を侵されてゆき、現代の口語では
「つつ」はあまり用いられない。(6) に比べて、(7) は現代的な表現といえる。

　(6)　我妹子が植ゑし梅の木見るごとに心むせ<u>つつ</u>涙し流る（万 453）
　(7)　涙にむせび<u>ながら</u>申すやう（宇治 11-10）
③の「なへに」は、「…するとともに」「…するにつれて」の意を表す。上代語
で、中古では若干の歌にみられる。

―――― [236] ――――――――――――――――――「に」「を」「が」―

　下線部に注意して、次の文を訳しなさい。
①　あやしがりて寄りて見る<u>に</u>、筒の中光りたり。（竹取）
②　わらは病にわづらひ侍る<u>を</u>、たび重なりて耐へがたう侍れば（源・若紫）

202 第25講 複文(2)・内容補充・移り詞

③ 白露の色は一つをいかにして秋の木の葉をちぢに染むらむ（古今257）

④ むすめの尼君は、上達部の北の方にてありけるが、その人亡くなり給ひて
　　後、むすめただ一人をいみじくかしづきて（源・手習）

　「に」「を」は格助詞から発展した接続助詞で、単純接続である。しかし、前
件と後件が、文脈上、順当な関係、または順当でない関係にある場合は、そこ
に順接や逆接の意が生まれる。(8a)(9a)は順接、(8b)(9b)は逆接の例である。

(8) a　涙のこぼるるに、目も見えず、ものも言はれず。（伊勢62）

　　 b　十月つごもりなるに、紅葉散らで盛りなり。（更級）

(9) a　心にしも従はず苦しきを、さりぬべき折みて［空蟬ニ］対面すべくた
　　　　ばかれ。（源・空蟬）

　　 b　［源氏ヨリ］参り給ふべき由ありけるを、［柏木ハ］重くわづらふよし申
　　　　して参らず。（源・若菜下）

逆接の「を」は、③のように、体言に付くことがある。

　「が」は、「に」や「を」よりも遅れて接続助詞としての用法が確立した。

(10)　落ち入りける時、巳の時ばかりなりけるが、日も漸く暮れぬ。（今昔16-
　　　24）

石垣謙二（1944）は接続助詞「が」の確例の初見を(10)とするが、既に平安中
期に④のような例が存する。④は「が」の下に「その人」という主語が表示さ
れているが、「～が」句と同じ主語である点で萌芽的なものといえる。類例、

(11)　［女宮達三人ハ］すべていと同じやうにおはするが、これ（＝女二宮）は少
　　　しふくらかに、気近きになむ。（うつほ・国譲上）

(12)　一言聞こえさすべきが、また人聞くばかりののしらむはあやなきを、い
　　　ささか開けさせ給へ。（源・総角）

(13)　源大納言重光卿の御女の腹に、女君二人・男君一人おはせしが、この
　　　君達みな大人び給ひて、女君達は后がねとかしづき奉り給ひしほどに
　　　（大鏡）

次例は「が」の前後で主語を異にするが、「が」の下に主語が表示されていな
い。

⒁ ［内大臣ハ子ヲ］いとあまたもて騒がるめる<u>が</u>、［玉鬘ガ］数ならで今はじ
め立ちまじりたらん<u>が</u>、なかなかなることこそあらめ。（源・玉鬘）

--- [237] ---「の」--

　下線部に注意して、次の文を訳しなさい。

① 　月は入り方<u>の</u>、空清う澄みわたれるに、風いと涼しくなりて、草むらの虫
　　の声々もよほし顔なるも、いと立ち離れにくき草のもとなり。（源・桐壺）

② 　うはべはいとよき御仲<u>の</u>、昔よりさすがに隙ありける。（源・常夏）

① 　格助詞「の」が、「…で」の意で、断定の助動詞の中止法に似た働きをす
ることがある。

⒂ 　内侍は、ねびたれど、いたくよしばみなよびたる人<u>の</u>、さきざきもかや
　　うにて心動かす折々ありければ、慣らひて（源・紅葉賀）

② 　格助詞「の」が、「…ではあるが」のような意で逆接的に下に続くことが
ある。このような「の」を、「反戻の「の」」という。

⒃ 　［葵上ハ］なほあたら重りかにおはする人<u>の</u>、物に情おくれて（＝情味ガ
　　乏シク）、すくすくしき（＝無愛想ナ）所つき給へるあまりに（源・葵）

⒄ 　国の親となりて、帝王の上なき位にのぼるべき相おはします人<u>の</u>、そな
　　たにて見れば乱れ憂ふることやあらむ。（源・桐壺）

⒅ 　［源氏ガ玉鬘ヲ］つくろひおはするさま、親にはあらで、むつかしきさか
　　しら<u>の</u>、さすがにあはれに見え給ふ。（源・蛍）

25.2　ミ語法

--- [238] ---ミ語法--

　下線部を訳しなさい。

① 　秋の田のかりほの庵の<u>苫を荒み</u>我が衣手は露にぬれつつ（百１）

② 　<u>山深み</u>春とも知らぬ松の戸にたえだえかかる雪の玉水（新古今３）

③ 　<u>桜色のひとへをなほもなつかしみ</u>夏の衣にやがてするかな（拾玉集）

④ 　<u>秋萩を散り過ぎぬべみ</u>手折り持ち見れどもさぶし君にしあらねば（万

204　第25講　複文（2）・内容補充・移り詞

2290）

⑤　夏山の蔭をしげみや玉ぼこの道行き人も立ちどまるらん（貫之集）

⑥　天雲のよそにのみして経ることはわがゐる山の風速みなり（伊勢19）

　①のような「AをBみ」は、「AがBなので」の意を表す（これをミ語法という）。Aには名詞（準体言・ク語法を含む）が、Bには形容詞の語幹がたつ。「を」は格助詞、「み」（上代特殊仮名遣いでは甲類）は形容詞の活用語尾と考えられる。②のように、「を」が省かれることもある。③のように、「…を」句と「…み」句との間に別語が挟まれることもある。畳語形を語幹にもつ形容詞（「長々し」など）は、一般にミ語法形にならない。④は助動詞「べし」のミ語法形である。⑤はミ語法による疑問条件、⑥はミ語法形が述語にたった例である。

　　◆次例は、ミ語法ではない。

　　・腰を痛み摘める若菜のしるしにぞ小松のためし引かざらめやは（円融院御集）

─────── 補　説 ───────

　次例は、「…ば…み」の句型で、「…したら（すると）…なので」の意を表す。「ば」は未然形接続と已然形接続とがある。

⑲　言に出でて言はばゆゆしみ朝顔のほには咲き出ぬ恋もするかも（万2275）

⑳　隠りのみ居ればいぶせみ慰むと出で立ち聞けば来鳴くひぐらし（万1479）

「…み」だけでも、「…なので」の意を表す。

㉑　浅みこそ袖はひつらめ涙河身さへ流ると聞かばたのまん（古今618）

　原因・理由を表さない「…み」もある。まず、「…み＋思ふ」、「…み＋す」は「…だと思う」の意を表す。

㉒　我妹子を相知らしめし人をこそ恋のまされば恨めしみ思へ（万494）

㉓　白妙の袖の別れを難みして（＝難シイト思ッテ）荒津の浜に宿りするかも（万3215）

次例は中止法として、述語の並立に用いている。

25.3　終止形・連体形による文の中止　205

㉔　濡れて落つる桐の枯葉は音重み嵐は軽（かろ）き秋の村雨　（風雅646）

次例は、理由の意のない、単純な連用修飾語として用いている。

㉕　世ははやも春にしあれやあしひきの山べのどけみ（＝ノドカニ）霞たなびく　（玉葉8）

㉖　さを鹿の声のさやけみ聞こゆるは独や寝らん小野の草伏（ふし）　（新続古今503）

　　◆次例のような「－み」は連体修飾語を作る用法ともいわれる。

　　・我妹子（わぎもこ）を早み浜風大和なる我松椿（われまつつばき）吹かざるなゆめ　（万73）

　　・秋されば恋しみ妹（いも）を夢にだに久しく見むを明けにけるかも　（万3714）

　　◆接尾辞「－み」を重ねた「…み…み」は、動作の並立を表す。

　　・来し方のこともものたまひ出でて、泣きみ笑ひみ、うちとけのたまへる、いとめでたし。（源・松風）

　　・風吹けばむらだつ雲の波の上に流るる月は見えみ見えずみ　（為忠家後度百首）

25.3　終止形・連体形による文の中止

─────［239］─────────────終止形・連体形による接続表現─

　次の下線部を訳しなさい。

①　［私（朱雀院）ハ］さまざまに思ひわづらひ侍るほどに、病は重りゆく、またとり返すべきにもあらぬ月日の過ぎゆけば、心あわたたしくなむ。（源・若菜上）

②　［女ガ］高やかに言ふを、聞きすぐさむもいとほし、しばし休らふべきに、はた、侍らねば（源・帚木）

③　「よきに奏し給へ、啓し給へ」など言ひても、［官職ヲ］得たるはいとよし、得ずなりぬるこそ、いとあはれなれ。（枕2）

④　［夕霧ハ］かの野分の朝の御朝顔は、心にかかりて恋しきを、［姉弟ナレバ恋心ハ］うたてある筋に思ひし、［実姉ナラズト］聞き明らめて後は、なほもあらぬ心地添ひて（源・藤袴）〈河内本「思ひしを」〉

　「花が咲き、鶏が鳴く」のように、連用形で文を中止して接続表現をつくることがあるが、終止形、連体形によって文が中止されているとみられる句型が

206　第25講　複文（2）・内容補充・移り詞

ある。①〜③は終止形による中止で、③は逆接の意が感じられる。④のように連体形で文を中止することがある（これを「連体形接続法」という）。

⒄　この御事（＝藤壺出産）の、十二月も過ぎにしが心もとなきに、この月はさりともと宮人も待ち聞こえ、内裏にもさる御心まうけども<u>ある</u>、［コノ月モ］つれなくてたちぬ。（源・紅葉賀）

⒅　［薫ガ］朝顔を引き寄せ<u>給へる</u>、露いたくこぼる。［薫ハ］「……」と独りごちて、［朝顔ヲ］折りて持給へり。（源・宿木）

```
─────────[240]───────────────終止形・連用形の反復─
　下線部を訳しなさい。
①　［娘ガ］日々に重り給ひて、ただ五六日（いつかむゆか）のほどに、いと弱うなれば、母君
　　<u>泣く泣く</u>奏して、まかでさせ奉り給ふ。（源・桐壺）
②　昔、男、色好みと<u>知る知る</u>、女をあひいへりけり。（伊勢 42）
③　あはれなる雪の雫に<u>濡れ濡れ</u>行ひ給ふ。（源・賢木）
④　<u>うち泣きうち泣き</u>聞こゆ。（源・明石）
```

　現代語の「<u>泣く泣く</u>承知する」「<u>泣き泣き</u>家に帰る」のように、終止形・連用形を反復して、「…しながら」の意を表す用法がある。②は逆接の意が感じられる。連用形を重ねた形式の方が新しく、特に④のように複合動詞の場合は必ず連用形を重ねた表現になる（橋本四郎 1959）。

⒆　御文をうちも置かず<u>ひき返へしひき返へし</u>見る給へり。（源・宿木）

25.4　内容補充（準引用）

```
─────────[241]───────────────────内容補充─
　下線部に注意して、次の文を訳しなさい。
①　うれしきにも、<u>げに今日を限りにこの渚を別るること</u>などあはれがりて、
　　口々しほたれ言ひあへることどもあめり。（源・明石）
②　［源氏ガ］世に知らず聡（さと）うかしこくおはすれば、［帝ハ］あまり<u>恐ろしきま</u>
```

で御覧ず。（源・桐壺）

① このような「ことなど」は、「「ことヨ！」など」の意であるから、注意が必要である。次例の「…さなど」も「「…サヨ！」など」の意である。

(30) ［柏木ノ］形見に見るばかりのなごりをだにとどめよかしと［柏木ノ父、致仕大臣］泣きこがれ給ふに、［柏木ノ形見ガアルノヲ］聞かせ奉らざらむ罪得がましさなど思ふも（源・横笛）

② 「…まで思ふ（見る）」は、「…とまで思ふ（見る）」の意である。

(31) かたはしを掻き鳴らしてやみ給ひぬれば、恨めしきまでおぼゆれど（源・横笛）

(32) いと近くて見えむまでは思しよらず。（源・葵）

25.5　移り詞

―――[242]――――――――――――――――――――――移り詞――

次の文中にある会話文に「　」を付しなさい。

① 「……」と［内大臣ガ源氏ニ］申し給へば、さらば、この（＝大宮ノ）御悩みもよろしう見え給ふを、かならず聞こえし日違へさせ給はず渡り給ふべきよし、聞こえ契り給ふ。（源・行幸）

② ［源氏ハ］少し立ち出でつつ見わたし給へば、高き所にて、ここかしこ、僧坊どもあらはに見おろさるる、ただこのつづら折りの下に、同じ小柴なれど、うるはしうしわたして、きよげなる屋、廊など続けて、木立いとよしあるは、なに人の住むにかと問ひ給へば（源・若紫）

①の会話文の始発は「さらば」であるが、末尾が地の文に融合している。②の会話文の末尾は「なに人の住むにか」であるが、地の文から自然に会話に推移していて、会話文の始発を特定しにくい。このように、会話文・心内文・地の文が自然に推移移行する現象を「移り詞」という。

208　第25講　複文（2）・内容補充・移り詞

────── 補　説 ──────

散文から和歌に、和歌から散文に、直接文が続くことがある。

⑶ 「なにごとにつけても、

しほしほとまづぞ泣かるるかりそめのみるめは海人のすさびなれども」

とある御返り、何心なくらうたげに書きて（源・明石）

⑶ 「山近き入相の鐘の声ごとに恋ふる心のかずは知るらむ

ものを、こよなの長居や」とぞ書かせ給へる。（枕224）

⑶ 亡き人を恋ふる 袂 のひまなきに荒れたる軒の 雫 さへ添ふ

も心苦しきほどになむありける。（源・蓬生）

第26講　挿入句・係り受け

26.1　挿入句

─────── [243] ─────────────────────────挿入句─

　次の文①②で、係助詞「や」「か」があるのに、文末が連体形ではなく終止形になっているのは、何故か。

① ［源氏ガ紫上ニ琴ヲ］そそのかし聞こえ給へど、かの（＝明石君ガ）すぐれたりけむもねたきに<u>や</u>、［紫上ハ琴ニ］手も触れ給は<u>ず</u>。（源・澪標）

② いづれの御時に<u>か</u>、女御、更衣あまたさぶらひ給ひける中に、いとやむごとなき際にはあらぬが、すぐれて時めき給ふあり<u>けり</u>。（源・桐壺）

───────────────────────────────────────

　文中に、その文と係り受けの関係をもたない、<u>形態上独立した文相当の句</u>が含まれるとき、その別の文相当の句を挿入句という。

　　(1)　「この暁より、<u>咳病にや侍らむ</u>、頭いと痛くて苦しく侍れば、いと無礼にて聞こゆること」などのたまふ。（源・夕顔）

①の「かのすぐれたりけむもねたきにや」は、その下に「あらむ。」が省略された挿入句（主文とは別の文）なので、係助詞「や」は主文の述語には及ばない。挿入句は、次例のように、文頭にも立つ。

　　(2)　<u>前の世にも御契りや深かりけむ</u>、世になく清らなる玉の男御子さへ生まれ給ひぬ。（源・桐壺）

②の「いづれの御時にか」は下に「ありけむ。」が省略された、文頭に立つ挿入句である。

─────── [244] ─────────────────────────挿入句の発見─

　次の文から挿入句を指摘しなさい。

① 飽かず一声聞きし御琴の音を［薫ハ］切にゆかしがり給へば、［八宮ハ］うとうとしからぬはじめにもとや思すらむ、御みづからあなたに入り給ひて、［姫君達ニ琴ヲ］切にそそのかし聞こえ給ふ。（源・椎本）

───────────────────────────────────────

210   第26講　挿入句・係り受け

② 　帝（＝朱雀）は、院（＝桐壺）の御遺言たがへず［源氏ヲ］あはれに思した
　　れど、若うおはしますうちにも、御心なよびたる方に過ぎて、強きところ
　　おはしまさぬなるべし、母后、祖父大臣とりどりにし給ふことはえ背かせ
　　給はず、世のまつりごと、御心にかなはぬやうなり。（源・賢木）

③ 　また、非違の別当の夢に、気高くして端正美麗なる童、鬢を結ひて束帯の
　　姿なり、来たりて、別当に告げて言はく、…（今昔 13-10）

④ 　かく上る人々の中に、京より下りし時に皆人子どもなかりき、到れりし国
　　にてぞ子生める者ども、ありあへる。（土佐）

⑤ 　使は北向きに、舞人は御前の方に向きて、これらはひがおぼえにもあら
　　む、所（＝蔵人所）の衆どもの、衝重取りて、前どもに据ゑわたしたる。
　　（枕 135）

　　①②は、下文の原因・理由を表す挿入句。③④は、前の語句や文脈に対す
る補足説明を表す挿入句。⑤は、述者の疑念や但し書きを表す挿入句。

26.2　提示句

──── [245] ──────────────────────提示句を中心とする句連続──

次の下線部は、どこに係るか。

① 　主人の言はく、「この経は、我が大娘（＝妻）ありき、早く亡じにき、そ
　　の人の在生の時に受持せし経なり」と。（今昔 7-20）

② 　王子あり、快見といひき。その人出家して道を学ぶ。自ら王子と恃むで常
　　に憍慢をなして、師に和上ありき、王子のために甚深般若の空義を説き
　　き、王子、これを聞きて邪説と思ひき。（今昔 3-19）

③ 　願ひのごとく悪竜となりて、□寺の坤に深き谷あり、峻しく嶮しくし
　　て、恐ろしげなること限りなし、その谷の東の岸に壁を塗りたるやうなる
　　高き石あり、その石に大きなる峒の穴あり、峒の口狭くして内極めて暗
　　し、その峒、常に潤ひ□て水滴り、この大竜その峒を栖とす。（今昔 3-8）

① 　次の文を考えてみよう。

26.2 提示句　211

(3)　この牛、<u>片山に一つの石の穴あり</u>、その穴に入る。（今昔 5-31）

(3)の下線部末は終止する形態をとっているが、

(3)′　＊この牛、片山に一つの石の穴あり。

という文は成り立たないので、下線部末で文が完全に終止するわけではない。
(3)は、主文中の「に」格成分「石の穴」が、「片山に一つの石の穴あり」とい
う句の形で提示され、それを「その穴」と受け直している。このように、主文
中の格成分に立つ名詞を一度句の形で提示したものを「提示句」という（小田
勝 2006）。提示句の例をあげる。

(4)　女子は多くありといへども男子は無かりければ、<u>その郡に高尾寺といふ
寺あり</u>、<u>その寺</u>に詣でて男子を生ずべきことを祈り申しけるに（今昔 12
-32）

(5)　父母これを見て泣き悲むで、忽に医師を請じて、これを問はむとする
に、<u>その国にやむごとなき医師あり</u>、<u>これ</u>を呼びてこのことを問ふ。
（今昔 24-9）

(6)　神叡心に知恵を得むことを願ひて、<u>大和国の吉野の郡の現光寺の塔の杓
形には虚空蔵菩薩を鋳付けたり</u>、<u>それ</u>に緒を付けて、神叡是れを引かへ
て、「……」と祈りけるに（今昔 11-5）

①は、「この経は、<u>我が大娘ありき</u>、<u>その人</u>の在生の時に受持せし経なり」と
いう提示句の句型に、「早く亡じにき」という「我が大娘」を説明する挿入句
が介在したものと捉えられる。類例をあげる（以下、提示句を下線で、挿入句を
波線で示す）。

(7)　その次の日、<u>左門の府生掃守の在上といふ高名の絵師あり</u>、物の形を写
す、少も違ふこと無かりけり、<u>それ</u>を内裏に召して（今昔 25-2）

(8)　大王泣き悲むで、<u>菩提樹の寺に一人の羅漢おはします</u>、名をば寠沙大羅
漢と申す、<u>その人</u>、三明六通明らかにして、人を利益すること仏のごと
しなり、大王、<u>この羅漢</u>を請じて申し給はく（今昔 4-4）

②　下線部は意味上「これを聞て邪説と思ひき」に係ると考えられる。する
と、途中の 2 文は、「甚深般若の空義」を提示するための提示句が 2 つ連続し
たものと捉えられる。類例、

212　第26講　挿入句・係り受け

(9)　国王これを見給ふに、たちまちに罪に行はむことのさせるゆゑな無ければ、遣はすべき所ありと思ひて宣はく、「汝、これより<u>艮</u>に四十里行きて大きなる池あり、<u>その池に四種の蓮花開けたり</u>、七日の内に<u>その蓮花を取りて持て参るべし</u>」（今昔 4-20）

(10)　仏、金翅鳥に告げてのたまはく、「汝等、この難を遁れむと思はば、<u>世間に人死にて後七々日に当る仏事を脩する所あり</u>、<u>比丘ありて供養を受けて呪願して施食を取る</u>、<u>其の施食</u>の飯を取りて山の角に置くべし。（今昔 3-10）

③　①②の合体形である。下線部は「その峒を栖とす」に係り、「その峒」を提示するための提示句（下線部）と、それを補足説明するための挿入句（波線部）とが連続している。

　　願ひのごとく悪竜となりて、□寺の<u>坤</u>に深き谷あり、<u>峻しく嶮しくして、恐ろしげなること限りなし</u>、<u>その谷の東の岸に壁を塗りたるやうなる高き石あり</u>、<u>その石に大きなる峒の穴あり</u>、<u>峒の口狭くして内極めて暗し</u>、<u>その峒、常に潤ひ□て水滴り</u>、この大竜その峒を栖とす。

---

[246] ─────────────── 提示句を受ける指示語の非表示 ──

　次の文の構造を説明しなさい。
同じ太政大臣（＝藤原忠平）、左の大臣の御母菅原の君かくれ給ひにけり、御服はて給ひけるころ、亭子の帝なむ、内に御消息聞こえ給ひて、色ゆるされ給ひける。（大和 98）

　次の文を考えよう。

(11)　しかれば、［藤原］伊勢人（＝人名）、<u>年ごろ乗れる所の白き馬あり</u>、鞍を置きて<u>φ馬に云ひ含て</u>云はく（今昔 11-35）

(11)の下線部は「白き馬」を提示するための提示句と考えられるが、「φ」の部分に、提示句を受ける「その馬」の「その」が表示されていない（提示句を受ける指示語の非表示）。また、

(12)　この仏の霊験を［国王ハ］伝へ聞きて、「いかで我が国に移し奉りて、日

夜に恭敬供養せむ」と願ひけるに、その国に宰相あり、心極めて賢く思慮深かりけり、φ国王に申して、宣（おほせごと）を蒙りて、かの国に渡りて（今昔11-15）

では、「φ」の部分に「その宰相」が想定される（提示句を受ける指示語と名詞の両方の非表示）。次例は、和文における提示句の例で、⒁では「φ」の部分に「その殿に」が想定される。

⒀ ［帝ハ］かくて帰り給ふとて、南院の七郎君といふ人ありけり、それなむ、このうかれめの住むあたりに、家つくりて住むと聞こしめして、それになむ、［コノ遊女ヲ］のたまひあづけたる。（大和146）〈和文における提示句の例〉

⒁ 故兵部卿の宮、わか男にて、一の宮と聞こえて、色好み給ひけるころ、承香殿はいと近きほどになむありける、φらうあり、をかしき人々ありと、聞き給うて、ものなどのたまひかはしけり。（大和139）

⒂ 物取りしたため（＝整理）などするに、上筵の下に、［兼家ガ］つとめて食ふ薬といふ物、畳紙の中にさしれて（＝挟ンデ）ありしは、［私ガ父ノ家ニ行ッテ］ここにゆき帰るまでありけり、φこれかれ（＝侍女達ガ）見出でて、「これ何ならむ」と言ふを（蜻蛉）〈φ＝その薬といふ物を〉

例題文は、「左の大臣の御母菅原の君かくれ給ひにけり」の部分が提示句で、その下に「その君の」という、提示句を受ける指示語と名詞が表示されていない。

┌─── ［247］ ─────────提示句を中心とした複雑な文の構文理解─
　次の文の構造を説明しなさい。
御子たちは、春宮をおき奉りて、女宮たちなむ四所（よ ところ）おはしましける。その中に、藤壺（＝女宮達ノ母）と聞こえしは、先帝の源氏にぞおはしましける、まだ坊と聞こえさせしとき参り給ひて、高き位にも定まり給ふべかりし人の、とりたてたる御後見もおはせず、母方もその筋となくものはかなき更衣腹にてものし給ひければ、御まじらひのほども心細げにて、大后の、尚侍を参らせ奉り給ひて、かたはらに並ぶ人なくもてなし聞こえ給ひなどせしほどに、気おされ

214　第26講　挿入句・係り受け

て、帝も御心の中にいとほしきものには思ひ聞こえさせ給ひながら、おりさせ
給ひにしかば、かひなく口惜しくて、世の中を恨みたるやうにて亡せ給ひに
し、その御腹の女三の宮を、あまたの御中にすぐれてかなしきものに思ひかし
づき聞こえ給ふ。（源・若菜上）

　例題文1行目の「その中に」は遠く9行目の「女三の宮を」に係る（藤壺は
女宮たち四所の一人ではないから、「その中に、藤壺と聞こえしは、先帝の源氏にぞお
はしましける。」という文は成立しない）。2行目の「藤壺と聞こえしは」から8～
9行目の「亡せ給ひにし」までが藤壺を提示する句で、9行目の「その御腹
の」の「その」は「藤壺」を受ける。藤壺を提示する提示句は「SはP」の形
になっていて、Sは「藤壺と聞こえしは」、Pは「まだ坊と聞こえさせしとき
参り給ひて、高き位にも定まり給ふべかりし人の、…亡せ給ひにし△」という
同格構文になっている。途中2行目の「先帝の源氏にぞおはしましける」は挿
入句である。

26.3　成分の句化

──── [248] ────────────────────────成分の句化──

　次の下線部について、説明しなさい。
白き衣の萎えたると見ゆる着て、<u>掻練の張綿なるべし</u>、腰よりしもに引きかけ
て、側みてあれば、顔は見えず。（落窪）

　この下線部は、一見挿入句のようにみえるが、下線部の名詞が主文の述語
「引きかけて」の目的語になっている点で、挿入句とは区別される。これは文
中の格成分に推定等のモダリティが付いたために句の形になったものと捉えら
れる。このような現象を「成分の句化」という（小田勝 2006）。

　　◆現代語の次のような句型に相当する。
　　・荒涼たる冬ざれの一日、しんと静かな家の中で、<u>九官鳥だろうか</u>、ときどき物を
　　　言う。（大岡信『続折々の歌』）
　　格成分に推量のモダリティが付与されたため、（やむを得ず）文の形をとらざるを

得なかったのであって、上例の下線部は「九官鳥？が、ときどき物を言う。」ということである。

⒃　二人して、栗などやうのものにや、ほろほろと食ふも、聞き知らぬ［薫ノ］心地には、かたはらいたくて、…（源・宿木）〈目的格成分の句化〉

⒄　［宇治邸デハ］内にも、泣く声々のみして、乳母なるべし、「……」と言ひ続くるが、心得ぬことどもまじるを（源・蜻蛉）〈主格成分の句化〉

26.4　係り受け

――― [249] ―――――――――――――――――係り受け―

次の下線部は、どこに係るか。

①　夏の夜の臥すかとすれば郭公鳴く一声にあくるしののめ（古今156）

②　山人の聞き分かぬ歌を夕日さす真木の戸口に声たてつなり（顕氏集）

③　あはれてふ言こそうたて世の中を思ひ離れぬほだしなりけれ（古今939）

④　奥山に紅葉踏み分け鳴く鹿の声聞く時ぞ秋は悲しき（百5）

⑤　さらに都の住み処求むるを、にはかにまばゆき人中いとはしたなく、田舎びにける心地も静かなるまじきを、古き所尋ねてとなむ思ひよる。（源・松風）

　語は直後の語に係るとは限らない。語が文中のどこに係るかを考えるのは、読解の基本姿勢である。④では、「鳴く」に係ると考えると「踏み分け」の主語は鹿、「聞く」に係ると考えると「踏み分け」の主語は作者となる。⑤では係るべき語句が、表されていない。

216　第27講　敬語（1）

第27講　敬語（1）

27.1　敬語のしくみ

――― [250] ―――――――――――――――――敬語のしくみ―――

　次の文（作例）の下線部は、誰から誰への敬意を表すか。

① 　僧都、女を助け<u>給ふ</u>。

② 　僧都、女を助け<u>奉る</u>。

③ 　僧都、女を助け<u>候ふ</u>。

④ 　僧都、女を助け<u>奉り</u>給ふ。

⑤ 　女、僧都に助けられ<u>給ふ</u>。

⑥ 　女、僧都に助けられ<u>奉る</u>。

　発話者（発話の話し手や文の書き手）が、話題中の人物や対者（発話の聞き手や文の読み手）に対して敬意を表す言語的表現を「敬語」という。①の「給ふ」は、発話者から、文の主語である「僧都」への敬意を表す（これを「主語尊敬語」という。学校文法では「尊敬語」）。②の「奉る」は、発話者から、文の補語（「を」格や「に」格、「から」格など、主格以外の格成分）である「女」への敬意を表す（これを「補語尊敬語」という。学校文法では「謙譲語」）。③の「候ふ」は、発話者から対者への敬意を表す（これを「対者尊敬語」という。学校文法では「丁寧語」）。④は、発話者から、主語である「僧都」と補語である「女」に、同時に敬意を表している。

　　◆敬意の主体は必ず発話者であって、特に、②の敬語は、「僧都から女への敬意」ではない点に注意。②の補語尊敬語において、「主語から補語への敬意」を表すと考えると、

　・［蜂ガ太政大臣宗輔ヲ］刺し<u>奉る</u>ことせざりけり。（今鏡）

　・かの<ruby>蓮<rt>はちす</rt></ruby>の花は、まろが女院のわたりにこそ似<u>奉り</u>たれ。（堤・はなだの女御）
　　〈女タチガ各自ノ女主人タチヲ花ニ喩エテ語リ合ッタモノ〉

　・あが君を取り<u>奉り</u>たらむ、人にまれ鬼にまれ、返し<u>奉れ</u>。（源・蜻蛉）

はそれぞれ、「蜂から太政大臣への敬意」、「蓮の花から女院への敬意」、「「人であれ鬼であれ、何であれ」という不定のモノから「あが君」への敬意」を表しているということになり、これはまことに奇妙な理解というべきであろうし、次例では敬意の主体がないことになってしまう。

・神武天皇をはじめ奉りて、当代まで六十八代にぞならせ給にける。(大鏡)

同様に、②において、「主語を低めることによって、結果的に補語を高める」という説明も成り立たない。

・[帝ハ] 一の宮を見奉らせ給ふにも (源・桐壺)

・氏の神の [三位中将ヲ] 夜昼守り聞こえ給ひて (あさぢが露)

において帝や氏神を低めるとか、上例で蜂や花を低めるというのは奇妙な考え方というべきであるし、「神武天皇をはじめ奉りて…」では、そもそも低めるべき主語がない。

「給ふ」は文の表層上の主語を、「奉る」は文の表層上の補語に対する敬意を表すので、この原理は受身文・使役文になっても変わらない。⑤は発話者の「女」に対する敬意、⑥は発話者の「僧都」に対する敬意を表す。実例で示せば、次例(1)は「源氏」、(2)は「実の親」に対する敬意を表す。

(1) [源氏ハ惟光ニ] とかく助けられ給ひてなむ二条院へ帰り給ひける。(源・夕顔)

(2) 実の親にさも知られ奉りにしかな。(源・胡蝶)

次例は、使役文中の補語尊敬語の例で、この「奉る」はニ格である源氏に対する敬意を表す。

(3) [藤壺ハ] 御祈りをさへせさせて、[源氏ニ] このこと思ひやませ奉らむと、思しいたらぬことなくのがれ給ふを (源・賢木)

◆「シテ尊敬」「ウケテ尊敬」という説明のしかたでは、受身文・使役文中の敬語が説明しづらい。

──── [251] ──────────────────────敬意の主体と対象──

次の文の下線部は、誰から誰への敬意を表すか。

大納言殿の [中宮様ノ許へ] ①参り②給へるなりけり。御直衣、指貫の紫の色、

218　第 27 講　敬語 (1)

雪に映えていみじうをかし。柱のもとにゐ③給ひて、「昨日今日、物忌みに④侍
りつれど、雪のいたく降り侍りつれば、おぼつかなさになむ」と［中宮様ニ］
⑤申し⑥給ふ。(枕 177)

　[250] の練習問題。②③⑥は文の主語、①⑤は文の補語、④は対者への敬意
を表す。

────── [252] ──────────────────────────────── 自卑敬語 ──
　次の文 (作例) の下線部は、どのような敬語か。
「僧都、女を助く」となむ、思ひ給ふる。

　四段の「給ふ」が主語尊敬語であるのに対し、下二段の「給ふ」は、自己側
の動作をへりくだる、自己卑下の意を表す。したがって、主語は必ず第一人称
(および自己側の人物) である。このような敬語を「自卑敬語」(三矢重松 1908)
という。

　　◆補語尊敬語と自卑敬語とを、学校文法では一括して「謙譲語」と呼ぶが、全く性
　　質の異なる語である。そして、この差は、現代語にも存する (菊地康人 1994)。
　　・a　私は ｜お客様を／＊弟を｜ ご案内しました。(補語尊敬語)
　　　b　私は ｜お客様を／弟を｜ 案内いたしました。(自卑敬語)
　　・a　これから ｜お客様のお宅に／＊弟の家に｜ 伺います。(補語尊敬語)
　　　b　これから ｜お客様のお宅に／弟の家に｜ 参ります。(自卑敬語)
　　この二者を同じ「謙譲語」として同一視することは混乱のもとであるので、平成
　　19 年 2 月 2 日に出された文化審議会答申「敬語の指針」では、本書にいう補語尊
　　敬語を「謙譲語Ⅰ」、自卑敬語を「謙譲語Ⅱ」としてはっきり区別することになっ
　　た。

────────────── 補　説 ──────────────
敬語は、「補語尊敬語─主語尊敬語─対者敬語」の順に並ぶ。
(4)　［姫君ヲ］いとほしくし参らせ-給ひ-候ひき。(西行物語)

(5)　さのみ背き<u>申させ‐給ひ‐候</u>はんこと　（平治）

「給ふ・奉る・侍り」は助動詞「る／らる」に下接するが、下二段「給ふ」は
助動詞「る／らる」に先行する。

　(6)　思は<u>れ給へ</u>る人なれば　（源・若紫）

　(7)　思ひ<u>給へられ</u>しかば　（源・帚木）

「侍り」は助動詞「まほし・べし・まじ・ず・なり（断定）」に対して、前接も
後接もする（中村幸弘 1972）。

　(8)a　［若宮ヲ］見奉りて、くはしう御有様も奏し<u>侍らまほしき</u>を　（源・桐壺）

　　b　くれまどふ心の闇も堪へがたき片端をだに、はるくばかりに<u>聞こえま</u>
<u>ほしう侍る</u>を　（源・桐壺）

　(9)a　今日のかしこまりは（＝オ礼ニハ）、ことさらになむ<u>参るべく侍る</u>。
　　　　（源・行幸）

　　b　さらばいと嬉しくなん<u>侍るべき</u>。（源・夕顔）

「…むとす」の敬語形には、「…給はむとす」の形と「…むとし給ふ」の形とが
ある（『源氏物語』では前者36例、後者5例である）。

　(10)a　かかるほどに候ひ給ふ例なきことなれば、まかで<u>給ひなむとす</u>。（源・
　　　　桐壺）

　　b　御息所、はかなき心地にわづらひて、まかで<u>なむとし給ふ</u>を　（源・桐
　　　　壺）

27.2　主語尊敬語

────────［253］──────────────────────主語尊敬語───

　次の下線部を訳しなさい。

①　かぐや姫、いといたく<u>泣き給ふ</u>。（竹取）

②　［紫上ハ］「書きそこなひつ」と恥ぢて<u>隠し給ふ</u>を、［光源氏ガ］せめて<u>見給</u>
<u>へ</u>ば、「……」と、いと若けれど生ひ先見えてふくよかに<u>書い給へり</u>。
　　（源・若紫）

③　まだ中将などに<u>ものし給ひし</u>時は　（源・帚木）

④　親王、<u>大殿籠らで明かし給う</u>てけり。（伊勢83）

220　第 27 講　敬語（1）

⑤　［源氏ハ］「さらば暁に」と<u>のたまふ</u>。（源・若紫）

⑥　またの日、［源氏ガ］小君<u>召し</u>たれば、参るとて（源・帚木）

　②の第 3 例の「書い給へり」は、「書き給ふ」（お書きになる）に、アスペクト形式「り」（「…ている」）がついたもので、現代語訳は「お書きになっている」となるが、このような場合、現代語では敬語表現をできるだけ下にもっていき、「書いていらっしゃる」とすると良い。

　③の「ものし給ふ」は「あり」の主語尊敬語として非常に多く用いられる形式である（何故か「＊あり給ふ」といえず、「おはす」は（更に敬意の高い「おはします」があるものの）重い敬語であり、「あり」に「給ふ」が付いた形の代用として好まれたのだろう）。

　補助動詞「給ふ」は、実質的意味はなく他の動詞に対して敬語的意味を添えるだけであるが、④〜⑥のように、実質的な意味をもつ動詞が敬語的意味を併せもつことがある。これを敬語動詞という。

――― [254] ――――――――――――――主語尊敬の最高敬語―

　次の下線部を訳しなさい。

その年の夏、御息所、はかなき心地にわづらひて、まかでなむと①<u>し給ふ</u>を、［帝ハ］暇さらに②<u>許させ給は</u>ず。年ごろ、常のあつしさに③<u>なり給へれ</u>ば、御目馴れて、「なほしばし試みよ」とのみ④<u>のたまはす</u>るに、日々に⑤<u>重り給ひ</u>て（源・桐壺）

　②の「許さ<u>せ給は</u>ず」は、「給ふ」に助動詞「す」を付けて「せ給ふ」の形にしたもので、これを「最高敬語」という。渡辺英二（1974）によれば、『源氏物語』（紫上系 17 帖）の地の文における、「給ふ」と「せ給ふ」の使用状況は、次の通りである。

27.2 主語尊敬語 221

(11)

	桐壺院	朱雀院	冷泉院	藤壺	光源氏	頭中将	紫上
給ふ	15	12	28	58	1059	105	128
せ給ふ	62	25	33	20	66	1	1

これをみると、地の文で、通常、最高敬語で遇される人物は、帝や后に限られることがわかる。『源氏物語』中に、あれほど素晴らしい人だと絶賛されている紫上でも、最高敬語で遇されるわけではないのである。光源氏に対しても、大将昇進以前は一切「せ給ふ」が使われていない。ここからは、中古文学作品における敬語が、人物の身分によって機械的に付与されている実態が浮かび上がってくる。したがって、桐壺更衣と帝の二人が登場している例題の文では、最高敬語が用いられた②④の主語が「帝」、それ以外の①③⑤の主語が「桐壺更衣」であると、自動的にわかる。

◆最高敬語がほとんど皇族専用であるというのは、地の文でのことであって、会話文では、この限りではない。例えば、次例では、女房が軒端荻に対して最高敬語を使っている。

・[女房ガ小君ニ]「昼より西の御方（＝軒端荻）の渡ら<u>せ給ひ</u>て、［空蟬ト］碁打た<u>せ給ふ</u>」と言ふ。(源・空蟬)

◆「せ給ふ」の「せ」が使役の場合もある。

・[源氏ハ] 御随身召して ［雪ヲ］払は<u>せ給ふ</u>。(源・末摘花)

使役の「（さ）す」と尊敬の「さす」は重出できる。次例は「せ（使役）＋させ（尊敬）＋給ふ」である。

・な笑は<u>せさせ給ひ</u>そ。(源・常夏)

◆『源氏物語』では、地の文で「給ふ」などの敬語が用いられるのは三位以上の人物、『枕草子』では従五位下以上の人物であることが知られている（渡辺英二 1967、1974）。

―― [255] ――――――――――――敬語による主語の発見――

次の下線部の主語は誰であるか、答えなさい。

① 橘の良利といひける人、内に<u>おはしまし</u>ける時、殿上に<u>候ひ</u>ける、御髪お

222　第27講　敬語（1）

ろし給ひければ、やがて御ともに頭おろしてけり。（大和2）

② ［源氏ガ］「露の光（＝私ノ顔）やいかに」とのたまへば、［夕顔ハ］後目に見おこせて、「光ありと見し夕顔の上露はたそかれ時の空目なりけり」とほのかに言ふ。をかしと思しなす。げに、うちとけ給へるさま、世になく、所からまいてゆゆしきまで見え給ふ。（源・夕顔）

　古典文では、多くの場合、敬語によって主語と補語とが一目瞭然である（だから古典文では主語、補語を一々表示しない）。①では主語が節ごとに交替しているが、当然に、敬語形の述語の主語が帝、非敬語形の述語の主語が良利である。次例(12)は、

(12)　…と御乳母どもさし集ひてのたまひ嘆く。（源・真木柱）

は、「のたまひ嘆く」とあるから、主語が「御乳母ども」と表示されていても、自動的に「…と御乳母どもさし集ひて、［北の方ガ］のたまひ嘆く」と読める。

　②は、光源氏の「私の顔どう？」という問いかけに、夕顔は非常に戯れた返事をしていて、「げに、うちとけ」たように感じられてしまうが、ここで「うちとけ」たのは、絶対に光源氏の方である。

　　◆次例では、「御供の人々」の身分によって「見給ひ」と「見る」とを書き分けている。

　・この御供の人々の見給ひ見るをばさるものにて、道の勿見る車などのいと多かるが見るぞ、いとわびしかりける。（栄花19）

　次例では、「思し」と「思ふ」によって主語が貴人とそれ以外となり、「誰しも」の意が加わる。

　・誰かはおぼつかなく思し思ふ人の侍らむ。（大鏡）

―――［256］――――――――――補語尊敬語の転用・複合動詞の敬語形―

　次の下線部を訳しなさい。

① 御直衣奉り、乱れぬさまに引き繕ひて出で給ふ。（源・総角）

② 心地もまことに苦しければ、物もつゆばかり参らず（源・総角）

27.2　主語尊敬語　　223

③　［酒杯ヲ］けしきばかりにて紛らはすを御覧じ咎めて（源・若菜下）

④　少し大殿籠り過ぐして（源・松風）

⑤　さもあぢきなき身をもて悩むかな、など思し続け給ふ。（源・賢木）

　飲食・着衣・乗車を表す主語尊敬の敬語動詞は、他の語から転じた特別な語が用いられることがあるので、注意が必要である。①の「奉る」は「着る」の主語尊敬語（「お召しになる」）、②の「参る」は「食ふ」の主語尊敬語（「お召し上がりになる」）で、ともに補語尊敬語からの転用である（「［源氏ハ］御直衣などを着給ひて（源・帚木）」のように補助動詞を用いた例もある）。

　複合動詞の敬語形は、上の動詞を敬語形にして表すことがあるから、注意が必要である。次例(13)(14)はともに「見果つ（＝最後マデ見届ケル）」の主語尊敬語形である。

⑬　［桐壺帝ハ］かくながら、ともかくもならむを御覧じ果てむと思しめすに
　　（源・桐壺）

⑭　「……」とあれど、［桐壺更衣ノ母ハ］え見給ひ果てず。（源・桐壺）

③は「見咎む」、④は「寝過ぐす」、次例(15)は「見馴る」、(16)は「着替ふ」の主語尊敬語形である。

⑮　御覧じ馴れたる御導師の、頭はやうやう色変はりてさぶらふも、あはれ
　　に思さる。（源・幻）

⑯　御衣奉り替へて（源・桐壺）

⑤は「思ひ続く」の敬語形「思し続く」に、さらに補助動詞「給ふ」を付けている。③④に照らして、敬語が重複しているようにみえるが、このような形も時にみられる。

⑰　上は、夢のやうにいみじきことを聞かせ給ひて、色々に思し乱れさせ給
　　ふ。（源・薄雲）

――――[257]――――――――――――敬語動詞の受身形・使役形――――

　次の下線部を訳しなさい。

①　子どもは［母ノ有様ヲ］いと見苦しと思ひて、「背きぬる世の去りがたきや

224　第27講　敬語（1）

うに、みづからひそみ（＝自カラ泣キ顔ヲシテ）[源氏ニ] <u>御覧ぜられ給ふ</u>」
と、つきしろひ目くはす。（源・夕顔）

② [命婦ハ] かの（＝桐壺更衣ノ母カラノ）贈物、[帝ニ] <u>御覧ぜさす</u>。（源・桐壺）

---

①　敬語動詞の受身形の例。「御覧ぜらる」は、「「源氏が御覧になる」ことを
（母が）ありがたい恩恵として受ける」→「（母が源氏に）御覧になっていただ
く」の意（「御覧ず」は源氏に対する敬意、その下の「給ふ」は母に対する敬意）。敬
語動詞の受身形は「…ていただく」の意になる。次例のように「御覧ぜられ奉
る」（「御覧ず」も「奉る」もともに源氏に対する敬意）といっても「御覧ぜらる」
と同意である。

　⒅ [夕顔ハ] 世の人に似ずものづつみをし給ひて、人にもの思ふ気色を見え
　　むを恥づかしきものにし給ひて、つれなくのみもてなして<u>御覧ぜられ奉
　　り給ふ</u>めりしか。（源・夕顔）

②　敬語動詞の使役形の例。「御覧ぜさす」は、「「帝が御覧になる」ようにし
むける」→「お目にかける」の意。次例の「聞こしめさす」は「お耳に入れ
る」の意になる。

　⒆ 内裏（うち）になど、あしざまに<u>聞こしめさする</u>人や侍らむ。（源・浮舟）

⒇の現代語訳は「おいでいただく」「お招きする」、㉑の現代語訳は「お嘆き
いただく」のようになる。

　⒇ 親王（みこ）たち<u>おはしまさせて</u>、夜ひと夜、酒飲みし遊びて（伊勢81）

　㉑ 「何人ならむ。その人と聞こえもなくて、かう [源氏ニ] <u>思し嘆かす</u>ばか
　　りなりけむ [夕顔ノ] 宿世の高さ」と言ひけり。（源・夕顔）

────── [258] ──────────────────敬語の命令形──

次の下線部を訳しなさい。

① いで、君も書い<u>給へ</u>。（源・若紫）〈源氏→若紫〉

② まことに迹（あと）を垂れ給ふ神ならば、助け<u>給へ</u>。（源・明石）

　敬語の命令形がそのまま敬語として用いられる点が現代語との相違である。

古典語では、現代語の「…てください」のような、利益の授受を表す敬語の専用形式がなく、敬意をもった命令形（非受益敬語）も、利益の授受を表す敬語（受益敬語）も同じ形式である。①は前者で「あなたもお書きなさい」の意、②は後者で「お助けください」の意。

　　◆中世になると「…てたべ」が受益敬語の専用形式として成立し、室町時代には「…て給はれ」の形も現れる（岡崎正継 1971）。

27.3　尊敬の「る／らる」

――――― [259] ―――――――――――――――――――尊敬の「る／らる」――

　次の下線部を訳しなさい。

①　中将（＝夕霧）の［内大臣ヲ］<u>恨めしげに思はれたる</u>ことも侍るを（源・行幸）〈大宮→源氏〉

②　その年返りて、<u>男踏歌せられ</u>けり。（源・竹河）

③　［源氏ハ］折々のこと思ひ出で給ふに、<u>よよと泣かれ給ふ</u>。（源・須磨）

④　［源氏ハ明石君ヲ］見捨てがたく<u>口惜しう思さる</u>。（源・明石）

　助動詞「る／らる」の尊敬用法には、文の主語に対する尊敬を表す「一般尊敬」（①）と、公の場に用いられ敬意の対象たる文の主語が漠然としている「公尊敬」（②）とがある（桜井光昭 1966）。「公尊敬」は誰の行為かを特定せず、催事の主催者を漠然と意識するものであり、天皇という最高位の人物に対しても用いることができるのに対し、「一般尊敬」の「る／らる」は、中古にあっては、敬意は相当低い。

　中古の「る／らる」が、「（ら）れ－給ふ」の形で尊敬語になることはない。これは、「る／らる」の敬意の低さと、「給ふ」の敬意の高さとの間に齟齬があるからであろう。「る／らる」が尊敬語として広く用いられるようになるのは院政以降で、「思さ－る」「思しめさ－る」「御覧ぜ－らる」の形で尊敬を表すのも院政以降のことである。したがって、中古では、「（ら）れ－給ふ」「思さ－る」「思しめさ－る」「御覧ぜ－らる」の「る／らる」は尊敬ではなく、自発（受身や可能の場合もある）と考えなければならない。③の「れ給ふ」、④の「思さる」

226　第27講　敬語（1）

の「る」は自発である。

　　◆「（ら）れ−給ふ」「思さる」の「る」が受身、可能の場合もある。⒜の「る」は
　　受身、⒝の「る」は可能である。

　　⒜とかく助けられ給ひてなむ、二条の院へ帰り給ひける。（源・夕顔）

　　⒝君はとけても（＝クツロイデ）寝られ給はず（源・帚木）

──────── 補　説 ────────

　敬語に助動詞「る／らる」が承接した形式について、古典文法の学習参考書
では、次のような説明が多く見られる（小田勝 2016）。

　i　「（ら）れ＋給ふ」の「る／らる」は、「尊敬」ではない。

　ⅱ　「敬語動詞＋（ら）る」の「る／らる」は、必ず「尊敬」である。

　ⅲ　「仰せらる」の「らる」は、必ず「尊敬」である。

　このうち、ⅰは中古に限定すれば事実であるが、ⅱは中古では事実に反し、
ⅲは結果的にはその通りであるにせよ相当悩ましい問題が存するのである。ま
ずⅱについて。これに該当する形式は「思さる」や「御覧ぜらる」であろう。
このうち、「御覧ぜらる」の「らる」は、中古では、[257] ①のようにはっきり
と受身であって、尊敬ではない。中古の「思さる」については、大久保一男
（2016）によって、「思す」と「思さる」との間に敬意の差がまったく存在しな
いことが明らかにされている。すなわち、『源氏物語』（桐壺〜幻）の地の文に
おいて、「思す」も「思さる」も最高位である帝・院から大臣家を出自とする
人々にまで等しく用いられていて、葵上や玉鬘に「思さる」を用いた例もある
し、桐壺院や朱雀院に「思す」を用いた例もあるのである。中古和文中の「思
さる」「思しめさる」の「る」は自発か受身か可能であって、実際の用例は自
発の場合が圧倒的に多い。

　ⅲは結果的にはその通りなのだが、問題の所在は、次のようである。

　a　中古の「仰す」は敬語動詞ではなく、「命ずる」の意の通常語である（そ
　　の証拠に、「あるべきことども仰せ給ふ」（源・澪標）のように、「仰す」には尊
　　敬の補助動詞「給ふ」が付く）。

　b　中古の「仰せらる」は最高敬語に属する極めて敬意の高い敬語である。

27.3 尊敬の「る／らる」　227

　c　「仰す」が通常語であり (a)、「仰せらる」が最高敬語である (b) ということは、「仰せらる」の極めて高い敬意は「らる」がもたらしていると考えなくてはならない。
　d　しかし、中古の「らる」は非常に敬意の低い敬語である。
このcとdの矛盾は、次のように考えることによって説明される。

　　枕草子や源氏物語などの用法はいわゆる最高敬語に属するが、そのような作品では「らる」の敬意は一般に低いから、「仰せらる」の「らる」は本来受身であって、命ぜられる、仰せ言を受ける意の、下位者を主体とした言い方であったものを、発令者の発言一般に押し及ぼして高い敬意の語としたと考えられる。(『小学館古語大辞典』「おほす」の項)

したがって、

　　平安中期までの「おほせらる」については、命じる意の「おほす」に受身の助動詞「る」が付いた形として解する事も可能であり (『古語大鑑①』「おおせらる」の項)

ということになるわけである。したがって、「中古の「おほせらる」についてはそれで一語に相当する尊敬語と認めたい。」(『ベネッセ古語辞典』「おほせらる」の項) というのが最も適切な取り扱いということになろう。

　　◆院政以降は、「る／らる」が高い敬意に用いられる。
　　・[花山院ガ] 六宮の絶え入り給へりし [時ノ] 御誦経にせ<u>られ</u>たりし御硯の箱 (大鏡)
　　院政以降、「る／らる」は、敬語動詞に付いて敬意を高める例が現れる。
　　・[故高倉院ガ] 御屏風の絵に水鳥、雁など画_かかせて<u>御覧ぜられ</u>しに (高倉院升遐記)
　　・帝、我に立ちそひて<u>のたまはるる</u>ことは (俊頼髄脳)

228　第28講　敬語 (2)

第28講　敬語 (2)

28.1　補語尊敬語

——[260]————————————————————補語尊敬語

次の下線部を訳しなさい。

① かぐや姫を養ひ奉ること、二十余年になりぬ。(竹取)

② 竹の中より見つけ聞こえたりしかど (竹取)

③ 片時御かたはら離れ参らせず、ただ、われ乳母などのやうに添ひ臥し参らせて泣く。(讃岐典侍日記)

④ 御送りの人々、[庫持皇子ヲ]見奉り送りて帰りぬ。(竹取)

⑤ 将門は「帝を討ち取り奉らん」と言ひ (大鏡)

⑥ [三条邸ヲ衛門督ニ]取られ奉りぬるを恥にてやみぬばかりなめり。(落窪)

⑦ などかく悪しき親を持ち奉りけむ。(落窪)

補語尊敬の補助動詞には「奉る」「聞こゆ」「申す」があり (①②)、中古末頃からは「参らす」も盛んに用いられた (③)。複合動詞の敬語形は、上の動詞を敬語形にして表すことがある (④)。次例(1)は「見上ぐ」、(2)は「言ひきる (=キッパリト断ル)」の補語尊敬語形である。

(1) あやしの者どもの、手をつくりて (=合掌シテ)、額にあてつつ[源氏ノ行列ヲ]見奉り上げたるも (源・葵)

(2) 一宮のことも聞こえきりてあるを (和泉日記)

現代語の補語尊敬語は、敬意に反する行為については用いることができない (例えば「*私は部長をお殴り申し上げた。」のようにはいえない) が、古代語では可能である (⑤)。⑥のような補語尊敬語の受身形も、現代語では用いられない。

(3) 心の隔てありけると[私 (=源氏) ガ紫上ニ]思ひ疎まれ奉らむは、心苦しう恥づかしう思さるるも (源・明石)

また、⑦や次例のような補語尊敬語形も現代語には存しない。

(4) [尚侍ガ皇子ヲ産ンダコトヲ]誰も誰もめづらしき御幸ひに思ひ、驚き奉

28.1　補語尊敬語　229

　　る。（とりかへばや）

――― [261] ―――――――――――――――――**補語尊敬語の敬意の対象**―

　次の文の下線部は、誰への敬意を表すか。
[明石姫君ヲ] 見①奉らざらむことは、いと胸痛かりぬべけれど、…ただ [源氏
ヲ] うち頼み②聞こえて、[姫君ヲ源氏ニ] 渡し③奉り給ひてよ。（源・薄雲）〈尼君
→明石君〉

　　ヲ格とニ格を同時にとる動詞の補語尊敬語形は、敬意がヲ格とニ格のどちら
に向くのか、決定できない場合がある。ヲ格とニ格とが存する場合、補語尊敬
語が必ずヲ格の方を敬うとは限らない。例えば次例の「奉る」は、ニ格（親王
たち）に対する敬意である。
　　(5)　かしづかむと思はむ女子をば、宮仕へにつぎては、親王たちにこそは
　　　　見せ奉らめ。（源・若菜下）
①②の敬意の対象は明瞭だが、③の敬意の対象はヲ格である姫君なのかニ格
である源氏なのか、決定できない。次例では、補語尊敬語が２つ（計算上は、
ヲ格とニ格に対して一つずつ）用いられている。
　　(6)　殿（＝源氏）は、この西の対（＝花散里）にぞ、[夕霧ヲ] 聞こえ預け奉り
　　　　給ひける。（源・少女）
　　(7)　大臣（＝源氏）、東の御方（＝花散里）に [玉鬘ヲ] 聞こえつけ奉り給ふ。
　　　　（源・玉鬘）
　　(8)　君たちの [落葉宮ニ夕霧ノコトヲ] 聞こえ知らせ奉り給はぬなり。（源・夕
　　　　霧）

――― [262] ―――――――――――――――――**補語尊敬の最高敬語・準敬語**―

　次の文中の補語尊敬語は何か、答えなさい。
①　[私（＝清少納言）ハ中宮ヲ] よろしうだに思ひ聞こえさすべきことかは。
　　（枕 177）
②　母女御も [東宮ニ] 添ひ聞えさせ給ひて（源・若菜上）

230 第28講 敬語 (2)

③ 「いかやうにかある」と [中宮ガ中納言ニ] 問ひ聞えさせ給へば（枕98）

④ 女君（＝葵上）、[源氏ニ] とみにも対面し給はず。（源・若紫）

「奉る」「聞こゆ」よりも一層補語尊敬の度合いを強めた語に、「奉らす」「聞こえさす」がある（「奉る」「聞こゆ」に助動詞「す」「さす」が付いたものであるが、ふつう、「奉らす」「聞こえさす」で一語と扱う）。「奉らせ給ふ」「聞こえさせ給ふ」の形の場合、「奉らせ＋給ふ」「聞こえさせ＋給ふ」と考えられる場合と、「奉ら＋せ給ふ」「聞こえ＋させ給ふ」と考えられる場合とがある。②は主語より補語の方が上位だから「聞こえさせ＋給ふ」、③は主語の方が補語より上位だから「聞こえ＋させ給ふ」と考えられる。

(9) 六条院（＝源氏）も、少し [朱雀院ノ] 御心地よろしくと聞き<u>奉らせ給ひ</u>て、参り給ふ。（源・若菜上）〈「奉らせ＋給ふ」〉

(10) [帝ハ] 一の宮を見<u>奉らせ給ふ</u>にも（源・桐壺）〈「奉ら＋せ給ふ」〉

「対面す」は、(11)のように、敬う必要のない人を補語として通常語として用いられるほか、④のように補語尊敬語としても用いられる（④の「対面す」は補語尊敬語なので「*対面し奉る」という例はない（大久保一男1984））。

(11) 大臣（＝源氏）、[命婦（＝藤壺ノ侍女）ニ] <u>対面し給ひ</u>て（源・薄雲）

このように、通常語としても敬語動詞としても用いられる語を「準敬語」という。「さいなむ（＝叱ル）」は主語尊敬の準敬語である。

─── [263] ─────────────────────「賜ふ」と「賜る」───

次の下線部を訳しなさい。

① 禄<ruby>賜<rt>たま</rt></ruby>はむとて（伊勢83）

② 禄いまだ<ruby>賜<rt>たまは</rt></ruby>らず。（竹取）

「賜ふ」「賜る」は混同しがちだから注意が必要である。現代語の(12)を考えよう。

(12) a 毎度ご利用<u>ください</u>ましてありがとうございます。

　　 b 毎度ご利用<u>いただき</u>ましてありがとうございます。

⑿はどちらも正しい日本語であるが、表示されていない主語と補語が異なる。「くださる」は主語尊敬語、「いただく」は補語尊敬語で、ともに「お客様」を敬った表現だから、⑿は、

⑿a′　お客様が　我々を　ご利用くださる

　　b′　我々が　お客様に　ご利用いただく

という格関係である。この「くださる」が古典語の「賜ふ」、「いただく」が古典語の「賜る」である。

「賜り給ふ」は、「いただきなさる」「頂戴なさる」の意になる。

⒀　代々に第一の名ありし御琴を、故院（＝桐壺院）の末つ方、一品宮（＝弘徽殿大后腹ノ桐壺院ノ皇女）の好み給ふことにて<u>賜り給へ</u>りけるを（源・若菜上）

──────── 補　説 ────────

「言う」の補語尊敬語「聞こゆ」「申す」について、「聞こゆ」は、

⒁　「今日の試楽は、青海波にことみな尽きぬな。いかが見給ひつる」と［帝ガ藤壺ニ］<u>聞こえ給へ</u>ば、［藤壺ハ］あいなう御答へ聞こえにくくて、「ことに侍りつ」とばかり［帝ニ］<u>聞こえ給ふ</u>。（源・紅葉賀）

のように、「帝ガ藤壺ニ<u>聞こえ給ふ</u>」、「藤壺ガ帝ニ<u>聞こえ給ふ</u>」と双方向で使い得るが、「申す」は、「［僧都ガ源氏ニ］<u>申し給ふ</u>。」（源・若紫）という表現と同時に「［源氏ガ僧都ニ］<u>申し給ふ</u>」と表現されることはない。

⒂　「……」と［源氏ガ］親王（＝蛍兵部卿宮）に<u>申し給へ</u>ば、「……」と［親王ハ源氏ニ］うち乱れ<u>聞こえ給ひ</u>て（源・絵合）

⒃　「……」と［源氏ガ内大臣ニ］<u>聞こえ給へ</u>ば、「……」など［内大臣ハ源氏ニ］かしこまり<u>申し給ふ</u>。（源・行幸）

⒄　「……」と［夕霧ガ源氏ニ］<u>申し給へ</u>ば、「……」など［源氏ハ夕霧ニ］<u>のたまふ</u>（源・幻）

補語尊敬語は補語に対する発話者からの敬意を表すが、「聞こゆ」は純粋に補語を高めるだけであるのに対し、「申す」は「主語より補語が上位である」（以下、「主語＜補語」と記す）という関係のもとに用いられる。このような制約を

232　第28講　敬語 (2)

「関係規定性」という。例えば、「見奉る」は補語が誰でも成立するが、

(18)　[帝ハ] 一の宮を<u>見奉らせ給ふ</u>にも（源・桐壺）

「参る」には「主語＜補語」という関係規定性があるから、「＊[帝ガ源氏邸ニ]
参らせ給ふ」という表現はあり得ない。主語尊敬の「見給ふ」には関係規定性
がないが、「御覧ず」は「主語＞補語」でないと使えない（高桑恵子 2013）。「賜
ふ」「賜る」も関係規定性のある語で、「賜ふ」は「主語＞補語」、「賜る」は
「主語＜補語」の関係のもとに成立する表現である。

────── [264] ──────────────────────────　**注意すべき補語尊敬語**

　次の下線部を訳しなさい。

①a　君は<u>まづ内裏に参り給ひ</u>て、日ごろの御物語など [父帝ニ] <u>聞こえ給ふ</u>。
　　　（源・若紫）

　b　<u>内裏より、大殿にまかで給へ</u>れば（源・紅葉賀）

②　「よきに<u>奏し給へ、啓し給へ</u>」など言ひても、[官職ヲ] 得たるはいとよ
　　し、得ずなりぬるこそ、いとあはれなれ。（枕2）

③　昔、おほきおほいまうちぎみと<u>聞こゆる</u>、おはしけり。（伊勢98）

④　[源氏ハ朝顔ヲ] <u>折らせ給ひ</u>て、[朝顔宮ノ許ニ] <u>奉れ給ふ</u>。（源・朝顔）

---

①　「参る」も「まかづ」もともに補語尊敬語であるが、「参る」は行き先を、
「まかづ」は出所を敬う。

②　「奏す」は天皇・上皇・法皇に申し上げる時に、「啓す」は皇后・皇太后・
皇太子などに申し上げるときに用いられる。

③　上位者の名前の引用には、「申す」「聞こゆ」が用いられて、現代語の「山
田さんと<u>おっしゃる</u>方」のような言い方は存しない。

(19)　今は昔、高野親王（かやのみこ）と<u>申す</u>人おはしけり。（今昔 24-2）

　◆中古末期には、引用される上位者を主語にたてた混淆形「聞こえ給ふ」の形が用
　いられはじめる。

　・[通房ハ] 内大臣殿の三郎、兵衛佐と<u>聞こえさせ給ふ</u>と [一緒ニ] 舞はせ給ふ。
　（栄花 32）

28.2 敬意の対象 233

④ 「奉る」はふつう四段活用であるが、稀に下二段活用の「奉る」がみられる（下に「給ふ」がつくことが多く、未然形と連用形しかない）。「使いの者を尊者のもとに遣わし申し上げる」「使いをして尊者に物を差し上げる」の意といわれる。

28.2 敬意の対象

---
[265] ————————————————————————————————敬意の対象—

次の下線部の敬意の対象は何か。

① ［源氏ハ］忍ぶれど涙ほろほろとこぼれ<u>給ひ</u>ぬ。(源・賢木)

② 宗俊の卿・政長の卿など、この御代に生まれあひ<u>奉り</u>て（文机談）

③ 梅壺女御、こたみはおろし（＝流産シ）<u>奉らせ給ひ</u>てければ（栄花38）

④ その女、最後に法華経を読み<u>奉り</u>て失せにければ、さだめて後世も貴からむと人も見けるに（今昔31-7）

⑤ 仮にも［源氏ガ末摘花ノ許ニ］おはし通はむを、とがめ<u>給ふ</u>べき人なし。（源・末摘花）

---

　①の主語は「涙」であるが、これは「源氏の涙」であって、間接的には源氏を敬っている。このような敬語を「所有者敬語」（角田太作1991）という。(2)は「帝の涙」なので、最高敬語になっている。

⑳ 御涙のこぼれ<u>させ給ひ</u>ぬるを（源・薄雲）

②のニ格は「この御代（＝堀川帝ノ御代）」であるが、これによって堀河帝への敬意を表している。③は胎児に対する敬意、④は無生物の尊い物（法華経）に対する敬意（背後にある仏に対する敬意といってもよい）である。次のような例もある。

㉑ 夕日きはやかにさし出で<u>給ふ</u>もめづらしきに（無名草子）

⑤は存在しない人物に対する敬意で、これは末摘花の両親などを念頭においたものだろう。次例㉒は、尊者に匹敵する存在しない人物に対する敬意であるが、これは結局「紫上」に対する敬意とみてよい。

㉒ 殿の上（＝紫上）の御容貌に似る人<u>おはせ</u>じとなむ年ごろ見<u>奉る</u>を（源・玉鬘）〈右近詞〉

234　第28講　敬語（2）

28.3　自卑敬語

---
［266］　　　　　　　　　　　　　　　　　　　　　　　　自卑敬語

次の下線部を訳しなさい。

① <u>内々に思ひ給ふるさまを奏し給へ</u>。（源・桐壺）

② なにがしが妹、…一人持ちて侍りし女子を失ひて後、月日は多く隔て侍りしかど、悲しびたへず<u>嘆き思ひ給へ侍るに</u>（源・夢浮橋）

③ <u>もののあやめ見給へ分くべき人も侍らぬわたりなれど</u>（源・夕顔）

④ 命長さの、<u>いとつらう思ひ給へ知らるるに</u>（源・桐壺）

⑤ ［女ガ］かうのどけきに、［私ハ］おだしくて、［女ノ許ヘ］久しく<u>まからざりしころ</u>（源・帚木）〈頭中将→源氏〉

⑥ 桜の花の咲けりけるを見に［私ノ所ニ］<u>まうで来たりける人に</u>（古今67詞書）

⑦ いとかしこき仰せ言に侍るなり。［私ハ］姉なる人に［コノオ言葉ヲ］<u>のたまひみむ</u>。（源・帚木）〈紀伊守→源氏〉

　下二段活用の「給ふ」は、自己側の動作をへりくだる、自己卑下の意を表す。終止形は用いられない（連体形で代表させて、これを˝給ふる˝という）。自己側の動作をへりくだるので、主語はつねに話者（または話者側の人物）である（②の主語は話者の妹、③は源氏に対する惟光の詞で、五条辺の粗末な家の人々を自分側の者として表現している）。「給ふる」の付く動詞は、一般に「思ふ」「見る」「聞く」「知る」に限られ、会話文または消息文だけに用いられる。「…給ふる」は「…させていただく」と現代語訳される（「思ひ給ふる」は「存ずる」と現代語訳してもよい。登場人物に対する上位待遇語ではないから、「思ひ給ふる」を「存じ上げる」と訳すのは不可である）。④は複合動詞「思ひ知る」に「給ふる」と自発の「る」が付いた形。

　「まかる」は、「憶良らは今はまからむ」（万337）のように、「貴所から退出する」意の、動作の出発点を敬う補語尊敬語であったが、平安時代には⑤のように、「行く」意の自卑敬語（自己側の者がどこかへ行くことを、聞き手に対してへりくだる表現）として用いられるようになり、「貴所から退出する」意の補語尊

敬語としては「まかづ」が用いられるようになった（→〔264〕①b）。⑥の「まうで来」は、「行く」意の自卑敬語「まかる」と対になり、「来る」意の自卑敬語（自己側の者がどこかから来ることを、対者に対してへりくだる表現）として用いられた。

「のたまふ」は「言ふ」の主語尊敬語であるが、⑦のような「のたまふ」は動作の主語も補語も含めて自己側全体をへりくだる自卑敬語表現と考えられる（杉崎一雄 1963、1977）。同様に、「つかはす」は「遣る」の主語尊敬語であるが、次例⒇は遣る意の自卑敬語として用いられている。

⒇　日ごろ経るまで消息も［指食の女ニ］つかはさず、あくがれまかり歩く<ruby>歩<rt>あり</rt></ruby>くに（源・帚木）〈左馬頭ノ詞〉

― 〔267〕 ―――――――――――――――――――「申す」―

次の下線部を訳しなさい。

①　翁、皇子に申すやう、「……」（竹取）

②　「いま一度<ruby>一度<rt>ひとたび</rt></ruby>とぶらひ見よ」と［乳母ガ私ニ］申したりしかば（源・夕顔）

③　舟より下りて、［くらもちの皇子ガ天女ニ］「この山の名を何とか申す」と問ふ。（竹取）

---

①の「申す」は補語尊敬語。②は光源氏が頭中将に対して述べている会話文中の例で、この「申す」の補語は光源氏だから、光源氏が自分で自分に対して敬語を使うことになってしまう。この「申す」は、「乳母が私に言った」という自己側の動作を他人である頭中将に対してへりくだったもの、すなわち自卑敬語であると考えられる。③の「申す」は、「誰が」「誰に」ということが特定されず、自己側の動作をへりくだるものとはいえない。これは、自卑性を捨てて、単に聞き手に対して丁重な物言いをしたものと捉えられる。これを「丁重語」という（現代語で自卑敬語の「私が<u>参り</u>ます」に対し、「電車が<u>参り</u>ます。」が電車の動作をへり下ったものではなく、聞き手に丁重な物言いをしただけであるのと同様である）。

236　第 29 講　修辞的表現

第 29 講　修辞的表現

29.1　比喩表現

---
[268]　　　　　　　　　　　　　　　　　　　　　　　　　　　　　比喩表現

　次の歌には表現上どのような工夫があるか。

① 　なごの海の霞の間よりながむれば入日を洗ふ沖つ白波（新古今 35）

② 　ひとり寝の床にたまれる涙には石の枕も浮きぬべらなり（古今六帖）

③ 　桜咲く比良の山風吹くままに花になりゆく志賀の浦波（千載 89）

④ 　梅の花見にこそ来つれ鶯のひとくひとくと厭ひしもをる（古今 1011）

　動作・状態を他のものに喩えることを比喩という。比喩のうち、「ごとし」「やうなり」などの比喩であることを示す言葉（比喩標識）を用いたものを直喩という。

　(1)　髪は扇をひろげたるやうに、ゆらゆらとして（源・若紫）

①　比喩標識を明示せず、比喩だけをそのまま示すものを「隠喩」という。

　(2)　暮れて行く春のみなとは知らねども<u>霞に落つる宇治の柴舟</u>（新古今 169）

②　比喩のうち、実態以上の過大なサイズの事物に喩える（過大なサイズの事物として表現する）ものを「張喩」という。

　(3)　恋ひわびて音をのみ泣けば敷妙の枕の下に海人ぞ釣りする（俊頼髄脳）

　(4)　音にのみありと聞き来しみ吉野の滝は今日こそ袖に落ちけれ（新古今 991）

　(5)　君が代は千世に一度ゐる塵の白雲かかる山となるまで（後拾遺 449）

③　ある事物への関心から、全世界がその事物で覆われていると表現するもの。小田勝（2017b）では、これを「満地化」と呼んだ。

　(6)　ながむれば心も尽きて星合の空に満ちぬる我が思ひかな（建礼門院右京大夫集）

④　自然の音響や動物の声を意味のある言語音に聞きなす表現。鶯の鳴き声「ひとくひとく」を「人来人来」と聞きなしている。

29.1 比喩表現 237

(7) しほの山さしでの磯にすむ千鳥君が御代をば<u>やちよ</u>（＝八千代）とぞ鳴
く（古今345）

(8) 青柳の糸の長さか春来れば<u>ももひろ</u>（＝百尋）とのみ鶯の鳴く（久安百首）

(9) 秋風にほころびぬらし藤袴<u>つづりさせ</u>（＝綴リ刺セ）てふ蟋蟀鳴く（古今
1020）

―――― [269] ――――――――――――――――――――――― 諷喩 ―

次の歌の真意は何か。

① 菊の花秋の夜ながら見ましかば一夜も露を置きてみましや（躬恒集）

② 思へただ野辺の真葛も秋風の吹かぬ夕べは裏見やはする（新後撰1171）

独立した言語表現が全体として別の事柄を語るものを「諷喩」という。こと
わざの「掃き溜めに鶴」「鳶が鷹を生む」の類で、要するに「たとえ話」であ
る。例えば次例は、月ではなく男を待っているのである。

⑩ 山の端にいさよふ月をいつとかも我が待ち<ruby>居<rt>を</rt></ruby>らむ夜は更けにつつ（万
1084）

諷喩であることが分かるためには、文中の2つ以上の語が、実は別の事柄を
指しているということが了解されなければならない。それには、2つの型があ
る。一つは、①のような隠喩によるもの。①の「菊の花」は「御身」の、「露」
は「涙」の隠喩で、真意は「秋の夜ながら御身を見ましかば、涙を流さざらま
し」である。もう一つは、②のような同音を利用した掛詞によるもの。②の
「秋」は「飽き」、「裏見」は「恨み」を同時に表し、真意は「飽きなければ恨
まない」ということである。

―――― [270] ―――――――――――――― 裏の意味（伝えたい真意）―

次の下線部は何の喩であるか。

① 越えぬ<ruby>間<rt>ま</rt></ruby>は吉野の山の<u>桜花</u>人づてにのみ聞きわたるかな（古今588）

② よそにのみ見てややみなん<u>葛城や高間の山の嶺の白雲</u>（新古今990）

③ 心から浮きたる<u>舟</u>に乗りそめて<ruby>一日<rt>ひとひ</rt></ruby>も<u>波</u>に濡れぬ日ぞなき（後撰779）

238 第29講 修辞的表現

④　筏 おろす杣山川の浅き瀬はまたこの<u>くれ</u>もさこそ<u>さはらめ</u>（玉葉1387）

　①は女性、②は手の届かない女性の喩。③の「舟」は「男」、「波」は「涙」の喩。④は掛詞「樗＝暮れ」「触らめ＝障らめ」によって、真意は「あなたの浅い気持ちでは、今日の暮れもあなたは来ないだろう」。

29.2　物の見方に関する表現

── [271] ──────────────物の見方に関する表現──

　次の歌には表現上どのような工夫があるか。

①　石ばしる垂水の上の早蕨の萌え出づる春になりにけるかも（万1418）
②　曇りなく荒れたる宿にながむれば我もさやかに月に見えぬる（頼政集）
③　巻向の珠城の宮に雪降ればさらに昔の朝をぞ見る（玉葉1001）
④　まどろむと思ひもはてぬ夢路よりうつつに続く初雁の声（拾遺愚草）

①　風景の中の一つの事物をクローズアップして表現している（焦点化）。(12)では特に、雁の一部（翼）をクローズアップして表現している。

(11)　山深み春とも知らぬ松の戸にたえだえかかる雪の玉水（新古今3）

(12)　霜まよふ空にしをれし雁がねの帰る翼に春雨ぞ降る（新古今63）

②　「私が花を見る」ということを、「花が私を見る」のように、通常の言語表現とは逆の視点で表現している（逆視点）。

(13)　朝顔を何はかなしと思ひけん<u>人をも花はさこそ見るらめ</u>（拾遺1283）

(14)　散るをこそあはれと見しか梅の花<u>花や今年は人をしのばむ</u>（後拾遺1005）

(15)　常よりもくまなき空の気色かな<u>月もこの花見るにやあるらん</u>（長秋詠草）

(16)　打つ音はよその枕にひびき来て<u>衣は誰になれんとすらん</u>（長秋詠草）

③　現在の景物に異時空を想像、幻視している（異時空視）。

(17)　見ぬ世まで思ひ残さぬながめより昔にかすむ春の曙（風雅1435）

④　夢の中の情景や幻影と現実とを連続視している（夢幻化）。

(18)　桜色の衣吹き返す春風に夢となりゆく花の面影（文応三百首）

(19)　見しことも見ぬ行く末もかりそめの枕に浮かぶまぼろしの中（式子内親

王集)

⒇ 夢のうちも移ろふ花に風吹けばしづ心なき春のうたたね(続古今147)

29.3 名辞変更

[272] 隠喩・提喩による名辞変更

次の下線部は、具体的には何を(どういうことを)指すか。

① 誰ぞこの昔を恋ふる我が宿に時雨降らする空の旅人(御堂関白集)

② つつめども隠れぬものは夏虫の身よりあまれる思ひなりけり(後撰209)

①は、隠喩に基づく名辞変更で、「空の旅人」は「雲」のことである。②は提喩(上位概念で下位概念を、または下位概念で上位概念を表す表現)に基づく名辞変更で、ここでの「夏虫」は「蛍」を指す。

[273] 転喩

次の下線部は、具体的には何を(どういうことを)指すか。

① 思ふことありし昔の秋よりや袖をば月の宿となしけむ(新後撰392)

② 簾(すだれ)も動かさじと言ひける人の、さしもあらねば、[簾ノ]中(うち)の人[奥ニ]入りにけるつとめておこせける(大弐三位集・詞書)

「袖を濡らす」という表現で「泣く」の意を表すように、後続する相(結果)で先行する事態(原因)を表す(または逆に原因で結果を表す)表現を「転喩」という。①は「泣きけむ」の意、②は「簾の中には入らじ」の意。

㉑ 大方禿(かぶろ)なる小童部(こわらはべ)といへども、手を習ふ(=学問スル)心なく、ただ足を泥(ひぢりこ)にする(=農作業スル)思ひのみあり。(海道記)

次例の傍線部は「涼を生む」の意を「夏を消し去る」と表現したものである。

㉒ 泉川川波清くさす棹のうたかた夏をおのれ消(け)ちつつ(拾遺愚草)

[274] 迂言・婉曲

次の下線部は、具体的には何を(どういうことを)指すか。

240 第29講 修辞的表現

① よつて三十一文字を綴りて、千思万憶、旅の志を演べつ。(海道記)
② 年かはりぬ。内裏に御薬のことありて、世の中さまざまにののしる。(源・明石)
③ 今日、海に波に似たるものなし。神仏の恵み蒙れるに似たり。(土佐)

① 「眸を其人の方角に向けた(＝見た)」(漱石『道草』)のように、故意に長い表現をするものを「迂言法」という。

(23) まことかと聞きて見つれば言の葉を飾れる(＝嘘ノ)玉の枝にぞありける(竹取)

(24) 蜻蛉羽の姿の国(＝日本)に跡垂れし神のまもりや我が君のため(続後撰531)

(25) 久方の中なる川(＝桂川)の鵜飼船いかに契りて闇を待つらむ(新古今254)

(26) 君ゆゑといふ名は立てじ消えはてん夜半の煙の末(＝死後)までも見よ(続後撰688)

(27) いはんや国土に足裏をやどし(＝国ニ住ミ)、天の下に身を入れながら、いかでか勅命に従ひ奉らぬ八虐の心あらん。(文机談1末)

② 差し障りのある露骨な表現を避けて遠回しにいう表現を「婉曲法」という。

(28) また二位殿の待たせ給ふ御こと(＝御出産)も近づかせ給へれば(源家長日記)

(29) 忘られぬ昔語りもおしこめてつひにさてやのそれ(＝死)ぞかなしき(風雅1950)

(30) あはれその憂き果て(＝死)聞かで時の間も君に先だつ命ともがな(風雅1952)

③ 故意に控えめな表現を用いるものを「緩叙法」という。

(31) 後白河院の仰せごとにて、老法師(＝私俊成ガ)撰集のやうなるもの仕うまつりて奉り侍りし。千載集と申す。(古来風躰抄)

(32) わびぬればしひて忘れんと思へども夢といふもの(＝夢)ぞ人頼めなる

（古今 569）

29.4 カテゴリー変様

---
[275] カテゴリー変様

　次の歌には表現上どのような工夫があるか、説明しなさい。

① 春の着る霞の衣ぬきを薄み山風にこそ乱るべらなれ（古今 23）

② すき間なき槙の板屋に降るあられ音は枕に砕けてぞ散る（逍遊集）

③ 梢には花のすがたを思はせてまづ咲くものは鶯の声（拾玉集）

④ 橘のにほふ梢にさみだれて山ほととぎす声かをるなり（西行法師集）

---

① 人間ではないものに人間の属性を与える表現をしている（これを「擬人法」という）。

(33) 都まで響きかよへる唐琴は波の緒すげて風ぞ弾きける（古今 921）

(34) 盃を天の川にも流せばや空さへ今日は花に酔ふらむ（月詣和歌集）

② 抽象名詞や非固形的な名詞を、形体を有する固形に擬する表現をしている（これを「実体化表現」という）。

(35) ほととぎす深き峰より出でにけり外山のすそに声の落ち来る（新古今 218）

(36) 入相の鐘の音さへうづもれて雪しづかなる夕暮れの庭（伏見院御集）

(37) むばたまの夜のみ降れる白雪は照る月影の積もるなりけり（後撰 503）

(38) 霜の上の朝明の煙絶え絶えにさびしさなびく遠近のやど（拾遺愚草）

(39) 朝凪に行きかふ舟のけしきまで春を浮かぶる波の上かな（拾遺愚草）

③ 選択制限（→ [196]）に故意に違反した表現をしている。

(40) 篝火の影しるければうばたまの夜川の底は水も燃えけり（貫之集）

(41) 秋の月しのに宿かる影たけて小笹が原に露ふけにけり（新古今 425）

④ 聴覚「山時鳥の声」を「薫る」と嗅覚的に表現している。このように、異なる感覚体系を結びつけた表現を「共感覚表現」という。

(42) 千代経たる松にはあれどいにしへの声の寒さは変はらざりけり（土佐）

(43) さ牡鹿の妻とふ小田に霜置きて月影寒し岡の辺の宿（新後撰 377）

242　第29講　修辞的表現

⑷　春の夜は軒端の梅をもる月の<u>光もかをる</u>心地こそすれ（千載24）

29.5　情報操作

---
[276]　　　　　　　　　　　　　　　　　　　　　　　情報操作

　次の歌には表現上どのような工夫があるか、説明しなさい。

①　氷とも人の心を思はばや今朝立つ春の風に解くべく（能因集・「早春庚申夜
　　恋歌十首」）

②　日を寒み氷もとけぬ池水や上はつれなく深き我が恋（順集・正保版本）

③　春風に夜の更けゆけば桜花散りもやするとうしろめたさに（実方集）

④　人住まぬ不破の関屋の板廂<ruby>廂<rt>いたびさし</rt></ruby>荒れにし後はただ秋の風（新古今1601）

⑤　忘れじの行く末まではかたければ今日をかぎりの命ともがな（百54）

---

①　まず奇言を発して人を驚かし、次に理由を付加して成る程と納得させる修
辞法を「奇先法」という（五十嵐力1909）。上の句で奇抜なことを言って、下の
句でその理由を説明するというのは、和歌でよく用いられる形式である。

　⑷　<u>契りてしことの<ruby>違ふ<rt>たが</rt></ruby>ぞ</u>頼もしきつらさもかくや変はると思へば（実方集）

　⑷　［七夕ノ日ノ］<u>今宵来む人には逢はじ</u>七夕の久しきほどに待ちもこそすれ
　　　（古今181）

　⑷　<u>おほかたは月をも<ruby>愛<rt>め</rt></ruby>でじ</u>これぞこの積もれば人の老いとなるもの（古今
　　　879）

②　主旨と無関係のことを長々と述べて、結句で突然主旨を表明して驚かすも
の（本旨待機）。サプライズド・エンディングである。②の上の句は、結句まで
読まないと序詞であることがわからず、突然の結句が意表を突く。

　⑷　<ruby>百千鳥<rt>ももちどり</rt></ruby>声の限りは鳴きふりぬまだおとづれぬものは君のみ（恵慶集）

　⑷　嵐吹く峰の紅葉の日に添へてもろくなりゆく我が涙かな（長秋詠草）

　⑸　<ruby>鳥屋返り<rt>とやがへ</rt></ruby>我が手馴らししはし鷹の来ると聞こゆる鈴虫の声（後拾遺267）
　　　〈詞書「鈴虫の声を聞きて詠める」。第四句マデハ「鈴」ノ序〉

　⑸　さだかにも行き過ぎなやめ故郷の桜見捨てて帰る<ruby>魂<rt>たましひ</rt></ruby>（＝死者ノ霊魂）（元
　　　輔集）

29.5 情報操作　243

(52)　朝な朝な雪のみ山に鳴く鳥の声におどろく人のなきかな（秋篠月清集）

③　後半欠如。

(53)　人言は夏野の草のしげくとも君と我としたづさはりなば（拾遺 827）

(54)　ほととぎす聞くとはなくて世の中を歎きがほにていさや山辺に（道命阿
闍梨集）

(55)　かくまでの情け尽くさでおほかたに花と月とをただ見ましだに（建礼門
院右京大夫集）

④　多くを語らず、突き放した形で叙述を終える表現技法（一種の「黙説法」で
ある）。

(56)　夢のうちに五十の春は過ぎにけり今行く末は宵の稲妻（清輔集）

⑤　述べたいことと反対の内容を述べるもの（逆語）。「もう幸せなんかいらな
い」の類である。

244　第30講　和歌の表現技法

第30講　和歌の表現技法

30.1　枕詞・序詞

―― [277] ――――――――――――――――――――――――――枕詞――

　次の歌に用いられている枕詞と、それが係ることばを指摘しなさい。

①　ちはやぶる神代も聞かず龍田川から紅に水くくるとは（百17）

②　家ならば妹が手まかむ草枕旅に臥やせるこの旅人あはれ（万415）

③　あかねさす昼はもの思ひぬばたまの夜はすがらに音のみし泣かゆ（万 3732）

④　老木にも花は咲きけりちはやぶる雪にぞ見ゆる神のしるしは（四条宮下野集）

⑤　白雲のたなびきわたるあしひきの山の懸橋けふや越えなむ（新古今906）

⑥　こもりくの泊瀬の山に霞立ちたなびく雲は［死ンダ］妹にかもあらむ（万 1407）

⑦　まそ鏡見飽かぬ妹に逢はずして月の経ゆけば生けりともなし（万2980）

　ある言葉を導き出すために、その前置きとして置かれる5音1句の語を「枕詞」という。枕詞は係る語が固定している。枕詞は現代語訳しない。

　　◆4音の枕詞には「うまさけ、おしてる、さねさし、しらぬひ、そらみつ、つぎねふ」などが、6音の枕詞には「おほきうみの、はねずいろの、ことひうしの、さくらあさの」などがある。

短歌の場合、枕詞は、一般に、第1句か第3句に置かれる。④のように枕詞と係る語（これを「被枕」と呼ぶことがある）との間に修飾語が介在することがある。また、⑤のように、修飾語と被修飾語の間に枕詞が介在することがある。

　枕詞は、意味（比喩）で係るものと、語音で係るものとに大別される。「ひさかたの」は「天・空・光・月・雲・雨・雪」など天に関する語に係る枕詞で前者、「いそのかみ」は「古る・降る」など「フル」の音に係る枕詞で後者である。

30.1 枕詞・序詞　245

◆「玉の緒の」は「長し／短し」「絶ゆ／継ぐ」という反転する意の双方に係るから注意。

⑥は固有名詞に係る枕詞、⑦は用言に係る枕詞の例である。

──── [278] ────────────────────────枕詞の被枕吸収─

　次の下線部はどのような意味か。
① <u>あしひきの</u>嵐吹く夜は君をしそ思ふ（万 2679）
② あさなけに（＝朝ニ昼ニ）見べき君とし頼まねば思ひ立ちぬる<u>草枕</u>なり（古今 376）
③ 物をのみ乱れてぞ思ふ誰にかは今はなげかむ<u>むばたまの</u>筋（和泉式部続集）
④ かくしつつかくてややまむ<u>たらちねの</u>惜しみもしけむあたら命を（和泉式部集）

枕詞だけで、その係り先の語（被枕）の意を表す場合がある。

(1)　待ち暮らす日は<u>菅の根</u>に（＝長ク）思ほえて逢ふよしもなど<u>玉の緒</u>（＝短キ）ならん（後撰 870）

──── [279] ────────────────────────序詞─

　次の歌から序詞と、それが導くことばを指摘しなさい。
① あしひきの山鳥の尾のしだり尾のながながし夜をひとりかも寝む（百 3）
② 梓弓ひけば本末わが方によるこそまされ恋の心は（古今 610）
③ 住の江の岸に寄る波よるさへや夢の通ひ路人目よくらむ（百 18）

　あることばを引き出すために置かれる 7 音以上のことばを「序詞」という。序詞は、「意味（比喩）で係るもの」（①）と、「語音で係るもの」（②③）とに大別され、後者は「掛詞によるもの」（②）と、「同音の反復によるもの」（③）とに分けられる。次例 (2) は「なら柴の」の「なら」から「馴れ」を導く、「類音」による序詞。(3) では、「いくた」から音韻転倒形「いたく」が導かれている。

246 第30講 和歌の表現技法

(2) 雁羽の小野のなら柴の馴れは増さらず恋こそ増され（万3048）

(3) いかさまにせよとかあまり鹿島なるいくたの浦のいたく恨むる（小馬命婦集）

　序詞は、一般に、作者の心を表す心象風景（主想部）に具体的なイメージを与えるものである。序詞の表象が歌全体に及ぶと解釈されるとき、これを「有心の序」という。

(4) 風ふけば峰に別るる白雲の絶えてつれなき君が心か（古今601）

(5) 霧深き秋の野中の忘れ水絶え間がちなるころにもあるかな（新古今1211）

30.2　掛詞

――――[280]―――――――――――――――――――――――連鎖と重義――

　次の歌から掛詞を指摘しなさい。

① 有明の月もあかしの浦風に波ばかりこそよると見えしか（金葉216）

② 花の色は移りにけりないたづらに我が身世にふるながめせしまに（百9）

　1つの語形に、語音の同じ2語を重ね合わせる技法を「掛詞」という。掛詞は連鎖と重義とに二分される（時枝誠記1941、柿本奨1969、井手至1970bなど参照）。①の「あかし」は、上からは「（月も）明し」、下には「明石（の浦波）」と読まれるもので、これを「連鎖」という。次のように、2つの掛詞を介して、叙述が再び元に戻る構造もある。

(6) 立ち別れいなばの山の峰に生ふるまつとし聞かば今帰り来む（百16）

　一方、②の「ふる」は「古る」と「降る」とが、「ながめ」は「眺め」と「長雨」が同時に読まれる。これを「重義」という。

(7) 冬川の上はこほれる我なれや下になかれて恋ひわたるらん（古今591）
　　　〈流れて／泣かれて〉

次例(8)は「網だにあらば魚も掬はん」と「阿弥陀にあらば魚も救はん」という正反対の意が同時に読める。

(8) 波の寄る宇治ならずとも西川のあみだにあらば魚もすくはん（実方集）

「重義」の場合は、歌頭が掛詞である場合もある。

(9)　<u>おきて</u>見る物とも知らで朝ごとの草葉の露をはらふ秋風（正治初度百首）
　　〈起きて／置きて〉

────── [281] ──────────────部分兼用による機能語非表示─
　次の歌から掛詞を指摘しなさい。
①　人知れぬ思ひを常に<u>するが</u>なる富士の山こそ我が身なりけれ（古今534）
②　ひとめ見し人は誰とも<u>白雲</u>のうはの空なる恋もするかな（千載647）
③　雪ならばまがきにのみは積もらじと思ひとくにぞ<u>白菊</u>の花（千載348）

　掛詞には、①の「する／駿河」のように語の一部が兼用されるものがある。
語の一部を掛詞にする場合、［動詞＋助動詞］のうちの一部分が表されないこ
とがあるので、注意が必要である。②は<u>白雲</u>に「知らず」が、③は<u>白</u>
<u>菊</u>に「知らる」が掛けられているから、助動詞部分が適切に復元されなけれ
ばならない。

────── [282] ──────────────掛詞による語の縮約─
　下線部はどのような意味か。
をちこちのたづきも知らぬ山中に<u>おぼつかなくもよぶこ</u>鳥かな（古今29）

　掛詞を利用して語句が縮約される場合がある。次例⑽は、「ぬばたま」と
「たまづさ」とを「たま」の部分で掛けたもので、「夜来る手紙」の意である。
⑽　待ちわびて心は闇にまどはれよ<u>ぬばたまづさ</u>はよにもさはらじ（小馬命
　　婦集）

────── [283] ──────────────同語の重複使用─
　次の下線部はどこに係るか。
①　隔てつる山の夕霧晴れにけり梢<u>あらは</u>に出づる月影（前長門守時朝入京田打
　　聞集）

248 第30講 和歌の表現技法

② よそにのみあはれとぞ見し梅の花あかぬ色香は折りてなりけり（古今37）

① 同一の語句が、その前の文節と後の文節とに、二重に掛かると解釈される
ものがある。

(11) 思ひあれば袖に蛍を包みても言はばやものを問ふ人はなし（新古今1032）

(12) 刈萱の乱るる野辺を分け行けば袖ただならぬあさぼらけかな（重之女集）

(13) 奥山の木の葉の落つる秋風にたえだえ峰の雲ぞ残れる（新古今1524）

(14) 散るまでに人もとひ来ぬ木のもとは恨みや積もる花の白雪（風雅1484）

次例(15)は、「おとづれは尽き、尽きせぬものは」と読む。

(15) この度は限りと見るにおとづれは尽きせぬものは涙なりけり（和泉式部
続集）

② 和歌の三句めに位置する体言は、上句、下句の双方に関係することがあ
る。

30.3 連立・反復の技法

――― [284] ―――　　　　　　　　　　　　　　　　　　　連立・反復の技法―

次の歌には、どのような表現上の工夫があるか。
① さりともと思ふ心も虫の音も弱り果てぬる秋の暮れかな（千載333）
② 時ならで柞の紅葉散りにけりいかに木の下さびしかるらん（拾遺1284）
③ 下り立ちて浦田に拾ふ海人の子は螺より罪を習ふなりけり（山家集）
④ 秋はなほ夕まぐれこそただならね荻の上風萩の下露（和漢朗詠集）
⑤ 思ふことをなど問ふ人のなかるらむ仰げば空に月ぞさやけき（新古今1782）

① 「お貞さんが去ると共に冬も去つた。」（夏目漱石『行人』）のように、異なる
意義レベルの語を等位に並べる修辞を「異質連立」という。

(16) 五月雨のひまなき森の雫には宿も主も朽ちにけるかな（続詞花）

(17) 老いにける齢も皺ものぶばかり菊の露にぞ今朝はそほつる（好忠集）

② 一度表現された語と同類の語を連接させる修辞を「類語反復」という。②
は「はは→こ」。

30.3　連立・反復の技法　30.4　縁語　249

⒅　今日よりはたつ夏衣<u>うすく</u>とも<u>あつし</u>とのみや思ひわたらむ（詞花51）

⒆　さりともと<u>まつ</u>を頼みて月日のみ<u>すぎ</u>のはやくも老いぬべきかな（歌合 162広田合）

③　「スキーが好き」（作例）のように、一度表現された語と同音の語を連接させる修辞を「同音異義反復」という。いわゆる「洒落」である。

⒇　めづらしや<u>杯</u>に<u>月</u>こそ宿りけれ雲居の空よ立ちな隠しそ（建礼門院右京大夫集）

㉑　<u>かくし</u>こそ<u>隠し</u>置きCKけれ旅人の露払ひける黄楊の小櫛を（実方集）

④　和歌において、第四句と第五句とを対にするものを「双貫句法」という。

㉒　紅葉散る梢の時雨弱るなり<u>昨日は嵐今日は木枯らし</u>（土御門院御集）

㉓　さまざまに心ぞとまる宮城野の<u>花の色々虫の声々</u>（堀河百首）

㉔　待ちかねてあはれとともに帰りけり<u>涙は袖に月は枕に</u>（艶詞）

⑤　2つの句において、一見かけ離れた内容の句を連置する修辞（これを「疎句」ということがある）。

30.4　縁語

───── ［285］ ─────────────────────────── 縁語 ─

　次の歌から「縁語」を指摘しなさい。

①　わびぬれば身を浮き草の根を絶えて誘ふ水あらばいなんとぞ思ふ（古今 938）

②　秋霧のともに立ち出でて別れなばはれぬ思ひに恋ひやわたらん（古今386）

③　神楽岡吹き舞ふ風のつてごとに振り過ぎ越ゆる鈴虫の声（久安百首）

　意味の上で関連する語彙をできるだけ多く散りばめる修辞法を「縁語（寄せ）」という（一般修辞学の用語では「類装法」などという）。掛詞と併用されることもある。

㉕　逢ふことの<u>渚</u>にし<u>寄る</u>　<u>浪</u>なれば<u>うらみ</u>てのみぞ<u>たちかへり</u>ける（古今 626）

250   第30講　和歌の表現技法

30.5　歌枕

――[286]――――――――――――――――――――――――――歌枕――

次の歌には、どのような表現上の工夫があるか。

① 春宮に候ひける絵に、倉橋山に郭公飛びわたりたる所

　　五月闇倉橋山の郭公おぼつかなくも鳴き渡るかな〔拾遺124〕

② 世にふればまたも越えけり鈴鹿山昔の今になるにやあるらん〔拾遺495〕

　地名「吉野」が「桜」「雪」を、「因幡山」が「松」を、「姨捨山」が「月」を、「竜田」が「紅葉」を、「伊吹山」が「さしも草」を、「大荒木森」が「嘆老」を連想させるように、特定の連想を促す言葉としての地名を「歌枕」という。次例では、「難波＝蘆」という相関関係を前提として、「難波のもの」で「蘆の葉」を指している。

⑳ 水の面に難波のもの（＝蘆ノ葉）も流るるをいかでか月の影をとまれる

　　　　（歌合39 三条合）

　和歌において地名は、「小倉山→小暗し」、「逢坂→逢ふ」、「昆陽→来や」、「勿来 関→な来そ」のように、実際の土地と関係なく、その語音から示される通常語と掛詞的に理解されることがたいへん多い（「水無瀬川、水あれども『水なし』と詠むべきなり」為家『詠歌一躰』）。

㉗ 秋の夜の月の光しあかければくらぶの山も越えぬべらなり〔古今195〕

①は一見、詞書の内容をそのまま散文的に表現した歌のように読めてしまうが、地名の「倉橋山」の「倉」から「暗し→おぼつかなくも」、「橋」から「（鳴き）渡る」と詠まれているのである。②も「ふれば」「なる」に「鈴鹿山」の「鈴」が響いている。

引用文献

青島　徹	1985	『平安文学語法論』笠間書院
安達　太郎	1995	「シナイカとショウとショウカ」『日本語類義表現の文法（上）単文編』くろしお出版
五十嵐　力	1909	『新文章講話』早稲田大学出版部
石垣　謙二	1944	「主格「が」助詞より接続「が」助詞へ」『国語と国文学』21-3/4
————	1955	「助詞「から」の通時的考察」『助詞の歴史的研究』岩波書店
井島　正博	1996	「相対名詞または格助詞による時の副詞節」『山口明穂教授還暦記念国語学論集』
————	2001	「古典語過去助動詞の研究史概観」『武蔵大学人文学会雑誌』32-2/3
————	2002	「中古語過去助動詞の機能」『国語と国文学』79-1
磯部　佳宏	1992	「『源氏物語』の要判定疑問表現」『日本文学研究』28
井手　至	1970a	「助動詞「ナリ」について」『月刊文法』2-6
————	1970b	「掛け詞の源流」『人文研究』2-16
————	1981	「助動詞として追加すべき上代語「みゆ」について」『人文研究』（大阪市立大学）33-1
岩佐美代子	1989	「「御随身どももありし」―夕顔の巻への一つの疑問―」『むらさき』26
江口　正	1992	「日本語の引用節の分布上の特性について」『九大言語学研究室報告』13
大岩　正仲	1942	「奈良朝語法ズハの一解」『国語と国文学』19-3
大久保一男	1984	「「対面（す）」の敬語性」『国語研究』47
————	2016	「「思さる」の「る」」『国語研究』79
大野　晋	1953	「日本語の動詞の活用形の起源について」『国語と国文学』30-6
岡崎　正継	1971	「中世の敬語」『國學院雑誌』72-11
————	1973	「「御導師遅く参りければ」の解釈をめぐって」『今泉博士古稀記念国語学論叢』
————	1986	「今昔物語集の「今夜」と「夜前」と」『國學院雑誌』87-9
————	1993	「万葉集の「すら」「だに」の意味用法について」『國學院大學大学院紀要―文学研究科―』24
————	1996	『国語助詞論攷』おうふう
岡野　幸夫	1996	「平安・鎌倉時代和文における「はつ（果）」「をはる（終）」の意味用法」『国文学攷』（広島大学）152
沖森　卓也	1990	「古典語の複合動詞」『別冊国文学 38　古典文法必携』
奥村　剛	1985	「『源氏物語』における「もや」の用法について」『日本語学』4-6

252　引用文献

小田　　勝　1989　「出現位置からみた係助詞「ぞ」」『国語学』159
―――――　1998　「係助詞に対する過剰な結びについて」『國學院雑誌』99-1
―――――　2006　『古代語構文の研究』おうふう
―――――　2008　「中古和文における助動詞の相互承接について」『岐阜聖徳学園大学紀要（外国語学部編）』47
―――――　2010　「疑問詞の結び」『岐阜聖徳学園大学紀要』49
―――――　2012　「動詞「着換ふ」の格支配について」『岐阜聖徳学園大学国語国文学』31
―――――　2013　「中古語の動詞「換ふ」の格表示について」『表現研究』97
―――――　2016　「古典文法の学習参考書を読む」『岐阜聖徳学園大学国語国文学』35
―――――　2017a　「和歌における「…ばや…連体形」の解釈について」『國學院雑誌』118-3
―――――　2017b　「和歌のレトリックの体系」『國學院大學紀要』55
柿本　　奨　1969　「掛詞のかたち―後撰集を中心に―」『国語国文』38-10
影山　太郎　2002　『ケジメのない日本語』岩波書店
加藤　浩司　1997　「キとケリが示す事象の生起と認識と発話時との時間的距離について」『帝塚山学院大学研究論集』32
菊地　康人　1994　『敬語』角川書店
北原　保雄　1965　「〈なり〉と〈見ゆ〉」『国語学』61
―――――　1967a　「「なり」の構造的意味」『国語学』68
―――――　1967b　「形容詞のウ音便」『国語国文』36-8
―――――　1969　「中古の助動詞の分類」『和光大学人文学部紀要』3
―――――　1979　「形容詞の語音構造」『中田祝夫博士功績記念国語学論集』
金水　　敏　1983　「上代・中古のキルとヲリ」『国語学』134
―――――　1991　「受動文の歴史についての一考察」『国語学』164
釘貫　　亨　1996　『古代日本語の形態変化』和泉書院
黒田　成幸　2005　『日本語からみた生成文法』岩波書店
此島　正年　1973　『国語助動詞の研究』桜楓社
小林　芳規　1986　「幻の「来しかた」」『汲古』10
小林　好日　1941　『国語学の諸問題』岩波書店
小松　登美　1957　「つ・ぬ」『国文学　解釈と鑑賞』22-11
―――――　1961　「「じ」と「ざらん」」『未定稿』9
小柳　智一　1996　「禁止と制止」『国語学』184
―――――　1997　「中古のバカリについて」『国語と国文学』74-7
―――――　1999　「万葉集のノミ」『実践国文学』55
―――――　2000　「中古のバカリとマデ」『國學院雑誌』101-12

────────		2003a	「名詞の論」『国語研究』67
────────		2003b	「限定のとりたての歴史的変化」『日本語のとりたて』くろしお出版
────────		2004	「「ずは」の語法」『万葉』189
────────		2006	「上代の複数」『万葉』196
────────		2009	「同語反復仮定の表現と従属節化」『福岡教育大学国語科研究論集』50
近藤	政行	1988	「院政鎌倉期の助動詞「り」「たり」について」『國學院雑誌』89-10
────────		1996	「動詞命令形の機能」『徳島文理大学 比較文化研究所年報』12
近藤	泰弘	1986a	「敬語の一特質」『築島裕博士還暦記念国語学論集』
────────		1986b	「〈結び〉用言の構文的性格」『日本語学』5-2
────────		1995	「中古語の副助詞の階層性について」『日本語の主題と取り立て』くろしお出版
佐伯	梅友	1988	『古文読解のための文法 上下』三省堂
阪倉	篤義	1958	「条件表現の変遷」『国語学』33
佐久間	鼎	1966	『現代日本語の表現と語法 増補版』恒星社厚生閣
桜井	光昭	1966	『今昔物語集の語法の研究』明治書院
────────		1970	「「じ」は「む」の否定か」『月刊文法』2-8
佐藤	信夫	1978	『レトリック感覚』講談社
澤田	治美	1983	「Sⁿシステムと日本語助動詞の相互連結順序」『日本語学』2-12
杉崎	一雄	1963	「「たまふ」「のたまふ」「つかはす」の諸相」『国語研究』17
────────		1977	「姉なる人にのたまひむ」『浅野信博士古稀記念国語学論集』
鈴木	泰	1995	「メノマエ性と視点（I）」『築島裕博士古稀記念国語学論集』
────────		1999	『改訂版 古代日本語のテンスとアスペクト』ひつじ書房
────────		2009	『古代日本語時間表現の形態論的研究』ひつじ書房
鈴木	英夫	1985	「「ヲ＋自動詞」の消長について」『国語と国文学』62-5
関	一雄	1977	『国語複合動詞の研究』笠間書院
関谷	浩	1971	「「ただあきに」の構成について」『国語研究』31
高桑	惠子	2013	「源氏物語における敬語「御」の用法」『國學院雑誌』114-6
高山	善行	1987	「従属節におけるムード形式の実態について」『日本語学』6-12
────────		1996	「複合係助詞モゾ・モコソの叙法性」『語文』65
竹岡	正夫	1963	「助動詞「けり」の本義と機能」『国文学 言語と文芸』31
田野村忠温		1990	『現代日本語の文法I―「のだ」の意味と用法』和泉書院
角田	太作	1991	『世界の言語と日本語』くろしお出版
鶴	久	1962	「所謂形容詞のカリ活用及び打消の助動詞ザリについて」『万葉』42
寺村	秀夫	1969	「活用語尾・助動詞・補助動詞とアスペクト―その一―」『日本語・日本文化』1

254 引用文献

	1975	「連体修飾のシンタクスと意味—その1—」『日本語・日本文化』4
	1982	『日本語のシンタクスと意味Ⅰ』くろしお出版
時枝 誠記	1941	『国語学原論』岩波書店
	1950	『日本文法 口語篇』岩波書店
中西 宇一	1957	「発生と完了」『国語国文』26-8
	1969	「「べし」の意味」『月刊文法』2-2
	1996	『古代語文法論 助動詞篇』和泉書院
中村 幸弘	1972	「補助活用型助動詞と補助動詞「侍り」」『国語研究』33
	1984	「連語「さるものにて」について」『國學院雑誌』85-4
	1995	『補助用言に関する研究』右文書院
	2006	「否定疑問文と、その応答詞」『國學院大學大学院紀要—文学研究科—』37
野内 良三	2005	『日本語修辞辞典』国書刊行会
野村 剛史	1989	「上代語のツとヌについて」『国語学』158
	1994	「上代語のリ・タリについて」『国語国文』63-1
橋本 修	2001	「古典日本語の完了形をめぐる研究動向」『「た」の言語学』ひつじ書房
橋本 四郎	1959	「動詞の重複形」『国語国文』28-8
橋本 進吉	1951	『上代語の研究』岩波書店
早津恵美子	1989	「有対他動詞と無対他動詞の違いについて—意味的な特徴を中心に—」『言語研究』95
原田 信一	1974	「中古語受身文についての一考察」『文学語学』74
原 まどか	2014	「推定伝聞「なり」と断定「なり」」『国語研究』77
福田 益和	1968	「平安時代における「もぞ・もこそ」の用法」『大分工業高等専門学校研究報告』5
細江 逸記	1932	『動詞時制の研究』泰文堂
堀口 和吉	1993	「助動詞「～ぬ」「～つ」弁」『山辺道』37
松尾捨治郎	1919	「小疑三束」『國學院雑誌』25-8
	1961	『助動詞の研究』白帝社
松下大三郎	1928	『改撰標準日本文法』紀元社
三浦 法子	1973	「平安末期の受身表現についての一考察」『岡大国文論稿』1
三矢 重松	1908	『高等日本文法』明治書院
南 不二男	1964	「述語文の構造」『国語研究』18
三宅 清	1985	「特殊な連体修飾について」『國學院雑誌』86-4
本居 宣長	1785	『詞の玉緒』
森野 崇	1987	「係助詞「なむ」の伝達性」『国文学研究』92

森山　卓郎　1989　「自同表現をめぐって」『待兼山論叢』23
山口　明穂　1989　『国語の論理』東京大学出版会
山口　堯二　1976　「同語反復仮定表現の情意性」『国語国文』45-6
─────　1980　『古代接続法の研究』明治書院
山田　　潔　1993　「複合助動詞「つらむ」の用法に関する一考察」『学苑』638
山田　孝雄　1908　『日本文法論』宝文館出版
─────　1936　『日本文法学概論』宝文館出版
─────　1952　『平安朝文法史』宝文館出版
山本　俊英　1955　「形容詞ク活用・シク活用の意味上の相違について」『国語学』23
和田　利政　1987　「形容詞の機能」『国文法講座2』明治書院
渡辺　英二　1967　「枕草子の敬語（一）」『国語国文学研究』36
─────　1974　「地の文における尊敬表現」『富山大学教育学部紀要』22

■ 著者紹介

小　田　　勝　（おだ　まさる）

1964年東京都生まれ。國學院大學大学院文学研究科博士
課程後期単位取得。博士（文学）。國學院大學文学部教
授。主著に、『古代語構文の研究』（おうふう）、『古代日
本語文法』（ちくま学芸文庫）、『実例詳解古典文法総覧』
『百人一首で文法談義』『源氏物語全解読　第1巻』（以上、
和泉書院）、『旺文社全訳古語辞典［第5版］』（共編、旺
文社）など。

読解のための古典文法教室

2018年 4 月15日　　初版第一刷発行
2024年 7 月30日　　初版第四刷発行

著　者　　小　田　　　勝

発行者　　廣　橋　研　三

〒543-0037　大阪市天王寺区上之宮町7-6
発 行 所　　有限会社　和　泉　書　院
電話 06-6771-1467
振替 00970-8-15043

印刷／製本　亜細亜印刷
装訂　仁井谷伴子

ⓒ Masaru Oda 2018 Printed in Japan　　ISBN978-4-7576-0857-3 C1081
本書の無断複製・転載・複写を禁じます

別冊　例題文現代語訳　1

第 1 講 (pp.1-3)

[1] ①「雉があるか」と求めに来たので、「ある。取りに（使いを）よこせ」と嘘を言うので。②たまたま、ことのついでに都の様子を聞くと、（私が）この山にじっと引き籠もってから、身分の高い人でお亡くなりになった人も多く（いると）耳に入る。③大和の高円山の秋風（が吹く時）に、（晴れて）雲のない峰から出る月よ。　[2] お体が衰弱なさらない前に、どうして仰らなかったのか。

第 2 講 (pp.4-11)

[6] A①年をとり、病気をして、死ぬときになって。②血が出るほどに、間違いなく蹴飛ばしてください。③→ [18] ② b。④山中の景色は、（四季）折々につけて、（興趣の）尽きることがない。B①秋が来たと目にははっきり見えないけれど、風の音で自然はっと気が付いてしまう。②来ない人を待って、松帆の浦の夕凪の時に焼く藻塩草のように、私の身も（恋の炎で）焦がれ続けている。③児の乳母が、ほんのちょっとの間と言って出かけてしまっている間、（児を）何とかあやして、「早く帰って来い」と言い送ったところ。④独りで寝ている山鳥の長く垂れさがった尾に霜が置いたのかと見間違うほどの、寝床に差し込んだ月光よ。⑤これ以上この世に生き続けていられそうもない気持ちがしたので。　[8] ① a → [108] ④。b 秋風に誘われて渡って来る雁は、物思いにふけっている人の家（の上）を避けてほしい。c 花が散るから（避けてほしいのに）、道を避けないのか。嘆かわしいことに、志賀の山の梢を越えてゆく春風よ。② a 忘れられる私の身は何とも思わない。（忘れないと）神に誓ったあなたの命が惜しまれることだよ。b → [276] ⑤。③ a まったく間が抜けていることだと非難し申しあげる。b 私よりも年をとり、ぼけていた人の間違いであろうか。　[9] ますます妙に気がふさぐ。何か良い工夫をしてくれ、あなた。せめて逢っている時だけでも。　[11] ①（夕月夜㊗）小倉の山で鳴いている鹿の声の中で、秋は暮れているのだろうか。②（桜の花の）美しさを堪能しきった年などないので、桜の花を折って今日一日中見ている。　[12] ①装束を取り出して、きちんと装束を着て。②どうして俊忠の歌と同等に扱うことができようか（いや、できない）。③好色な田舎者たちで、（玉鬘に）恋慕し、手紙を交

2 別冊 例題文現代語訳

わしたがる者が、非常に多い。④瓜を取り出してあったのが、悪くなって、水っぽくなっていたので。⑤山寺（高山寺）でも何となく世間じみた煩わしさが耳に入るので。

第3講 (pp.12–20)

[13] ①しゃれ（たふうに見せ）て書いてあるようすは、品位がない。②（あなたと）きっと明かしてしまうに違いない夜だけれど。③あきれたことだと宮はお思いになって。④→［266］④。⑤去年の秋。⑥赤栴檀を彫っ（て作っ）たのも。⑦おのおの弓を引いて、矢を放って。　[14] ①座ったまま膝で進み出る人がいるようだ。②そっと出て来る時が、あるようでございます。③死んだ子は、顔立ちが良かった。④（大切にしまって）置きなさったようなのに。　[15] 「たいそう頼る所もなく、所在なく存じないではいられませんので、（故宮の）御代わりとしてでもお見申し上げようと思って、帥宮の許に参上しております」と（童が私に）語る。　[17] ①a（猫が）縁先に出て横になっているので。b（大君の様子は）中身のない人形を横にしたような感じがして。②aいつまで生きるだろう命だ。bこの僧一人は生かそう。③a袖が濡れて手ですくった水が凍っていたのを、立春の今日の風がとかしているだろうか。b手を濡らして冷たさも感じない泉に水をくむというわけではなく、和泉の国で無駄に数日を過ごしてしまった（「泉」に国名「和泉」を掛ける）。　[18] ①a驚くほど、愛らしい感じが加わっていらっしゃる。b限度のある（元服の）儀式に、それ以上のことを（帝は）加えなさる。②a夕方になると（私は恋の炎で）蛍より一層燃えるとしても、（その）光が見えないので、あの人は冷淡だ。b夕方になると（私は恋の炎で）蛍より一層燃えるけれど、（その）光を見ないので、あの人は冷淡なのか。　[19] ①多くの年が過ぎた。そのため鬢髪が長いのだ。②暁の鴫の羽がき（嘴で自分の羽をしごくこと。一説に、翼を羽ばたかせること）で目が覚めて、（「羽がき」ではなく、私の方こそ）書くだろう数を想像する。（参考「暁の鴫の羽がき百羽がき君が来ぬ夜は我ぞ数書く」（古今761）。「数書く」は徒然にまかせて線を書くの意で、無駄なことの喩え）　[20] ①a2本目の矢を頼みにして。b（光源氏は夕顔に）この世だけではない約束などまで頼みにさせなさって。②aその夜は一晩中、お酒を召し上がり、管弦の遊びをなさって、大将も引き出

物をいただき、忠岑もご褒美をいただきなどした。b（明石入道は、源氏の）御使者に、並一通りでない玉裳（女性の衣装）などを与えた。　**[21]**　①山の神を祭って。②鹿島の神に祈り続けて。③帯の端でとても立派に見える帯の端を、蛇の形にたいそう似せて、動くことができるような仕掛けなど施して。　**[22]**　①a旅に参ります人に、装束をくれてやりますということで。b秋、旅をしておりますときに、花見のために滞在しまして。②a不本意ながら、人と別れて。b国を捨て父と別れて、完璧な悟りを求め。　**[23]**　（故郷の）家を思って眠らずにいると、鶴が鳴く葦の生えた水辺も見えない。春の霞で。

第4講 (pp.21-29)

[24]　①走り井で、弁当など食べるということで、幕を引きめぐらして。②いつも行く山寺へ登る。　**[25]**　①翌月に死ぬはずだというお告げもあったので。②内緒のことといっても、（浮舟の）御心から進んでしたことではない。　**[26]**「すぐ行こう」と（あなたが）言ったばかりに、九月の有明の月が出るのを待ってしまったことよ。　**[27]**　①a美しい萩の花が散る庭の秋風が身にしみて、夕日の光が壁に消えて行く。bはるか遠くの沖の干潟にいる夜の千鳥よ。満ちて来る潮のせいで（干潟が無くなり）声が（岸辺に）近づいて来る。②a春が来たら逢おうと思った梅の花、今日の宴会であい見たことよ。b年が去り年が来（て長い年月がたっ）ていたけれども、忘れがたいのは慈しみ育ててくれた昔の恩。　**[28]**　①いらっしゃる所は六条京極の辺りで、宮中からなので、少し道のりが遠い気持ちがするが。②門を叩いて、「くらもちの皇子がいらっしゃった」と告げる。　**[29]**　①a逢坂山を今朝越えて来たところ、山人が私にくれた山杖である。これは。bこの長櫃の物は、全員、童にまでやったので。②a雪の上に月が照っている夜に、梅の花を折って贈るようないとしい子がいたらなあ。b私の愛する女性が下に着ろと贈ってくれた衣の紐を我は解くだろうか（いや解くことはない）。　**[30]**　①渋谿を目指して私達が行くこの浜で、月夜をきっと飽き（るまで見）よう。馬をしばらく止めろ。②後先の分別も失せて、悲しく（涙を）抑えがたいと思わずにはいらっしゃれないので、すぐには気持ちを落ち着けることがおできにならない。　**[31]**　①aひどく一日中泣いて、（部屋から庭を）見やったところ。bうれしいもの。まだ読んでいない物語の第

4 別冊　例題文現代語訳

一巻を読んで、（続きを）とても読みたいとばかり思っていたのが、残りの巻を見つけたの。②aそうはいってもやはり見たいのだろう、御几帳のほころびからわずかに覗き込んだ。bたくさんの魚など、まだ見たことがなかったので、とても面白いと思われる。旅で疲れている気分だけれど、夜の更けるのも忘れて、見入っていると。　[32]　①夜になるのを待って京には入ろうと思うので。②九月末日に、翌月になって（から）と思われるのだろうか。③人が寝静まるのを待って出入りなどなさるので。　[33]　①西の対の姫君も（物見に）お出かけになった。②（六条御息所は源氏に対する）一切の愛情を思い捨てなさって、ひたすら（伊勢に）出発なさ（ろうとす）る。　[34]　①後世は明日（来る）かも知れない夢のようなこの世を、現実であるような顔で明かし暮らすことよ。②たいへん多いが、書き尽くさない。　[35]　①（あしひきの㊙）山に隠れている桜花よ。散らずに残っていると風に知られるな。②雪は所々消えずに残っているのが。③咲いたまま残っている吉野の宮の花を見て。　[36]　このように内密にしていらっしゃる（玉鬘と髭黒との）御仲のことであるけれど、自然と、人が興味ある話として語り伝え語り伝え、次々に聞いては他の人に話し、聞いては他の人に話して、めったにない世間の語り草として（人々は）囁いていたのだった。　[37]　①（源氏は）じっと（夕顔の）御側（そば）に日が暮れるまで寄り添って。②帝が諫めの言葉をおっしゃるのをはじめとして。

第5講 (pp.30-37)

[38]　B①霞の中かと自然見渡される。②歌で拍子を打ち間違えてとがめられる。③（かぐや姫を）妻である嫗（老女）にまかせて養育させる。④あの贈り物を（帝に）お目にかける。C①意識は少しあるが、腰は動くことができない。②霧がかかって、それに夕日が当たっている美しさを、ふと思い出さずにはいられない。③御目の病気までも、このごろ重くおなりになって。④山々に何度も人をやって（鷹）探させるが、まったく見つからない。　[39]　①私は閻羅王の使いに捕らえられて。②（私は）どうしてこのような大雨に降られて。③（源氏が朧月夜に）扇を取られて。　[40]　①沫雪に降られて（促されて）咲いている梅の花をあなたのところに贈ったら、雪になぞらえて見るだろうか（第5句は難解で、諸説ある）。②七月七日、人に贈る歌。ずっと長く男に通って来られ

る女は、七夕が逢う今夜だけは逢わないでほしい（仲の良い夫婦をからかった歌）。
[41] ①衣の裾や裳などは、御簾の外にみな押し出だされているので。②大き
な木が風に吹き倒されて。③露は月の光に照らされてあたり一面輝き。 [42]
「そうはいっても、一生男と結婚させないことがあろうか」と思って、期待し
ている。異常なまでに（姫への）志を見せてまわる。 [43] 月の光にだまされ
て、夜深いころに起きてしまったのも、（早い帰りをつらく）思っているだろう
女の心中が不憫であるけれど。 [44] 世間で評判になっていらっしゃる光る
源氏を、こうした機会にお見申し上げなさいませんか。 [45] A①涙がこぼ
れるので、目も見えず、ものも言うことができない。②→[6]B①。③趣あ
る夕暮に、海を自然眺めやられる廊にお出ましになって。B尼姿になって一人
で帰ってきた山里（大堰の邸）に、（明石で）聞いたのと同じような松風が吹い
ている。（明石君の母尼の歌） [46] ①少しの間でも一人でいることができるも
のなので、島のむろの木は離れて立っているのだろうか。②水底の玉までも
はっきりと見てしまうことができるほど照っている月よ。③白雲が絶えずたな
びく峯にさえ住んで（ようとす）ると住んでいられる世であったのだった。
④いられるかと、試みがてら逢わないでいると、戯れではすまされないほど
（あの人が）恋しい。⑤「お前、和歌は詠めるか」と尋ねると、翁は、「うまく
はないがきっとお作り申し上げよう」と答えるので、守は、「さあ、それなら
ば詠め」と言うと。 [47] ①川瀬を渡る小舟が行き着くことができて泊まる
だろう船着き場が思われる。②父がいきなり寄って来た。（娘は）恐ろしくて
呆然として、ひき隠すことができない。「何の手紙だ」と言って手に取るの
で、顔が赤くなって座っている。③「今夜はどうも（参上できない）」などとた
めらいなさると。 [48] ①この歌は、実景を見ると、勝ることができない。
②（劣り腹の子は）世間でも見くびり、親のお扱いも（本妻腹の子と）等しくあ
つかうことができないものなのだ。③これが逃れられない因縁なのだろうか
と、我ながら前世が知りたい気持ちがして。

第6講 (pp.38-44)
[49] ①（紫上は）人々に物語などを読ませて、お聞きになる。②阿闍世王は、
提婆達多の教唆によって、大象に酒を呑ませて。③父を本国に返らせて。

6 別冊 例題文現代語訳

[50] ①若菜が（七草の日の）今日を知らせた。②あの花はなくなってしまったよ。どうしてこのように盗ませたのだ。とてもだらしない女房たちだな。③私の党の殿方の不覚によって、河原兄弟を討たせた。 [53] ①情けないことに、（落葉宮は）世間の噂の種に引かれなさるはずであるようだ。②（桐壺帝は）やはり朝の政務はきっと怠りなさるに違いないようだ。 [55]（匂宮は中君の許に）こっそりいらっしゃったのだった。

第7講 (pp.45-51)

[56] ①この大臣の御宿直所は、昔の淑景舎である。②私の身は、この国の人ではない。月の都の人である。③御前にいる人々は、一人二人ずつ姿を消して。④男も書くとかいう日記というものを、女も書いてみようと思って書くのである。 [57] ①自分のお心ながら、むやみに人が見て驚くくらいに（桐壺更衣を）思わずにはいらっしゃれなかったのも、長くは続きそうもないからだったのだと。②遠くからばかり美しいと見ていた。梅の花。飽きないほど素晴らしい色や香は折って初めて分かるのだった。③水かさの増している千曲川は、私（が立っている）だけでなく、霧も深く一面に立っている。 [58] ①残りなく（花を）求めるということだけれど、注連の内の（神域の）花は花の内に入らないものなのだった。②私の身は昔と異なった姿であるが、昔そのままにとぼけているあなたは昔のままのあなたである。③君は君、私は私というように隔てないので、別々の心であろうものか（いや、ない）。 [59] ①（子供達は空蟬に）親切らしくするけれど、表面的には親切らしくするが、（空蟬には）辛いことが多い。②春が来たと人は言うけれども、鶯が鳴かないうちは春は来ていないだろうと思う。③木の葉が散る山こそ寂しいだろうが、（ひさかたの㊟）空にある月もまた冬は寂しい。④置きはじめる露こそ秋（が来たこと）を知るだろうが、どのようにして涙も袖に（落ちて）秋（飽き）（が来たこと）を知るのだろう。 [60] ①愛する女性といた時は袖が冷たくはないが、別れると袖が冷たく感じられるものであった。②今こそ盛んでないが、私も昔は男として、男山の坂を上るように栄えた時があったものだ。③昔のことは不都合ありませんが、現在いらっしゃる人の御ことを申し上げるのは、不都合なことであるよ。 [61] A ①この数日でさえ素晴らしかったのに、今日は格別素晴らしい。②一

事に優れていることさえ昔もございませんのに、このようにどの道にも抜群で
いらっしゃったとかいうのは、昔もないことです。③世慣れている年齢の人で
さえ（源氏を）恋しくお思い申し上げるのだから、まして馴れ親しみ申し上
げ、（源氏は紫上の）父母にもなって育て上げなさったのだから、（紫上が源氏を）
恋しくお思い申し上げなさるのは、もっともなことである。B①まるで雪とば
かり降るのでさえ惜しいのに、桜花よ、どのように散れということで風が吹い
ているのだろうか。②軒近い松に吹く風でさえ寂しいのに、それに加えて窓を
打つ秋の村雨よ。　[62]　①すっかり人に知らせたらまずいだろうが、この小
君に（あなたへの便りを）ことづけて申し上げよう。②大君自身も、「健康であ
ろう」と仏にお祈りなさるのならよいだろうが、「やはりこうした機会になん
とかして死んでしまおう。…」と思いつめなさって。③現実を現実だとどのよ
うに定められるだろう。夢の中で夢を見ないなら、現実を現実と定められよう
が。　[63]　①大変に積もった雪だなあ。②ああ、甲斐のないことだなあ。③
（もののふの㊗）たくさんの乙女たちが入り乱れて水を汲む寺の井戸のほとりに
咲くかたくりの花よ。④ああ、紅葉をたいて（酒を温めて）くれる人がいれば
よいのになあ。　[64]　①ただ一人で物思いに耽っていると、秋の田の稲葉が
そよそよと鳴るように「そうだよ」と言ってくれる人がいないことよ。②吉野
の山の白雪を踏み分けて山に入ってしまった人が、便りもくれないことよ。

第8講 （pp.52-59）

[65]　①桜の花は早く散ってしまうとも思われない。人の心が（早く移り変わっ
てしまって）風も吹ききれない。②→［6］B①。③嘆くけれどもなすべき手
立てを知らないで、恋い慕うけれども逢う方法がないので。④丸い井戸の囲い
と背くらべして遊んだ私の背丈は、（その井筒よりも）高くなってしまったよう
だよ。あなたと会わないでいる間に。⑤数えると尽きないものは、私が積み上
げた稲と、私が積み重ねた年の数であったのだった。　[66]　①a諸天（天上界
の神々）は、太子に随行して、その所に着いて急に（姿が）見えない。b「御杯
が遅い遅い」と言うけれども、すぐには持って来ない。…そうして（やっと）、
御杯を差し上げる。②優れた工匠は、少し鈍い刀を使うという。妙観（奈良時
代の名工）の刀はたいして切れない。　[67]　たとえ舞を御覧にならず、歌をお

聞きにならなくても、御対面だけはございまして、お帰しになったならば、この上ないお情けでございましょう。　[68]　（薫は）本当に、当然そうなるはずの因縁があって、たいそうこの世の人ではな（いくらい素晴らし）く作り出された、（仏菩薩が）仮に宿ったのかとも思われること（芳香）が備わっている。[69]　①明け暮れお見申し上げる人でさえ、飽きることがないほど素晴らしいとお思い申し上げる（明石姫君の）御姿だから。②中納言殿にまだ知られ申し上げなさらないことを（落窪姫君は）物足りなくお思いになる。　[70]　①太政大臣には、並一通りの人を任じてはならない。②並一通りでない祈願によってなのであろうか、風も吹かず、よい天候になったので、（船を）漕いで行く。[71]　①長雨で、晴れている間がないころ。②雨の降り止んでいる間も見えない五月雨のころ。　[72]　①親が、常陸介になって（任国に）下ったのにも誘いに応じないで、（源氏の供として須磨に）参上したのだった。②（姫君は）どんなに物思いの限りを尽くしていらっしゃるだろう。　[73]　①（見えていた）船の人も見えなくなってしまった。②楫取は、「今日は、風や雲の様子がたいへん悪い」と言って、（結局）船を出さないままになってしまった。　[74]　①二日目という夜、男は無理に「逢おう」と言う。女もまた、強く逢うまいとも思っていない。②見渡すと、花も紅葉もないのだった。この海辺の漁師の小屋の（あたりの）秋の夕暮れは。　[75]　①法師ほど羨ましくないものは（他に）ないだろう（法師が最も羨ましくないものだろう）。「人には木の屑のように思われるよ」と清少納言が書いているのも、なるほどもっともなことだよ。②a慰めとして（柴を焚く）煙だけは絶やさないが、寂しいからなあ、冬の（山里の）住みかは。b十月に時雨だけではなく（雪も）降って、どうして雪交じりにばかりなって、私も行くことができずにばかりなっているのだろう。

第9講 (pp.60-67)

[77]　A①昨日までは逢うことに引き換えるならば（命は惜しくない）と思っていたが、（逢った翌朝の）今日は命が惜しいなあ。②恋をしているという私の噂は、早くも立ってしまったことだ。人に知られないように（ひそかに）慕いはじめたのに。③約束したね。互いに（涙で）袖を幾度もぬらしては、末の松山を波が越さないように（他の人に心を移さないように）しようと。④→[108]③。

別冊　例題文現代語訳　9

B 箏の琴を親しみやすく弾くともなしに弾いていらっしゃる（女二宮の）様子も、やはり気品があって美しいけれど、（柏木には）同じことなら（女三宮と結婚したかった）、今一つのところでかなわなかった宿運よと、やはり思われる。

[78]　B①草の根を食べ物とした。②恋をするまいと御手洗川でした禊。③帝のおそば勤めを時々したので。④里を嫌って（ここに）来たけれども。⑤昨夜（雪を）踏み分けて来た道のつらさなど。⑥振り返って御覧になると、越えて来た方角の山は霞んではるかに遠くて。⑦過去のことも未来のこともお考えになれず。　[79]　その馬は一昨日まではいましたのに。昨日もいました。今朝も庭で乗っておりました、などと申し上げたので。　[81]　①香具山と耳梨山とが争った時、（阿菩大神が）立ち上がって見に来た印南国原よ。②（桐壺更衣は、入内の）初めから普通一般の帝のお側勤めをなさらなければならない（低い）身分ではなかった。③「死出の旅路にも遅れたり先立ったりしないようにしよう（一緒に行こう）と約束なさったのだから、いくらなんでも私を捨てて行くことはできないだろう」と（帝は桐壺更衣に）おっしゃるのを。④（僧都は）初夜と言ったけれども、夜もひどく更けてしまった。　[82]　①手を打って、「あなた様でいらっしゃった。…」とひどく大声で泣く。②「今夜は十五夜であった」と思い出しなさって。③式部卿宮が、翌年五十におなりになるのだったので。

第 10 講 （pp.68-74）

[83]　①→ ［ 6 ］B①。②この世に見ることができない皮衣のあり様なので、これを（本物だ）とお思いになってしまいなさい。　③梅の香を袖に移してとどめたなら、春は過ぎてもその思い出の種になるだろうに。④難波潟の葦の短い節と節との間のような短い間も逢わないで、一生を終えてしまえというのか。

[84]　①「（今まで）決して（本性を）知られまいと思っていたのに」と言って、髪を（額に）垂らし掛けて泣く様子は、まるで以前ご覧になった（六条御息所の）物の怪の姿であると見えた。②意外な人に先を越されてしまう宿命に、この世は思いがけないものと思うようになりました。　[85]　①そうであっても、鬼なども私をきっと見のがすに違いない。②こういう状態でも、自然、若宮が成長などなさったなら、しかるべき機会もきっとあるに違いない。③楊貴妃の

10　別冊　例題文現代語訳

例もきっと引き合いに出してしまいそうになってゆくので。④これをかぐや姫が聞いて、私は皇子にきっと負けてしまうに違いないと、胸がどきどきして思っていた。⑤子というものはいないのが良いだろう。⑥たいへん見苦しい所なのでお住まいになりにくくて、山里になんとしても移ってしまおうと思っていらっしゃったが。　[86]（扇が）白波の上に漂って、浮いたり沈んだり揺さぶられたので。　[88]①私の里に大雪が降った（今も辺りは雪景色である）。大原の古びた里に降るだろうのは後（のこと）。②大和の青々とした香具山は、東の大きな御門に春山らしく茂り栄えて立っている。③住吉の岸に向き合っている淡路島（の「あは」ではないが）、「あはれ」とあなたのことを言わない日はない。④（ひさかたの㊕）月は照っている。ひっきりなしに海人の漁り火を灯しあっているのが見える。⑤白い扇で、たいそう香をたきしめてある扇を。[89]①いつものように、弁の君や宰相などがいらっしゃったと（一条御息所は）思っていらっしゃったが、たいそうこちらが恥ずかしくなるほど気品のある態度で（夕霧が）入っていらっしゃった。②寝入っていた女房たちは、こうなったのだったと様子を見て取って、みな奥に入ってしまった。

第 11 講（pp.75-81）

[90]①片貝川の川瀬を清らかに流れる水のように、絶えることなく通い続けて（立山を）見よう。②（かぐや姫を）引き留めることができそうもないので、（媼は）ただ（姫を）仰ぎ見て泣いている。③入道は、いつものように嬉し泣きをしている。④鴨山の岩を枕にしている私なのに、知らずに妻は今も待ち続けているだろうか。⑤春雨に逆らえなくて私の家の庭の桜の花は咲き始めてしまった。⑥もしこれを学び終わったならば。　[91]引き戸を開けようとするが、たいへん固いので、…押したり引いたりするけれど、中と外とで閉めてしまったので、びくともしない。　[92]惟光に、「この西隣にある家はどんな人が住んでいるのか。尋ねて聞いているか」とおっしゃるので。　[94]①沖の辺りから潮が満ちて来るらしい。可良の浦で餌を探している鶴が鳴いて騒ぎ始めた。②春日野に煙が立っているのが見える。乙女たちが春の野のうはぎ（嫁菜）を摘んで煮ているらしい。

別冊　例題文現代語訳　11

第 12 講 (pp.82-88)

[95] Ｂ①私の家で満開に咲いている梅の花が散りそうになった。見る人がいたらなあ。②藤の花が咲いてゆくのを見ると、ほととぎすが鳴くはずの時に近づいた。　[96]　①立って見たり、座って見たり、（辺りを）見るが、去年と全く似ていない。②顔を全く知っていないはずの童一人だけを連れていらっしゃった。③特にこの世の無常を深く感じなそうな若い人々も、みな泣くようだ。④簡単に人が近寄って来ることができなそうな家を作って。　[97]　春が着ている霞の衣は横糸が薄いので、山の風に乱れそうだ。　[98]　①私だけが夜船を漕いでいるのかと思っていると、沖の辺りの方に梶の音が聞こえる。②（鶏が）恐ろしい声で鳴き騒ぐので、皆起きなどしてしまったようだ。③（噂に）聞くと、侍従の大納言の御むすめが、お亡くなりになったそうだ。④宰相の中将が参上なさったようだ。いつもの御匂いがたいそうきわだって。　[99]　①秋の野に人を待つ松虫の声がするようだ。（待っているのは）私かと行ってさあ尋ねよう。②疾風も龍が吹かせるのである。早く神に祈りなさい。③龍の頸に五色の光ある玉があるそうだ。④野に近く居住しているので、鶯が鳴くような声は毎朝聞く。⑤障子を五寸ばかり開けて言うのであった。　[100]　①覗きなさると、…簾を少し上げて、（仏像に）花をお供えしているようだ。②（あこぎは少将の手紙を姫の所に）持って参上して、「ここにお手紙があるようです。…」。③こうしてまた年が明けてしまうと、天禄三年という（年になった）ようだ。④朝日が射す雪解けの水蒸気が立ちのぼり、吉野の山も見えず霞んでいる。

第 13 講 (pp.89-95)

[101] Ｂ①来ない奴らを待つまい。（「遅く」の訳は [144] 参照）②いつ逢ったというので、恋しいのだろうか。③帝はやはり気がかりだったのだろう。④（鬼の顔などを大げさに描いた絵は）実際には（実物に）似ていないのだろうが、それはそれとしてきっと通るに違いない。　[102]　①待っているような顔つきであろう夕方などの（手紙）こそ、見る価値はあるだろう。②きしきしと鳴る牛車に乗って出歩く人。耳に入らないのだろうかと、たいへん不快だ。③片岡のこの向かいの峰に椎の実を蒔いたら、今年の夏の日陰になるだろうか。④愛する

12　別冊　例題文現代語訳

子がいるとして、その子を法師にするということがあるなら、気の毒だ。⑤関係のない他人でさえお見申し上げるなら、きっと心が乱れるに違いない。⑥もしこの鼠を放したら、蛇にきっと呑まれてしまうことだろう。　[103]　生涯の恥は、これ以上のものはないだろう。　[104]　①惜しむべき夜の月と花とを、同じことなら、情趣を解しているだろう人に見せたい。②末長く変わらないであろう（あなたの）気持ちも（どうであるか私には）分からず、黒髪が乱れているように、今朝は心が乱れてもの思いに沈んでいる。③住の江の岸に寄る波ではないが、（昼間はもちろん）夜までも、夢の中の通い路で、（あなたは）人目を避けているのだろうか。④同じ辺りを何度も漕ぎ巡る（というのは）。⑤鳶がとまっているとしても、何の不都合があろうか。　[105]　①意良めは今はおいとましよう。今ごろ子が泣いているだろう。おお。その母親も今ごろ私を待っているだろうよ。②春日野の若菜を摘みにということで、真っ白な袖を振ってわざわざ人が行くのだろうか。③桜の花が散るのを詠んだ歌。（ひさかたの㊙）日の光がのどかな春の日に、どうして落ち着いた心もなく桜の花が散っているのだろう。④昔を恋い慕っているとかいう鳥はほととぎす。たぶん鳴いたのだろう。私が（昔を）恋い慕っているように。　[106]　①昔こそ難波田舎と言われただろうが、今は都を引き移して都らしくなった。②中国の人は、これを立派だと思ったからこそ、書き留めて後世に伝えたのだろう。③遠くから噂に聞いてばかりいたらよかったのに、（私は）どうして音羽川を渡るということもなく（渡って）馴染みはじめたのだろう。④海は少し離れているが、行平の中納言が「関吹き越ゆる」と詠んだとかいう浦波が（近寄り近寄りして）毎夜ほんとうに近くに聞こえて。　[107]　①（あの人のことを）思い続けて寝るので、あの人が（夢に）見えたのだろうか。もし夢だと知っていたら目を覚まさなかっただろうに。②さあ皆の者、早く日本へ（帰ろう）。大伴の御津の浜の松が待ち焦がれているだろう。③これはいったいどうするつもりだろうと、不審に思ったが。

第 14 講 （pp.96-104）

[108]　①昼だったら、（私も源氏を）覗いてお見申し上げただろうに。（空蟬の詞）②私の愛する男性と二人で見るならば、どんなにかこの降っている雪が嬉しいだろうに。③世の中に全く桜がなかったならば、春の（人の）心は穏やか

別冊　例題文現代語訳　13

だろうに。④吹く風に注文を付ける（ことができる）ものならば、この（満開の桜の木）一本は避けろと言うだろうに。　[109]　A①ああいとしい、あんなに栄えた君が（存命で）いらっしゃったなら、昨日も今日も私をお召しになっただろうに。②ほんとうにこのように（源氏が）いらっしゃらなかったなら、どんなに心細かっただろう。B①その（ほととぎすを）聞いたとかいう所で、すぐに（歌を）詠めばよかったのに。②（近江の君は）ほどほどの親でかわいがってくれるだろう親に、見つけ出されなさったらよかったのに。（近江の君の侍女の詞）③どうしようか、迎えたらよいだろうかと、思い悩みなさる。④したらよいだろうか、しないでいたらよいだろうかと思うことは、たいていは、しない方がよいのだ。　[110]　①「ともかく申し上げよう」と言って（翁は）外に出て。②母北の方は、「（娘と）同じ煙になって空に昇ってしまおう」と泣いて慕いなさって。（「煙」と「こがる」は縁語）③奥ゆかしくあろうと思っている人は、（私が）おおざっぱに手紙を取り散らしているだろうかなどと、自然疑うに違いないだろうから。④私、高綱が、この御馬で宇治川を真っ先に渡りましょう。⑤ただあの遺言に背くまいとばかりに、出仕させましたが。⑥ただ今は見るまいと言って中に入ってしまった。　[111]　①（涙を）隠そうとするが、後から後からこぼれ出て。②山吹が美しく咲いている山の清水を汲みに行こうとするが、道が分からないことだ。　[112]　B①それならば、私と行こう。②一緒に見物しようよ。③さあ、すぐこの辺りに近い所で気楽に夜を明かそう。④さあ、いらっしゃい、出雲大社をお参りに。⑤乳母に近寄って、「さあ行こうよ、眠たいから」とおっしゃるので。　[113]　①病気をこじらせてしまったときは厄介ですから、（北山での祈禱を）早くお試しになるのがよい。②「こちらへ、下がって来たらどうだろうか」とおっしゃって。③→[157]。④「無礼な恰好は許してくれるだろうか」と言って、（源氏は）物に寄りかかって横になっていらっしゃる。⑤それなら、その遠慮のいらなさそうな所へ手紙をお送りください。（あるいは）御自身でそこにお出でくださらないだろうか。⑥かぐや姫が「少しの間、待て」と言う。⑦頼朝の首を刎ねて、私の墓の前に掛けるがよい。　[114]　①（私が）昔の（八の宮の）お心を忘れずにいるというところを（姫君が）充分理解してください、とお思いになる。②故大臣がもう少しだ

14　別冊　例題文現代語訳

けでも存命でいらっしゃってくださいよ。③大原の小塩の山の小松原は早く木高くなれ。千年も栄え茂る蔭を見よう。　[115]　B①人にお語りになるな。必ず笑われるに違いない。②「そんなに急くな」と扇を差し出して制止するが。③あちらの里からやって来ているような人に、そうとは聞かせるな。④「今日は、波が立つな」と、人々が一日中祈る効果があって、風波が立たない。⑤「人に漏らしなさってはいけない」と、お口止め申し上げなさる。　[116]　①清い月夜に雲が棚引くな。②今はこのように馴れ親しんでしまったので、何事であっても隠すな。

第 15 講 (pp.105-114)

[117]　①（帝は）御子を、こう（した母の喪中）でもたいそう御覧になりたいけれど。②このような所に、理想通りの人（がいたとして、その人）を（妻に）迎えて暮らしたいと。③胸中にわだかまっております思いも晴らしとうございますよ。　[118]　①早く夜が明けてほしいと思いながら座っている間に。②（定まった家もなく）旅寝をしている私には、涙が無くあってほしい。いつも涙に浮いて、落ち着かない気持ちばかりする。③昔の跡を尋ねて往古を慕う世であってほしい。今現在も時が経てば昔であるはずだ。④今はただもう、「（あなたへの）思いをあきらめてしまおう」とだけ、人づてでなく（直接）言う方法があればなあ。⑤あの姫君たちがいたらなあ。所在ないときの遊び相手に。⑥ああ、よさそうな敵がいたらなあ。最後の合戦をしてお見せ申し上げよう。[120]　①a（篳篥は）不愉快で間近に聞きたくない。bこの君の御子供姿を、（桐壺帝は）たいそう変えたくなくお思いになるが。c（源氏は）帰りたくなく、ためらっていらっしゃる。②a今年から春を初めて知った桜花よ、散るということを習わないでほしい。bともすれば消えて行くのを争うような露のようにはかないこの世に、後れたり先立ったりする間を置かないでほしい（ともに死にたい）なあ。　[121]　①「道定朝臣は、今でも仲信の家に通っているか」「そうでございます」と申し上げる。②仏がおっしゃることには、「お前は高堅樹の実を見たか」と。外道が言うことには「見た」と。③内供は、翁が口を動かすので、「念仏しているのか」と尋ねると、翁は「そうである。念仏を申し上げているのです」と答える。　[122]　①極楽が自然思いやられますよ。②a（出家

が遅いなどと）とても手厳しく非難された（ものだ）。なるほど（我ながら）愛想が尽きるね。b「もしかして、そうだろうかと思い当たりなさることもないか」と尋ねなさる。③a鍵を置き忘れまして、誠に不都合なことだよ。b山里は趣深いかと人が尋ねるならば、鹿の鳴く声を聞けと答えよう。　[123]　①「どちらにいらっしゃろうとするのか」と尋ねると。②「どの山が天に近いか」とお尋ねになると。③「あの大将（夕霧）は、いつからここにお通い申し上げていらっしゃるのか」とお尋ね申し上げなさる。④私の髪の（雪のような）白さと、磯辺の白波（の白さ）と、どちらがまさっているか。沖の島守よ。⑤橘の花が散っている庭を見るだろう人は誰か。　[124]　この世を何が原因で捨てた私だから、憂き世にとどまって月を見ているのだろう。　[125]　①散っているか散っていないか聞きたいから、故里の花を見て帰る人が（私と）出会ってほしい。②咲いているか咲いていないか私に告げないでくれ。桜花のことを人伝に聞こうと思ったか（いや、思わなかった）。　[126]　何事がおいでになるかを知らないが、ありがたさに涙がこぼれる。　[127]　①「画策した人がいるのだろうか」と下衆などを疑い。②「もしかしたら、あの（頭中将が）不憫で忘れられない（と話していた）人だろうか」と思い寄りなさるのも。③院も「一体誰なのだろう」と不審に思いなさって。④「やはりこっそり迎えようかしら」とお思いになる。　[128]　①自分の母の声を聞いて分からない人があろうか（いや、ない）。②あらゆる生きものは、どれが歌を詠まなかったか（いや、詠まないものはない）。③何の難しいことがあろう。④どの仏様が功徳がなくていらっしゃるか（いや、仏様はみなありがたい）。⑤春の夜の闇は訳が分からない。梅の花は、花の色こそ見えないが、その香りは隠れようか（いや、隠れはしない）。

第16講 (pp.115-124)

[129]　A①この中納言よりほかには、適当と考えることができる人は、まずいないのだった。②姫君は、そうはいっても（いつかは訪ねてくださるだろう）と待ちながら日を送っていらっしゃった気持ちも叶って嬉しいけれど、たいへん恥ずかしいお姿で（源氏に）お目にかかったりするのも、たいへんきまり悪く思っていらっしゃる。　[131]　①春まで命があったら、必ず（帰って）来よう。②恋しかったら思い出の種にしろと私の夫が植えた秋萩の花が咲きはじめた。

16　別冊　例題文現代語訳

[132] ①帝は、お年よりは格段に大人びて成長なさって。②「あの（目的の）唐崎はまだたいへん遠いようだ」と言う時に。③宮の上〔中の君〕のご様子を思い出すにつけても、（浮舟は）若いお心から恋しいのだった。　[133] ①田舎じみたことが多いだろう。②あなたこそ（手紙を）多く集めていらっしゃるだろう。少し見たい。③（源氏の方から）恋を途中でお止めになる女性も多いのだった。④ふっとお泣きになる折が多い。⑤（惟光は）口が達者な人で、もっともらしく言い続けるが。⑥心残りのことが多いが、（今さら）どうにもならないので。　[134] 風波がやまないので、やはり同じ所にいる。　[135] ①いっそのこと死んでしまったら安らかだろう。あなたにずっと会わなかったらどうすることもできないだろう。②（たまきはる㊕）命は惜しいがどうしようもない。③恋しかったら思い出の種にしようと私の庭に植えた藤波が今咲き始めた。④（玉桙の㊕）道が遠いので、使者を遣る方法もないので。　[136] ①この翁は、かぐや姫が独身でいるのが嘆かわしい（と思う）ので。②御袴も昨日と同じ紅である。　[137] ①薄かったり濃かったりしている野辺の緑の若草によって、斑に消えて行った雪の跡まで見えるよ。②この山道は歩きにくかった。

第 17 講 (pp.125-135)

[138] ①ほととぎすが、やかましく鳴いている。②昨夜の名月のために、残念なことに御供から遅れてしまいましたと存じないではいられなかったので、今朝、霧の中を踏み分けて参りました。③源氏物語の一部を見て、続きが見たいと思われるけれど。④御髪は惜しみ申し上げて、長めに切ってあったので。　[139] しっかりと後見しようと思う人がいない宮仕えは、かえってしないほうがよいと存じながらも。　[140] ①ほんとうに整った調度で、飾りとする、定まった様式のある物を、無難に作り上げることは、やはり真の名人は格別であると自然見分けがつくものです。②音戸瀬戸という所は、滝のように瀬が速く狭い所である。船が押されて下流に流されないよう、手も懈くなるほど（早く）漕ぐようだ。　[141] ①この世のものではないくらい美しい、玉のような男御子までもお生まれになった。②灯火のとても明るい火影で（見ると）、とても見ていたいほどこざっぱりとして、魅力的で美しい。　[142] ①まだ夜深い頃にお出ましになる。②泉の水を遠くまで澄んだまま流し。　[143] → [222]

②。 [144] 夜が明けると、介が朝起きて来ないので、家来たちが粥を食わせようとしてその旨を告げるために近寄って見ると、（介は）血まみれになって死んで横たわっていた。 [145] ①風が吹いて、波が荒いので、船を出さない。この人あの人が、非常に嘆く。②改めて人が尋ねると、すっかり忘れてしまっている場合が多い。 [146] ①（源氏の）青海波が輝かしく舞い出た様子は、たいへん恐ろしいまでに美しく見える。②秋風になびく草葉の露よりもはかなく消えてしまった人を何に喩えよう。③竹取の翁は、（車持皇子と）あれほど（意気投合して）話したのが、そうはいってもやはり気まずく思われて、眠っ（たふりをし）ている。 [147] ①他のことで忙しくなることなくのどかな春の日に。②自身で、のどかな夜お出でになった。 [149] ①草むらの虫の声々が、（涙を）誘う風情であるのも、まことに立ち去りがたい庭の様子である。②雨風に荒れてゆくばかりの野寺には、まるで灯火であるかのように蛍が飛び交っている。 [150] ①ある時、鏡を取って、顔をじっと見て。②四月、葵祭のころが、とても趣深い。③けしからぬ振る舞いは、決してないだろう。 [151] ①aほのぼのと夜が明けてゆく明石の浦の朝霧の中で、島陰に見えなくなってゆく舟を（しみじみと）思うことだ。bかすかにひぐらしの声が聞こえるようだ。これを夜明けのうす暗い時と人は言うのだろうか。②aはるばると空の彼方を目指して行く舟のように、行く末が遠く思われることよ。b遠くに君が行ってしまって、逢坂の関のこちら側でずっと恋い続けるのだろうか。 [152] ①もしかしたら、狐などの化け物であろうかと思われるけれど。②万一にも雨や雪の障害さえなくて、のどかで美しい。 [153] ①（呉竹の㊕）つらい時が多くなった。これほどばかりはまさか（ないだろう）と思っていたのに。②人に決して（知らせるな）などと言う女が、（私と）逢わないので。③あなたはさあ（知らないが）、私は事実でない噂（が立つの）が惜しいので、昔も今も（あなたのことは）知らないと言おう。 [154] ①ひたすら泣いて、御声が震えるのも愚かしいけれど。 ②どんどん冷たくなっていって、息はとっくに絶え果ててしまったのだった。

第18講 (pp.136-143)

[155] ①白い波を寄せる。②燕が持っている子安貝を取ろうとするためであ

18　別冊　例題文現代語訳

る。③子どもの時からお仕え申し上げている主君が、剃髪なさってしまった。④大炊寮の飯をたく建物の棟に。⑤梅は生え出る根が優れている。　[157]　妙なこと（を申し上げるの）だが、（私が）幼い人のお世話役とお思いくださることができるように（尼君に）申し上げなさってくれないだろうか。　[158]　（源氏が通う所々では）ただただ人知れず、（自分は源氏が通う相手として）人数にも入らないという嘆きがつのる女性も多いのだった。　[159]　あの明石で夜が更けた時に弾いた箏の音も、例のように思い出さずにはいらっしゃれないので、（源氏は明石君に）琵琶を（弾くように）しきりに催促なさると。　[160]　→［140］①。

[161]　①辛崎の（にほてる）沖（の上空）で雲が消えて、氷のような月の下で秋風が吹いている。②紅葉の葉も緑色の苔の上に一面に散り敷いているし、夕方の雨が空から涼しく降っている。　[162]　ますます（猫が）かわいらしい様子で鳴くので、（柏木は）懐の中に入れてぼんやりしていらっしゃる。女房などは、「不思議と急に猫がかわいがられているよ。このような動物に見向きもなさらないご性格なのに」と怪しんでいた。　[163]　①松浦川の川の瀬が光り輝いて、鮎を釣ろうとお立ちになっているあなたの裳の裾が濡れてしまっている。②草の花は、なでしこ。唐のなでしこは言うまでもなく、大和のなでしこもたいへん素晴らしい。　[164]　①秋の野で乱れて咲いている花の色のように、様々に思い乱れるこのごろよ。②日が暮れるころ、いつものように集まった。　[165]　①少将への返事には、「……」と言うと、少将は気の毒で。②（少弐が）急に亡くなってしまったので、悲しく心細くて、ただ京への旅立ちを（しようと）するが。　[166]　①わが身（の不運）が辛くて、尼にもなってしまいたいというお気持ちになった。②山寺の今日も暮れてしまうという鐘の音に、涙が加わる一人寝であるよ。

第 19 講（pp.144-151）

[167]　①お仕え申し上げている人の中で心の確かな人を選んで。②これという用件がないのに人のもとへ行くのは、よくないことである。③まだ鶏が鳴く頃に、（私を）出発させなさった。（使者の詞）④堤中納言が、帝の勅使として、大内山に上皇がいらっしゃる所に参上なさった。　[168]　①女君でたいそうかわいらしい様子の女君が、生まれなさった。②たいそう尊い老僧でよく知ってお

ります老僧に、言って頼んでおきました。③白い扇で、濃い墨色で漢字の手習
をしてある扇をさし出して。　[169]　①中納言殿の姫君は、とても小柄でもの
馴れている人で上品な人である。②徳を積んでいらっしゃった僧で、すでに死
んでしまった僧の僧坊に。③源氏の（奉る）舞姫は、惟光朝臣で、摂津守で
あって左京大夫を兼ねている惟光朝臣の娘で、顔立ちなどたいへん美しい様子
だと評判である娘をお召しになる。　[170]　①故衛門督の北の方でございまし
た人で、尼になっております人が、一人もっておりました娘を亡くした後。②
どの帝の御代だっただろうか、女御、更衣が大勢お仕え申し上げていらっ
しゃったなかに、たいして高貴な身分ではない方で、際だって帝の御寵愛を受
けていらっしゃる方があった。　[171]　①白い鳥で、嘴と脚が赤い鳥で、鴫の
大きさである鳥が、水の上を飛びまわっては魚を食う。②こざっぱりとしてい
て、取り立てて言うほどのこともない人で、おもしろみのない顔をしている人
で、直衣を着て太刀を腰に付けている人がいる。③八・九歳ばかりの少女で、
たいへんかわいらしい様子の少女で、薄色の袙に紅梅色（の上着）など色々取
り合わせて着ている少女が、小さい貝を瑠璃の壺に入れて向こうから走って来
る様子が、慌ただしげなのを、かわいいと御覧になっていると。　[172]　①大
きな鼠で金色の鼠で三尺くらいの鼠が、出て来て物を食って走って行く。②お
手紙には、たいそう香を薫きしめた陸奥紙で、少し年を経てぶ厚い陸奥紙で、
黄ばんでいる陸奥紙に。③一条の北にある小路にさしかかった時に、年十六・
七歳ほどの童で、顔立ちの美しい童で、いかにもこの場所に似つかわしい童
で、白い衣を無造作に（紐を）腰の辺りで結んでいる童が、道連れになった。
[173]　①この大臣は、たいへん高貴な人で、家は限りなく豊かである。②（物
陰から）覗いて見ると、主人は三十くらいの男で、たいへんこざっぱりとして
いる。　[174]　①（薫の）御気配をはっきりと聞きつけて、宿直人らしい男で、
気のきかなそうな男が、出て来た。②（源氏の）御車は簾を下ろしなさって、
あの昔の小君で、今は衛門佐になっている昔の小君をお呼び寄せになって。③
また、死んでしまった良岑の四位の一人っ子で、花園という子で、殿上童にお
使いになった子で、年十歳ばかりの子は、顔立ちが美しく才知に富んでいる。
[175]　①この入道の宮（藤壺）の御母后のご在世中から引き続いて、代々の

20　別冊　例題文現代語訳

（帝・后の）御祈禱の師としてお仕え申し上げてきた僧都で、故宮（藤壺）もた
いへん徳が高く信頼できる師と思っていらっしゃったが、帝にも重く信頼さ
れ、重大な御願も多く立てて、世に評判の聖であった僧都で、年七十歳くらい
で、今はこの世の最後の仏道修行をしようと思って（山に）籠っている僧都
が、故藤壺の宮のご法要のために（山から）出てきたのを、帝よりお召しが
あって、常にお仕え申し上げさせなさる。②このごろ、明けても暮れても御覧
になる長恨歌の御絵で、亭子院が描かせなさって、伊勢、貫之に（和歌を）詠
ませなさった長恨歌の御絵、和歌をも、漢詩をも、ただその長恨歌の方面のも
のを日頃の話題になさる。　[176]　①あの承香殿の前の松に雪が降りかかって
いるのを折って。②犬を（流罪ということで）お流しになったのが帰参している
というので。③音色の良い和琴を調子を整えてあったのを、上手に合奏してい
た様子は、そう悪くないよ。④女の手はふくよかですべすべしているのを握っ
ている間。　[177]　①良暉が数年来九州にいて、宋に帰るのに会って。②翁が
今、船に乗ってまさに漕ぎ出そうとするのを呼び返す。　[178]　①これほど私
が恋していることを（あなたは）知らないでいるのだろうか。②私の夫はどこ
へ行くものか（どこへも行きはしない）と（思って）（さき竹の㊗）背を向けて寝た
ことが（夫亡き）今は悔やまれる。　[179]　①（あの人の心は）様々に変わってい
るようだが（私にはよく）分からないことだ。人の心は秋の紅葉ではないのだ
から。②深い山の中では松の枝の雪さえ消えないのに、都はもう野辺の若菜を
摘んでいることだ。③誰を知友にしようか。高砂の松も昔からの友ではないの
で。

第 20 講 (pp.152-162)

[180]　①楫取が、また鯛を持って来た。②春が過ぎて夏が来たらしい。真っ白
な衣を干すという天の香具山よ。③宮中からまた大将殿が、お手紙を、宮の御
もとに、「……」と申し上げなさった。④親王が箏の御琴を、大臣が琴を、琵
琶は少将の命婦が演奏し申し上げる。⑤和琴を権中納言がいただきなさる。
[181]　①朝夕の宮仕えにつけても、人の気持ちをやきもきさせるばかりで、恨
みを負うことが積もったせいだったのだろうか、（桐壺更衣に）たいそう病気が
ちになってゆき。②（帝が）多くのお妃方（のお部屋の前）を通り過ぎなさっ

別冊　例題文現代語訳　21

て、ひっきりなしの（桐壺への）お渡りに、お妃方がお気をもみなさるのもなるほどもっともだと思われた。③風が吹き通い、目を覚ました（私の）袖が花の香に薫って、その薫る枕で見ていた春の夜の夢よ。　[182]　①身に染みてありがたく、行き届きなさらないところのないお心遣いに対して、まずふっと泣かずにはいられない。②（桐壺帝は）この御事に関したことに対しては、道理をも失いなさり。③さほどでもない些細なことに対してさえ瑕疵を探す世の中だから。　[183]　①（ここは）長年住んでいた所の名をもっているから。②松を吹き撓める嵐をそのまま下の方に残して、時雨が降る中を山の端から昇る月よ。③扇で顔を隠して、振り向いた様子もたいそう美しい。　[184]　①風がひどく吹く夜、他の所にいて、翌朝。②（二人の）お姿を思い出すと。　[185]　①車で着ていた衣を脱いで。②ただ年よりめいた声で礼拝するのが聞こえる。③雪で大井川の水が増さったというので。　[186]　①なんとかして（玉鬘の許に）行こうとお思いになるが、雪が激しく降っている。このような空模様の下で振り切って出かけるのも、人目に見苦しく。②大殿は、院がお聞きになるだろうことを憚りなさって。③幾世も生きていないだろう我が身なのに、どうして海人の刈る藻のように思い乱れるのか。④遠くの山、近くの山は桜の花盛りである。野辺には霞（がたなびき）、そして鶯の声（がする）。⑤亀山院が御在位のころ、傅でございました者が、六位蔵人として（宮中に）参上して。　[187]　①（人々は）うれしいにつけても、ほんとうに今日を限りとしてこの渚から別れることよなどと（言って）感慨にふけって、口々に泣きながら話し合っている様々なことがあるようだ。②畏れ多い（帝の）御愛情がまたとないのを頼みとして（桐壺更衣は、女御・更衣方に）交じって（心細い）宮中生活を送っていらっしゃる。③殿が素晴らしいのは当然のこととして、上の御宿世こそたいへん素晴らしい。④心におかけになる人があるとしても、それはそれとして、（右大臣の姫君に）お手紙など差し上げなさい。　[188]　①こうして暮れてしまった秋とともに（私も）老いてしまったけれど、そうはいうもののやはり物悲しいものだ。②古里は浅茅が原となって荒れ果てて、一晩中虫が鳴いてばかりいる。③紅葉の葉は雨のように降っても（川の）水は増えないだろう。④冴え渡る夜、真木の板屋で一人寝をしていると、物思いを尽くせというかのように霰が

22 別冊　例題文現代語訳

降っているようだ。⑤皇子が立っておられた庭を家として住む鳥も。⑥私の夫を待つということで眠らない夏の夜の、寝待ちの月も少し傾き始めた。　[189]①大津から浦戸を目指して漕ぎ出す。②暁から雨が降るので。③命婦はかのところ（桐壺更衣の里）に参上し到着して、（車を）門の中へ引き入れるやいなや、あたりの様子がしみじみと哀れ深い。④他人の夫が馬で行くのに、私の夫は徒歩で行くので。⑤色よりも香りが素晴らしいと思われる。誰の袖が触れた宿の梅なのか。⑥前を流れて行く水を、初瀬川というのであった。⑦花のような波が沖の方から咲いたり散ったりして寄せて来るようだ。水の上の春というのは風がなる（引き起こす）ものなのだろうか。⑧長いとも思いきれない。昔から逢う人によって（短くも長くも）感じられる秋の夜だから。　[190]①a 獦師は「よいことよ」と言って、太子の衣を（自分の）袈裟と交換した。太子は獦師の袈裟を取ってお召しになった。b（源大夫は）持っていた弓・胡録などを金鼓と交換して、衣・袈裟をきちんと着て、金鼓を首にかけて。②a 汚い衣装を（別の衣に）着換えたのです。b 昨夜縫った御衣を手に持って、自分もふさわしい衣装に着換えて（車に）乗った。　[191]①→ [141] ①。②→ [117] ①。③この野には盗人がいるようだ。　[192] 起き上がった容姿が、たいへん美しく見えるので、（匂宮の）いつもの（好色な）お心から見過ごしなさらないで、衣の裾をとらえなさって。

第 21 講 （pp.163-171）

[193]　①なんとなく心細く思いがけない目にあうことよと思っていると、修行者が（現れて、こちらと）出会った。②門番が、寒そうな様子で、あわてて出て来て、（門を）すぐには開けかねている。　[194] ①炭焼きまでもなさったので。②卯の花の咲く垣根を雪と見間違えて、急いで外に出たのか。小野の炭焼き人よ。　[195] ①同じ赤色の衣を着ていらっしゃるので。②宵のうちから眠くなっている人は、言いようもないくらい大きな鼾をし続けて。　[196] ①佐保川に（風が）峰の紅葉を吹きかけたので、川波も錦の衣を着てしまったのだった。②吉野山で桜の枝に雪が（花かと見紛うように）降っていて、開花が遅そうな年であるなあ。③（朱雀帝が）物事を本当にしみじみと深くお思いになっておっしゃるにつけて、（朧月夜は）はらはらと（涙が）あふれ出るので。　[197] ①た

別冊　例題文現代語訳　23

だこの障子に後ろ向きになっている人にお見せになると。②夢の中で金持ちに
なっている気持ちがしまして。③氷が張って音はしないけれども、山川の下は
水が流れているものと（私も音はしないけれども泣いていると）知らないのか。
[198]　①懸想めいた仲ではないけれど、やはり何かにつけてお話を互いに申し
上げ合う（そういう）人だとお思い申し上げていたが。②雨がひどく降ってた
いへんのどかな頃、このような所在なさを紛らわす（そうするのに恰好な）所に
お渡りになって。③故宰相殿にお仕え申し上げる人は、尼一人が今も生き残っ
ております。　[199]　①この二人は、足がとても白い。盗人ではないのだろう。
②（略）。③たいそう心細い様子で（父を）見送っている（二人の）様子がたい
へん不憫なので。　[200]　①（人々が）ひたすらこんなふうにお出でになっては
求婚なさることをよく考えて決心して、どなたか一人と結婚し申し上げなさ
い。②御前駆の者は四位・五位を主として、六位殿上人などは、しかるべき者
だけを選んでいらっしゃる。③目もとがつやつやとして、笑みを湛えているの
などを。　[201]　①妻と私とが寝室の戸口で昼寝して、日の高い夏の陽光をや
り過ごそう。②青柳（の枝）と梅の花とを折って髪に挿し。③雨や風が、依然
として止まない。④世の中の物見や、何かの法会などがある時には。⑤面白い
ことを言ってもあまり面白がらないのと、面白くないことを言ってもよく笑う
のとに、人の品格の程度がきっと分かるに違いない。　[202]　①その時、公卿
の家十六軒が焼けた。②夕日の射している波路を見ると、雲一つ分、明石の浦
は隔たっていたのだった。③白い米と良い紙とを長櫃一杯に入れてある。④こ
の君達は、一人としてしっかりしている者はなく、酩酊して。⑤（夕顔の宿の
様子が）かえって趣が違っていると思わずにはいらっしゃれないのも、一途な
（夕顔への）お気持ちの深さのために、すべての欠点が許されるのであろうよ。

第 22 講 (pp.172-179)

[204]　①女房達ばかりお仕え申し上げている。②田舎びた山に住む者ばかり、
まれにお側近くに参上してお仕え申し上げる。③（帝は）お胸がぐっと塞がる
ばかりで、少しも眠れず。④蔵人少将は、指貫（の裾）を（忍び歩きに）ふさわ
しく引き上げて、ただ一人、小舎人童だけを引き連れて。⑤月の光だけが、八
重葎にも遮られずに差し込んでいる。　[205]　①ほんの少しばかりさっと時雨

24　別冊　例題文現代語訳

が降って。②三寸ぐらいである人が、たいへんかわいらしい様子で座っている。③仏の御面目が立つと、身分の低い法師連中に至るまで喜びあっている。④夜が明けてから日が暮れるまで、東の山際をぼんやり眺めて物思いにふけって過ごす。⑤桂川のほとりまで物見車がぎっしりと並んでいる。　[206]　①あなたに会ったその日（から）今日まで、私の袖は（涙で）乾く時がない。②人が夕方までに行こうと申しておりましたので。③→ [29] ① b。④私の庭は道がないほど荒れてしまった。つれない人を待とうとしていた間に。　[207]　①露をどうしてはかないものと思っていたのだろう。我が身も草に置かないだけ（で、はかない点では同じ）なのに。②さっと払って起きては臥す床の塵が立つように、評判を立てるばかりで終わってしまうだけなのか。③思い悩んで過ごして来たが、夜降る雪が辛いのは、（雪も悩みも）積もり積もって消えないほど（であること）だ。④（私を）うち捨ててあなたは因幡の国に行った。（私は）稲葉の露のように消えてしまうだけだ。（私が）元気でいると期待するな。　[209]　①散ってしまったとしてもせめて香りだけでも残してくれ。梅の花よ。恋しい時の思い出にしよう。②→ [46] ③。　[210]　①春雨に美しく照り輝いている色も見飽きないのに、香りまでも心惹かれる。山吹の花よ。②そこにいる人の毛の穴までも見えるくらいである。　[211]　①物思いをしないで（涙ではなく）ただ普通の露にさえ濡れれば濡れる袂なのだから…。②（恋人と）盛んに逢って、（恋の思いに）悩む頃の私の袖には、映る月までも涙で濡れた様子をしている。　[212]　①格別しっかりとした後ろ盾がないので、改まったことが行われるときは、やはり頼り所がなく心細い様子である。②今日に限って端にいらっしゃったことよ。

第 23 講　(pp.180-189)

[213]　①→ [80] A。②→ [6] B ①。③山から吹き下ろす風に（乗って）鹿の鳴く声が高く聞こえるようだ。峰に月が出て夜が更けたのだろうか。④かつて「深く思い染めた」と言った言葉は、いつ秋風が吹いて散ってしまったのだろうか。⑤普通の（誰にでもやって来る）秋が来るとすぐに、私の身は悲しいものだと思い知ってしまう。　[214]　①はっきりしている。②秋は色とりどりの花なのだった。③夢もはっきりとは見えないのだった。④水の中にあるのだっ

た。⑤花も紅葉もなかったのだった。⑥本当に、蚊の睫毛が落ちるのも聞くことがきっとおできになりそうであった。　**[215]**①別棟の方に部屋などを設けて人が住んでいるようであるが、こちらは離れている。②塵がひどく積もって、仏前だけが花の飾りが変わらず、（八宮が生前）勤行をなさっていたと思われる御床など取り払ってかたづけてある。③この笛に、本当に古い由緒も伝わっているはずだと聞いておりますが、（この笛が）このような草深い家に埋もれているのも気の毒だと見させていただいておりますから。④伊予守朝臣の家に慎みごとがございまして、女房たちが（紀伊守邸に）移ってきておりますころで、狭い所でございますから、失礼なこともございましょうか。⑤少納言の乳母と人が言うような人は、この子の世話役なのだろう。　**[216]**Ａ「とても恐ろしかった御稜のあたり」などと言うので、とてもかわいそうだ。Ｂ秋の野で妻のいない鹿が、長年たって、「どうして。私の恋の甲斐は」と言って鳴いている。　**[217]**①（源氏は、美点を）すべて数え上げてゆくと、大袈裟過ぎてきっといやになってしまうに違いないご様子なのだった。②「……」と書き付けて、行ってしまった。　**[218]**やはり、身分の高い人と申し上げても、「格別質素な身なりで参詣する（ものだ）」と思っていた。　**[219]**①「これも是非をわきまえぬ親心の闇で…」と、最後まで言い切れずに涙に咽んでいらっしゃるうちに、夜も更けてしまった。②「避けられない別れ（死別）などなければよいと思われて…」などと、心をこめてお話しなさって。③「おかしい。聞き間違いだろうか」と（女房が）まごついているのを（源氏は）お聞きになって。④飼っていた犬が、暗いけれど主人を見分けて、飛び付いたということだ。**[220]**Ａ①→[57]②。②遠くから、霞がたなびく古里の都の春を眺めるのがよい。Ｂ①川の水に鹿が柵をかけてしまった。浮いて流れない秋萩の花よ。（「の…終止形」の夙い例。[180]参照）②岸が近いので鹿が柵をかけたので浮いて流れないのか。秋萩の花よ。Ｃ→[18]②ｂ。　**[221]**①今はことさら山へ帰るな。郭公よ。声の続く限り私の家で鳴いてくれ。②鶯が冬の間巣の中に籠もって産んだ子は、春の正月の産着の中で鳴いている。（「襁褓」と「睦月」を掛ける）③「右近の君さん、早く御覧なさい。中将殿が、ここを通り過ぎなさってしまう」と言うと。　**[222]**①危ない。私がいない時に、（遣戸を）誰かが開け

たらたいへんだ（開けるかもしれない）。②（雀の子は）どこへ参りましたのか。だんだんとてもかわいらしくなってきたのに。烏などが見つけたら大変だ（見つけるかもしれない）。　[223]　①幾重にも雑草が生い茂っている宿でさびしい宿に、人は見えないが、秋はやって来た。②あなた以外の誰に見せよう。梅の花。色も香も当然知ることができる人だけが知るのだ。

第24講（pp.190-199）

[225]　①このあたりは海賊の恐れがあるというので、神仏に祈る。②東の野に暁の光がさし出るのが見えて、ふりかえって見ると、月が（西の山の端に）傾いている。③翁は、気分が悪くつらいときも、この子を見るといつもつらいこともおさまってしまう。④家にいるときはいつも器に盛る飯を、（草枕㊕）旅の途中であるので、椎の葉に盛る。⑤立秋から何日も経っていないのに、この寝床に吹く明け方の風は手首に冷たい。⑥鏑矢は海に落ち入ったし、扇は空へ舞い上がった。⑦「……」と最後までおっしゃらないうちに、六野太が後ろから近寄って薩摩守の首を討つ。　[226]　①白妙の袖をわずかに見ただけで、このような恋を私はすることよ。②住の江の松に秋風が吹くとすぐに、（その松風の音に）音を添える沖の白波よ。③どうして女だからといって、世の中にあることの公的私的な面について、まったく知らず思いも及ばない（などという）ことがあろうか（いや、そんなことはない）。　[227]　①思い悩むことがないので濡れていない私の袖を、困った野辺の萩の露（が濡らすこと）よ。②思い悩むことがないけれど濡れてしまった、私の袖は。困った野辺の萩の露よ。　[228]　①待つ人も来ないのに、鶯が鳴いていた花を折ってしまったことよ。②（薫は）参内しようと思っていたが、お出かけにな（る気持ちにもな）れない。[229]　①悪人のまねだといって、人を殺すなら、（その人は）悪人である。②風が吹いても枝を離れて落ちるはずがないように花を結びつけてくれ。青柳の糸よ。③私の身は女であっても、敵の手にはかからないつもりだ。④二人で行ったとしても行き過ぎにくい秋山を、あなたは今ごろどのようにして一人で越えているのだろうか。　[230]　春雨が降ったら（思いの火が消えるはずだが）思いの火が消えないで、どうして一層嘆きという木の芽を燃やしているのだろう。[231]　①毎晩私は立って待っているのに、もしもあなたがいらっしゃらないな

ら辛いだろう。②これほど恋い続けていない（ため）なら、高山の岩根を枕にしてきっと死んでしまうだろうに。　[232]　①行けば苦しい、（また）行かなければ苦しい。志賀須賀の渡りに来て、そうはいってもやはり思いためらう。②→［46］③。③深山には入るには入ったが歩みを進めることができない。人を忘れる方法を知らないので。④堕落したと語るなら語ればよい。女郎花よ。今晩は（お前の）花の蔭に泊まろう。⑤咲いてこそ消えるなら消えるがよい。一瞬でも（咲く時があるのだから）ああ羨ましい、朝顔の花よ。⑥（夏の到来を告げる）ほととぎすは鳴かないなら鳴かなくてよい。（それよりも）何とかして暮れゆく春をもう一月加えたい。（閏三月が欲しいの意か）⑦暮れても明けても目を離さないのに、梅の花よ、いつ人が見ていない間に散ってしまったのだろう。⑧季節ごとにいよいよ目も新たに咲く花を、折っても折らなくても、見るのは良いものだ。　[233]　①ひそかに草の蔭に隠れて窺い寄って（見ると）、法師を隠しおいていたのだった。②（法華経を）身を清めてお読み申し上げなさる時は。③（空蝉の様子を）世間一般の女性とは違っているとお思いになるにつけて。④→［83］④。

第25講　(pp.200-208)

[234]　①立ったままでお入りください。②修験者を探すが、…やっとのことで（見つけて）待ち受けて、喜びながら加持祈禱をさせていると。③時が経っても消えない思いの火はありながら、夜の（涙で濡れた）袂はやはり凍っている。④もともと身分が高く生まれながらも、身は落ちぶれて。⑤旅のお姿のままでいらっしゃった。⑥まだ冬のままで、空から花が散ってくるのは、雲の向こうは春なのだろうか。⑦右大臣も、御子供たち六人をみな引き連れていらっしゃった。　[235]　①何度も振り返りながらはるばると別れて来たので。②（天離る㊕）田舎に五年住み続けて、都の風習を自然忘れてしまった。③ひぐらしが（「日暮らし」という名の通り）鳴いたのと同時に日が暮れはじめると。　[236]　①不思議に思って近寄って見ると、筒の中が光っている。②おこり病を患っていますが、（発作が）たび重なって耐えがとうございますので。③白露の色は一つなのに、どのようにして秋の木の葉を様々な色に染めているのだろう。④娘である尼君は、公卿の北の方であったが、その人がお亡くなりになってから、

28　別冊　例題文現代語訳

娘ただ一人を大切に育てて。　[237]　①月は入り方で、空が清く澄みわたっているところに、風がとても涼しくなって、草むらの虫の声々が、涙を誘う風情なのも、まことに立ち去りがたい庭の様子である。②表向きはたいへん良い御仲であるが、昔からそうは言ってもやはり隔たりがあるのだった。　[238]　①秋の田の仮小屋の（屋根に葺いた）草の編み目があらいので、私の袖は露に濡れ続けている。②山が深いので、春（になった）とも気づかない（粗末な）松の戸に、とぎれとぎれに落ちかかる玉のような雪解けの雫よ。③桜色の一重が依然として親しみやすいので、そのまま夏の衣にすることよ。④秋萩がきっと散り過ぎそうなので、手に折って、持って見るけれども、気持ちがふさいで楽しめない。（萩は）あなたではないので。⑤夏山の木蔭が生い茂っているから、（玉ほこの㊗）道行く人も立ち止まるのだろうか。⑥（私が）天雲のように余所で過ごしてばかりいるのは、私が住んでいる山の風が速く吹くから（あなたが私を寄せつけないから）である。　[239]　①あれこれと思い悩んでおりますうちに、病気は重くなってゆくし、またとり戻せるはずのない月日が過ぎて行くので、心が落ち着かなくて…。②（女が）声高に言うのを、そのまま聞き捨てるようなのも気の毒だし、（かといって）しばらくぐずぐずしていていられそうにも、また、ございませんので。③「（天皇に）よろしく申し上げてください、（皇后に）よろしく申し上げてください」などと言っても、（官職を）手に入れた者はほんとうによいけれど、手に入れないままになってしまった者は、ひどく気の毒である。④（夕霧は）あの野分の翌朝の（覗き見した玉鬘の）寝起きのお顔が、心に残って恋しいので、（あの時は自分の姉だから）とんでもないことだと思っていたが、（姉ではないと）はっきりと聞いてからは、いっそう落ち着かない気持ちが加わって。　[240]　①（娘が）日に日に重くなりなさって、ただ五、六日のうちに、ひどく衰弱してくるので、母君は泣きながら帝に奏上して、（娘を宮中から）下がらせ申し上げなさる。②昔、男が、色好み（な女だ）と知りながら、女と語らいあった。③しみじみとした雪の雫（と涙）に濡れながら勤行なさる。④泣きながら申し上げる。　[241]　①→[187]①。②（源氏が）世間に類がないくらい聡明で賢くいらっしゃるので、（帝は）とても恐ろしいとまで御覧になる。　[242]　①「……」と申し上げなさると、「それでは、大

別冊　例題文現代語訳　29

宮のご不快もそう悪くなくお見えになるので、必ず申し上げた日を変えなさらずお出でくださらなければならないという趣を、申し上げて約束なさる。②（源氏はお供と一緒に）少し外に出てあたりを見渡しなさると、高い所なので、あちらこちらに、僧坊が残らず自然見下ろされるのを、すぐこのつづら折りの下に、普通の小柴垣だけれどきちんと囲って、こぎれいな家、廊など建て並べて、木立がとても風情あるのは、誰が住んでいるのか」とお尋ねになると。

第26講（pp.209-215）

[243] ①（源氏が紫上に琴を弾くように）お勧め申し上げなさるけれど、あの明石の君が上手だったとかいうのも妬ましいのだろうか、（紫上は琴に）手も触れなさらない。②→[170] ②。　[244] ①物足りない、一声聞いた（だけの）御琴の音を、（薫は）しきりに聞きたがりなさるので、（八宮は）親しくなるきっかけにもと思っていらっしゃるのだろうか、ご自身で姫君の部屋にお入りになって、（姫君達に琴を弾くように）しきりにお勧め申し上げなさる。②帝は、院の御遺言に背かず（源氏を）大切に思っていらっしゃるが、若くいらっしゃる上に、ご気性が柔和である方面に片寄り過ぎて、強いところがおありにならないのであろう、母后、祖父大臣がそれぞれになさることには背くことがおできにならず、天下の政治も、（帝の）御心通りにはいかないようである。③また、非違の別当の夢に、気品があって美しく端正な童が、鬟を結って束帯の姿である、やって来て、別当に告げて言うことには。④こうして（京に）上る人々の中に、京から下った時にはみな子供はいなかった、着任していた国で子を産んだ者たちが、居合わせている。（「ぞ」の係り方は[217] 参照）⑤使いは北向きで、舞人は御前の方に向いて、これらは記憶違いでもあるだろう、蔵人所の役人たちが、衝重（食器を乗せる台）を取って、（公卿や殿上人たちの）前にずっと置き並べたの（もすばらしい）。　[245] ①主人が言うことには、「この経は、私の妻がいた、早く亡くなった、その人が在世中に受持した経である」と。②王子がいて、（名を）快見といった。その王子は出家して仏法を学んでいた。（しかし）自分が王子であることを鼻にかけて常に人を馬鹿にしていて、先生に和尚がいた、王子のために深い般若の空の義を説いた、王子はこれを聞いて邪説と思った。③願いの通り悪竜となって、□寺の南西に深い谷がある、峻険で非

30 別冊 例題文現代語訳

常に恐ろしそうである、その谷の東の斜面に壁を塗ったような高い岩がある、その岩に大きな洞の穴がある、洞の入り口は狭くて中はとても暗い、その洞は常に潤ひ□て水が滴り落ちている、この大竜はその洞を住み家とする。 [246] 同じ太政大臣は、左大臣の御母、菅原の君がお亡くなりになった、（その人の）御喪があけなさったころ、亭子の帝（宇多上皇）が、帝（醍醐天皇）にお手紙を申し上げなさって、禁色の使用を許されなさった。 [247] お子様たちは、東宮をお除き申し上げて、女宮たちが四人いらっしゃった。その中で、【藤壺と申し上げた方は、――先帝の（皇女で）賜姓源氏でいらっしゃった――［まだ（院が）東宮と申し上げたとき入内なさって、高い位にも定まりなさるはずだった人］で、［格別の御後見もいらっしゃらず、母方もこれといった家柄ではなく何となく頼りない更衣腹でいらっしゃったので、宮中での御生活の間も心細い様子で、太后（弘徽殿）が、尚侍（朧月夜）を参上させ申し上げなさって、他に並ぶ者もなくお扱い申し上げなさりなどしたうちに、気圧されて、帝も御心の中で気の毒な者だとはお思い申し上げなさりながら、退位してしまわれたので、（入内した）甲斐もなく落胆して、自分の不運を恨んでいるような様子でお亡くなりになった人］（である）】、その藤壺がお産みになった女三宮を、（院は）多くの（子供たちの）中で特にかわいいものだと思いお育て申し上げなさる。 [248] 白い衣で着古していると見える衣を着て、掻練色の綿を入れた上着だろう、腰から下にかけて、横を向いているので、顔は見えない。 [249] ①夏の夜の、横になろうかとすると、郭公が鳴く一声で明ける夜明け方よ。②山人が、（私が）聞いても意味の分からない歌を、夕日が射す真木の戸口で歌っているようだ。③「あわれ」という言葉こそ、いやなことに、世の中を思い切れない絆なのだった。④奥山で紅葉を踏み分けて鳴いている鹿の声を聞く時が秋は悲しい。⑤改めて都での住み家を探しているが、いきなりきらびやかな人中（に出るの）もとてもみっともないし、田舎じみてしまっている気持ちも落ち着かないはずだから、昔からの所を探してと思いつく。

第 27 講 (pp.216-227)

[251] 大納言殿（伊周）が参上なさったのだった。御直衣、指貫の紫の色が雪に映えてたいへん趣がある。柱のもとにお座りになって、「昨日今日、物忌み

でございましたが、雪がひどく降りましたので、気がかりで…」と申し上げなさる。　[253]　①かぐや姫が、とてもひどくお泣きになる。②「書き損ねた」と言って恥ずかしがってお隠しになるのを、強いて御覧になると、「……」と、（書きぶりは）まことに幼いけれども、将来（の上達）が（目に）見えてふっくらと書いていらっしゃる。③まだ中将などでいらっしゃった時は。④親王は、お休みにならずに（夜を）明かしておしまいになった。⑤「それでは明け方に」とおっしゃる。⑥翌日、（源氏が）小君をお呼びになったので、参上するということで。　[254]　その年の夏、御息所が、ふとした病を患って、宮中から（実家に）下ろうとなさるのを、（帝は）暇をまったくお許しにならない。この数年来、いつも病気がちになっていらっしゃるので、（帝は）見慣れなさって、「やはりしばらく様子を見るように」とばかりおっしゃるうちに、日に日に重くおなりになって。　[255]　①橘良利といった人は、（帝が）ご在位中でいらっしゃった時に、殿上でお仕え申し上げていたが、（帝が）剃髪なさったので、そのまま御供として剃髪してしまった。②「露の光（私の顔）はどう」と（源氏が）おっしゃると、（夕顔は）横目でこちらを見て、「光輝いていると見た夕顔の上露は、夕暮れ時の見間違いであった」と、かすかに言う。（源氏は）おもしろいとお思いになる。なるほど、うちとけていらっしゃる（源氏の）様子は、類なく、場所柄ゆえいっそう不吉なまでに（美しく）お見えになる。[256]　①御直衣をお召しになり、乱れないように整えてお出になる。②気分が本当に苦しいので、食事も少しも召し上がらず。③（柏木が酒杯を）ほんの少し（口をつける）だけでごまかしているのを、（源氏は）見咎めなさって。④少し寝過ごしなさって。　⑤（源氏は）それにしてもつまらない（我が）身を悩んでいるなあ、などと思い続けなさる。　[257]　①子供たちは、（母の有様を）とても見苦しいと思って、「出家して捨ててしまったこの世が去り難いように、自ら泣き顔をして（源氏に）御覧になっていただいていらっしゃる」と、互いに突きあい目くばせしている。②（命婦は）あの贈り物を、帝にお目にかける。[258]　①さあ、あなたもお書きなさい。②本当に跡を垂れなさる神ならば、お助けください。　[259]　①中将（夕霧）が（内大臣を）恨めしいように思っていらっしゃることもございますが。②その年が改まって、男踏歌を催されたの

32 別冊　例題文現代語訳

だった。③あの時この時のことを思い出しなさるにつけても、しゃくりあげておいおいと泣かずにはいらっしゃれない。④（源氏は明石君を）このまま（明石に）残して置きにくく（別れるのは）残念だと思わずにはいらっしゃれない。

第28講 (pp.228-235)

[260] ①かぐや姫をお育て申し上げることが、二十余年になった。②竹の中からお見つけ申し上げたけれど。③片時も（私は、堀河院の）お側を離れ申し上げず、ただ私が乳母などであるかのように添い臥し申し上げて、泣く（ばかりである）。④お送りの人々は、お見送り申し上げて帰った。⑤将門は「帝を討ち取り申し上げよう」と言い。⑥（三条邸を衛門督に）取られ申し上げてしまったことを恥として、取り止めただけのようだ。⑦どうしてこのように悪い親をお持ち申し上げたのだろう。　[261]（明石姫君を）お見申し上げないとしたら、たいへん胸が痛いに違いないけれど、…ただ（源氏を）お頼み申し上げて、（姫君を源氏に）お渡し申し上げてください。　[262] ①（私は中宮を）並一通りにさえお思い申し上げてよいことか（いや、よくない）。②母女御も（東宮に）お付き添い申し上げなさって。③「どのよう（なもの）であるのか」と（中宮が中納言に）お尋ね申し上げなさると。④女君は、（源氏に）すぐには対面申し上げなさらない。　[263] ①褒美をくださろうとして。②褒美をまだ頂戴していない。[264] ①a（源氏の）君はまず宮中に参上なさって、ここ数日来のお話などを（父帝に）申し上げなさる。b（源氏は）宮中から、大殿（左大臣邸）にお下がり申し上げていらっしゃるので。②→ [239] ③。③昔、太政大臣と申し上げる方が、いらっしゃった。④（源氏は朝顔を）折らせなさって、（朝顔宮の許に、使いを遣わして）差し上げなさる。　[265] ①こらえるけれど涙がはらはらとこぼれておしまいになる。②宗俊の卿・政長の卿など、この（堀河帝の）御代に生まれあい申し上げて。③梅壺女御は、この度は流産し申し上げておしまいになったので。④その女は、最後に法華経をお読み申し上げて死んでしまったので、きっと後世も貴いことだろうと人も見ていたのに。⑤一時的にでも（源氏が末摘花の許に）お通いになったとしても、咎めなさるはずの人はいない。　[266] ①内々に存じております由を奏上なさってください。②手前どもの妹は、…一人持っておりました娘を失ってから、長い月日が経ちましたが、（今でも）悲し

別冊　例題文現代語訳　33

みに堪えず思い嘆かせていただいておりますが。③ものの分別を見分けさせて
いただくことができるはずの者もおりません辺りだが。④長生きが、たいそう
辛いことだと思い知らせていただかないではいられないうえに。⑤（女が）
こんなふうにのんびりしているので、（私は）安心して、（女の許へ）長い間参りま
せんでしたころ。⑥桜の花が咲いていたのを見に（私の所に）参りました人に。
⑦まことにありがたいお言葉のようでございます。姉に当たる者に（このお言
葉を）申し聞かせてみましょう。　[267]　①翁が皇子に申し上げることには。②
「もう一度見舞ってほしい」と、（乳母が私に）申しておりましたので。③舟から
下りて、（くらもちの皇子が天女に）「この山の名は何と申しますか」とたずねる。

第29講 (pp.236-243)

[268]　①なごの海の霞の間から眺めると、夕日を沖の白波が洗っている。②一
人寝の床に溜まっている涙には、石の枕もきっと浮いてしまうに違いない。③
桜が咲く比良の山に風が吹くにつれて、志賀の浦波が一面花になってゆく。④
梅の花を見に来たのに、鶯が「人が来る、人が来る」と（鳴いて）嫌がってい
る。　[269]　①菊の花を［あなたを］秋の全ての夜に見続けていたならば、一
晩でも露を置いて（いる菊を）見るだろうか（いや見ない）［涙を流すことがあ
るだろうか（いや、ない）］。②ただ思ってくれ。野辺の真葛も秋風が吹かない
夕べは（葉の）裏を見ることがあろうか（いや、ない）［飽きなければ恨むこと
があろうか（いや、ない）］。　[270]　①まだ（大和の国境［恋の関係］を）越えない
間は、吉野の山の桜花［大和の女性］を、人の噂にばかり聞き続けていること
よ。②遠くで見るばかりで終わっていまうのだろうか。葛城の高間の山の嶺の
白雲を［手の届かないあの女性を］。③自分の心のままに浮いた舟［冷淡な
男］に乗り始めて、一日でも波に［涙に］濡れない日はない。④筏を下流に流
す杣山川の浅瀬は、またこの材木もさぞかしつかえるだろう［あなたの浅い気
持ちでは、今日の暮れもあなたは来ないだろう］。　[271]　①岩の上を激しく流
れて落ちる滝のほとりの早蕨が、芽を出す春になったことよ。②曇りなく
（照っている月を）荒れた宿で眺めると、私もはっきりと月に見られてしまって
いる。③巻向の珠城の宮（垂仁天皇の皇居。奈良県桜井市穴師）に雪が降ると、改
めて古代の朝を見る（思いがする）。④まどろむと思わないうちに（何となくまど

34　別冊　例題文現代語訳

ろんだ）夢の中から、現実に続いて行く初雁の声よ。　[272]　①誰なのか。この、昔を恋い慕って（泣いて）いる私の家に、時雨を降らせ（て、さらに涙を流させ）る空の旅人（雲）は。②包むけれども隠れないものは、蛍の火のように、身から溢れ出る（私の）思「ひ」なのだった。　[273]　①思うことがあった昔の秋から、袖を（涙で濡らして）月の宿とした［泣いた］のだろうか。②簾も動かさない（簾の中には入らない）と言った人が、そうでもないので、（簾の）中の人が（奥に）入ってしまった翌朝送って来た歌。　[274]　①それで和歌を詠んで、様々な思いを込めて、旅の志を述べた。②年が改まった。帝が御病気ということがあって、世間では色々と騒いでいる。③今日、海に波のようなものはない。まるで神仏の恵みを蒙っているというようである。　[275]　①→[97]。②隙間のない槙の板屋に降る霰の音は枕に砕けて散る。③梢には花が咲く様子を想像させて、（花よりも前に）まず咲くのは鶯の声（である）。④橘が良い香を放つ梢に五月雨が降って、山時鳥の声も薫っているようだ。　[276]　①あの人の心を氷と思いたい。立春の今朝の春の風で解くことができるように。②日が寒いので氷も解けない池の水よ。表面は冷淡で、深い私の恋。③春風（が吹く中）で夜が更けてゆくと、桜の花が散るのではないかと気がかりで。④人が住まない不破の関屋の板廂が荒れてしまった後は、ただ秋の風（が吹くだけだ）。⑤忘れないようにしようという（言葉の）将来までは（頼みにすることが）難しいので、（この言葉を聞いた）今日を最後とする命であってほしい。

第30講（pp.244-250）

[277]　①（ちはやぶる㊕）神代の昔も聞いたことがない。龍田川が（散って流れる紅葉で）真紅に水をくくり染めにするとは。②家にいたら妻の手を枕にするだろう。（草枕㊕）旅路で倒れ臥しているこの旅人はあわれだ。③（あかねさす㊕）昼は物思いをし、（ぬばたまの㊕）夜は夜通し泣かれてばかりいる。④老木にも花が咲いたのだった。（ちはやぶる㊕）（花のような）雪に（はっきりと）見える、神の霊験は。⑤白雲が一面に棚引く（あしひきの㊕）山の懸け橋を今日越えてしまうだろうか。⑥（こもりくの㊕）初瀬の山に霞が立って、棚引いている雲は（死んだ）妻であろうか。（挽歌）⑦（まそ鏡㊕）見飽きることのないあの女性と逢わないで月日が経ってゆくので生きている気がしない。　[278]　①山

の強い風が吹く夜は、あなたを思っている。②朝に昼に逢うことができるあな
たと頼みにできないので、決心した旅である。③もの思いに乱れるばかりだ。
今となっては誰に対して嘆こう。髪の毛筋（が乱れたことなど）。④このように
しながらこうして死んでしまうのだろうか。親が（昔）惜しみもしただろう
せっかくの命なのに。　[279]　①（あしひきの㉑）山鳥の尾の垂れさがった尾の
ような長い長い（秋の）夜を、一人で寝るのだろうか。②梓弓を引くと両端が
自分の方に寄る、夜こそ一層募る。恋心は。③→[104]③。　[280]　①有明の
月も明るい明石の浦の風で、波だけは[夜のように見え]（岸に）寄っている
と見えた。②花の色は褪せてしまったことだなあ。むなしく日を過ごし、長雨
が降り続いていた[もの思いにふけっていた]間に。　[281]　①人知れぬ思
「ひ」を常にしている、駿河にある（常に火を燃やしている）富士山こそが私の
身であったのだった。②一目見た人は誰とも分からず、上空にある白雲のよう
に、落ち着かない恋もすることよ。③雪ならば垣根に積もるばかりではないだ
ろうと思って考えると、（垣根だけ白いのだから）やっと分かった、（これは雪では
なく）白菊の花（であると）。　[282]　あちらとこちらの見当もつかない山の中
で、頼りなく（人を）呼ぶ喚子鳥よ。　[283]　①隔てていた山の夕霧が晴れた。
梢がはっきりと現れ、際やかに現れ出る月よ。②→[57]②。　[284]　①「そ
うであっても（やはり）」と期待する心も、虫の音も、すっかり衰弱してしまっ
た秋の暮れよ。②季節外れに柞[母]の紅葉が散ってしまった、どれほど木
[子]の下は寂しいだろう。③浦田に下り立って螺を拾う海人の子は、罪を
習っているのだった。④秋はやはり夕暮れどきこそただならぬ趣がある。荻の
上を吹く風、萩の下の露…。⑤私が思っていることをどうして尋ねる人がいな
いのだろう。仰ぐと空に月がさやかに照っている。　[285]　①心細く過ごして
いるので、我が身を、浮き草のように今の住まいを離れて、誘ってくれる人が
いるなら（漂って）行こうと思う。（現代人の感覚では「根を絶やして」。[19]参照）
②秋霧が立つのと一緒に（あなたが）旅立って別れてしまったら、（私は）晴れ
ない思いで恋い続けるだろうか。③神楽岡では、風が吹き舞うついでごとに、
（鈴を）振るような声で鳴いて飛んで行く鈴虫の声（がする）。　[286]　①東宮に
ございました絵で、倉橋山に郭公が飛び渡っている部分（を詠んだ歌）。五月闇

36 別冊 例題文現代語訳

の倉橋山の郭公は、はっきりしない声で鳴き続けているよ。②世に生き長らえ
ていると再び越えたことだ。鈴鹿山を。昔が今に戻ったのだろうか。